MÜNCHNER STUDIEN
ZUR
SOZIAL- UND WIRTSCHAFTSGEOGRAPHIE

in

MÜNCHNER UNIVERSITÄTS-SCHRIFTEN

MÜNCHNER STUDIEN ZUR SOZIAL- UND WIRTSCHAFTSGEOGRAPHIE

Herausgeber:

Institut für Wirtschaftsgeographie der Universität München

KARL RUPPERT   HANS-DIETER HAAS

Schriftleitung: Thomas Polensky

BAND 32

Die Bedeutung von Innovationsprozessen für sozialgeographische Strukturen im Freizeitraum

von

Kim Boo-Sung

VERLAG MICHAEL LASSLEBEN KALLMÜNZ/REGENSBURG

1987

Gedruckt mit Unterstützung des Deutschen Akademischen Austauschdienstes

© 1987 by Verlag Michael Laßleben, Kallmünz/Regensburg

ISBN 3 7847 6532 7

Buchdruckerei Michael Laßleben, 8411 Kallmünz über Regensburg

Vorwort des Herausgebers

In den letzten Jahren sind, vielfach angeregt durch Studien aus dem anglo-amerikanischen Bereich, auch in der BRD zahlreiche Untersuchungen über räumliche Formen der Innovation und des Innovationsprozesses durchgeführt worden. Die meisten dieser - geographischen - Arbeiten folgen dem nordamerikanischen Forschungsansatz, der den Raum im wesentlichen als Substrat für Ausbreitungsvorgänge betrachtet und häufig schnell zu verallgemeinerten Aussagen vordringt. Zumeist erschöpfen sich diese Arbeiten in dem Anliegen, Ausbreitungsvorgänge numerisch-statistisch zu erfassen und in logistischen Kurven bzw. in Raummodellen abzubilden.

Über diese Zielsetzung geht die vorliegende Arbeit weit hinaus. Im Forschungsansatz stärker der Tradition deutscher Sozialgeographie verhaftet, widmet sie besonderes Augenmerk der Klärung von Prozeßabläufen im Kontext zu bestehenden Raumstrukturen. Die Diskussion der Entwicklung wichtiger Freizeitaktivitäten bzw. charakteristischer Freizeitinfrastrukturen - Tennis- und Reitanlagen - reicht über das engere Thema hinaus. Die Ergebnisse verweisen auf die allgemeine Bedeutung typischer Muster der räumlichen Gliederung Bayerns. Sie bedeuten aber auch gute Belege für die Auswirkung stärker urban oder stärker ländlich orientierten Freizeitverhaltens. Auswirkungen der Überlagerungen in Naherholungs- und urbanisierten Fremdenverkehrsgebieten werden besonders hervorgehoben.

Prof. Dr. K. Ruppert

Inhaltsverzeichnis   Seite

Vorwort des Herausgebers... V

Verzeichnis der Tabellen... IX

Verzeichnis der Abbildungen.. X

Verzeichnis der Karten... XI

A.   PROBLEMSTELLUNG... 1

     I.   Zum gegenwärtigen Stand der Innovationsforschung.............. 1

     II.   Die Schwierigkeiten in der Datenerhebung..................... 3

     III. Der Standort der geographischen Innovationsforschung......... 4

     IV.   Die sozialgeographische Relevanz der Innovation............. 6

B.   ZUM BEGRIFF DER "INNOVATION".. 9

     I.   Allgemeine Problematik....................................... 9

     II.   Die Begriffsbestimmungen der "Innovation" innerhalb der Nachbarwissen-
           schaften... 10
           1. Überblick über wichtige Denkansätze zur Begriffsbildung.. 10
           2. Der Begriff der "Innovation" - Gemeinsamkeiten und Unterschiede........ 15

     III. Die Begriffsbestimmungen der "Innovation" in der Geographie.. 19
           1. Bestandsaufnahme der Begriffsdiskussion.................. 19
           2. Versuch einer sozialgeographischen Begriffsbestimmung.... 22

C.   ZUR GEOGRAPHISCHEN PERSPEKTIVE DER INNOVATIONSFORSCHUNG; VERSUCH EINES INTEGRA-
     TIONSANSATZES UNTER SOZIALGEOGRAPHISCHEM ASPEKT....................... 24

     I.   Methodische Vorbemerkungen................................... 24

     II.   Die verschiedenen Denkansätze der Innovationsforschung in der Geographie... 25
           1. Kulturgeographische Tradition........................... 25
           2. Das Modell von HÄGERSTRAND.............................. 28
           3. Das Modell von Markt und Infrastruktur.................. 32
           4. Der entwicklungsorientierte Ansatz...................... 35
           5. Die zeitgeographische Formulierung...................... 38
           6. Die sozialgeographische Perspektive..................... 40

     III. Versuch eines Integrationsansatzes unter sozialgeographischem Aspekt....... 45
           1. Information... 45
           2. Bewertung.. 46
           3. Verhalten und Prozeß................................... 47
           4. Veränderte Raumsituation............................... 52

D.   BEZUGSRAHMEN DER EMPIRISCHEN UNTERSUCHUNG............................. 54

     I.   Freizeitverhalten im Rahmen der Innovationsforschung........ 54

     II.   Gegenstandsbestimmung....................................... 56
           1. Die Nachfrageseite..................................... 56
           2. Die Angebotsseite...................................... 59

     III. Anlage der Untersuchung..................................... 60
           1. Zielsetzung und Methodik............................... 60
           2. Untersuchungsraum...................................... 60
           3. Datenquellen... 61

E.   ANALYSE DER INNOVATIONSPROZESSE BEI TENNIS- UND REITANLAGEN IN BAYERN.......... 63

     I.   Vorbemerkung.. 63

     II.   Rekonstruktion des Innovationsprozesses von Tennisanlagen in Bayern........ 64
           1. Über die Vorgeschichte des Tennissports................ 64

    2. Bis 1914... 65
    3. Von 1919 bis 1939... 67
    4. Von 1946 bis 1965... 70
    5. Von 1966 bis 1981... 75

III. Rekonstruktion des Innovationsprozesses der Reitanlagen in Bayern........ 78
    1. Über die Vorgeschichte des Reitsports............................. 79
    2. Bis 1914.. 80
    3. Von 1919 bis 1939... 81
    4. Von 1946 bis 1965... 84
    5. Von 1966 bis 1981... 89

IV. Zusammenfassung; Vergleich der beiden Innovationsprozesse in systemati-
    scher Hinsicht... 94
    1. Die zeitliche Dimension... 94
    2. Die räumliche Dimension... 97
    3. Die soziale Dimension... 101

F. ANALYSE DER SPEZIELLEN RAUMSTRUKTUR ANHAND DER INNOVATION...................... 105

  I. Die Angebotsseite... 105

  II. Die Nachfrageseite... 110

  III. Typisierung der Kreise anhand der Innovation........................... 115

G.   ZUSAMMENFASSUNG... 119

Summary... 122

Résumé.. 124

Г. РЕЗЮМЕ... 126

한글요약... 128

Literaturverzeichnis.. XII

Verzeichnis der Tabellen   Seite

Tab. 1:   Überblick über eine sozialgeographische Begriffsbestimmung der Inno-
          vation... 23

Tab. 2:   Aktive Tennisspieler 1977 nach Stellung im Beruf, Schulabschluß und
          Haushaltseinkommen... 57

Tab. 3:   Berufsständische Zusammensetzung der Mitglieder des Verbandes der Reit-
          und Fahrvereine Bayerns 1973... 58

Tab. 4:   Mitgliederzahl des Deutschen Sportbundes nach Spitzenverbänden.......... 58

Tab. 4a: Die Verteilung der Tennisfreiluftanlagen Bayerns 1935................... 70

Tab. 5:   Tennisplätze und Sportfläche in Regierungsbezirken Bayerns 1956..... 71

Tab. 6:   Tennisplätze und Sportfläche in den 18 Planungsregionen Bayerns 1976
          (ohne Tennishallen).. 77

Tab. 7:   Entwicklung der Reitervereine in Franken von 1925 bis 1945........... 83

Tab. 7a: Die Verteilung der Reitsportanlagen Bayerns 1935...................... 85

Tab. 8:   Pferde und Pferdehalter in Bayern 1920 -1984......................... 86

Tab. 9:   Die Entwicklung der Pferderassen in Bayern 1956 - 1983................. 87

Tab. 10: Reitanlagen in den Regierungsbezirken Bayerns 1956.................... 87

Tab. 11: Reitanlagen in den 18 Planungsregionen Bayerns 1976................... 92

Tab. 12: Phasengliederung der Innovationsprozesse von Tennis- und Reitanlagen.... 95

Tab. 13: Zentralörtliche Gliederung der neuen Adaptionsgemeinden in den jeweili-
          gen Innovationsphasen.. 97

Tab. 14: Die durchschnittliche Zahl der Tennisplätze in den zentralen Orten
          Bayerns 1982... 98

Tab. 15: Trägerschaft von Tennis- und Reitanlagen in Bayern 1982................ 103

Tab. 16: Die Verteilung der Tennisplätze in Bayern 1982........................ 106

Tab. 17: Die Verteilung der Reitanlagen in Bayern 1982......................... 106

Tab. 18: Mitgliederstruktur von Tennis- und Reitervereinen 1984................. 110

Tab. 19: Die Verteilung der Mitglieder von Tennis- und Reitervereinen in Regie-
          rungsbezirken Bayerns 1984... 111

Tab. 20: Einzugsbereich der Mitglieder von ausgewählten Tennis- und Reiterver-
          einen.. 114

Tab. 21: Einzugsbereich der Mitglieder nach der zentralörtlichen Einstufung...... 114

Tab. 22: Positive Kreistypen anhand der Innovationsprozesse von Tennis und Rei-
          ten.. 117

Tab. 23: Negative Kreistypen anhand der Innovationsprozesse von Tennis und Rei-
          ten.. 117

Tab. 24: Schwerpunkttypen der Kreise anhand der Innovationsprozeß bei Tennis und
          Reiten... 118

Verzeichnis der Abbildungen   Seite

Abb. 1:   Modell für verschiedene Phasen beim Entscheidungsprozeß der Innovation.. 14

Abb. 2:   Glockenförmige Häufigkeitskurve und die kumulative "S-Kurve" für die
           Verteilung der Adaptoren... 16

Abb. 3:   Kategorisierung der Adaptoren auf der Basis von "innovativeness"........ 16

Abb. 4:   Übersicht über die Begriffsmerkmale der Innovation..................... 19

Abb. 5:   Das "mean information field" Hägerstrands (nach HÄGERSTRAND und HAGGETT) 30

Abb. 6:   Übersicht über das Modell von Markt und Infrastruktur (nach
           BROWN).. 34

Abb. 7:   Übersicht über unterschiedliche Diffusionsmuster (nach HAGGETT, CLIFF
           und FREY)... 48

Abb. 8:   Expansive und relokative Diffusionsmuster (nach BROWN).................. 50

Abb. 9:   Phasengliederung der Innovation durch die Profile der Innovationswellen. 51

Abb. 10:   Drei verschiedene Barriereeffekte bei Diffusionsprozessen........ 51

Abb. 11:   Übersicht über den Innovationsprozeß nach dem sozialgeographischen
           Systemablauf... 52

Abb. 12:   Entwicklung der Tennisanlagen in Bayern 1900 - 1980.................... 68

Abb. 13:   "S-Kurve" von Tennisanlagen in Bayern 1900 - 1980...................... 72

Abb. 14:   Entwicklung der Tennisvereine und deren Mitgliederzahl in Bayern
           1947 - 1984.. 75

Abb. 15:   Entwicklung der Reitanlagen in Bayern 1946 - 1980...................... 88

Abb. 16:   "S-Kurve" von Reitanlagen in Bayern 1946 - 1980........................ 88

Abb. 17:   Entwicklung der Reitervereine und deren Mitgliederzahl in Bayern 1960 -
           1984... 94

Abb. 18:   Förderung des Sports in Bayern 1955 - 1986............................. 96

Verzeichnis der Karten

Karte 1:   Ausbreitungsphasen von Tennisanlagen in Bayern bis
            a: 1914.. *
            b: 1939.. *
            c: 1955.. *
            d: 1965.. *
            e: 1973.. *
            f: 1981.. *

Karte 2:   Innovationsprozeß von Tennisanlagen in Bayern 1900 bis 1981............ *

Karte 3:   Ausbreitungsphasen von Reitanlagen in Bayern bis
            a: 1933.. *
            b: 1955.. *
            c: 1965.. *
            d: 1973.. *
            e: 1981.. *

Karte 4:   Urlaubsreitgelegenheit auf dem Bauernhof in Bayern 1985/86.............. 91

Karte 5:   Tennisanlagen in Bayern 1982.. 108

Karte 6:   Reitanlagen in Bayern 1982.. 109

Karte 7:   Mitglieder von Tennisvereinen in Bayern 1984....................... 112

Karte 8:   Mitglieder von Reitvereinen in Bayern 1984......................... 113

Karte 9:   Typisierung der bayerischen Kreise 1982 anhand der Innovation.......... 116

_____

* Kartentasche

A. PROBLEMSTELLUNG

I. Zum gegenwärtigen Stand der Innovationsforschung

Die moderne Industrie- und Dienstleistungsgesellschaft zeichnet sich dadurch aus, daß sie mit einer Vielzahl geistiger, sozialer und technischer Neuerungen konfrontiert wird. Ein flüchtiger Überblick auf die Entwicklung der Innovationsforschung zeigt bereits, daß Aufkommen und Ausbreitung der neuen Kulturelemente längst als geläufiger Gegenstand der Untersuchung aufgegriffen wurde.[1]

Für das starke Erkenntnisinteresse an der "Innovation" innerhalb verschiedener Wissenschaftsdisziplinen[2] sind vor allem zwei Hauptgründe zu erwähnen.[3] Zum einen ist die "Innovation" als nützliches Instrumentarium dazu geeignet, das Verständnis für den gesellschaftlichen Wandel zu fördern, um dessen Erklärung sich die meisten Sozialwissenschaftler bemühen. Im Innovationsprozeß spiegelt sich nicht nur das soziale Netz wider, sondern die Auswirkungen der Innovation sind zumeist auch leicht zu isolieren. Zum anderen vermag die Innovationsforschung aufgrund ihrer Untersuchungsergebnisse in der Praxis entstehende Probleme einer vernünftigen Lösung zuzuführen.[4] Beispielsweise hat sie eine besondere Bedeutung dort erlangt, wo Neuerungen als manipulierbar erscheinen bzw. bewußter Steuerung im Rahmen der Entwicklungspolitik zugänglich gemacht werden.[5] Freilich bleibt nicht abgeklärt, inwiefern sich die Praxisbezogenheit positiv herausstellt.

Ungeachtet der dem Forschungsvorhaben zugrunde liegenden Gemeinsamkeiten, die eher einen interdisziplinären Charakter aufweisen, hat sich die Innovationsuntersuchung in vielen Wissenschaftsgebieten anfänglich relativ beziehungslos entwickelt.[6] Das liegt nicht nur

---

1) Als älteste wichtige Abhandlungen , welche die Probleme der Innovation und/oder Diffusion (und Akkulturation) wenigstens partiell ausführlich behandeln, seien hier vor allem zu erwähnen: RATZEL, F., Anthropogeographie (s. Teil): Die geographische Verbreitung des Menschen, 1. Aufl., Stuttgart 1891 (hier zitiert aus dem Nachdruck von der 1. Aufl., Darmstadt 1975); TARDE, G., Les Lois de l'Imitation , Paris 1895. (Die englische Ausgabe: The Laws of Imitation, New York 1903); SCHUMPETER, J., Theorie der wirtschaftlichen Entwicklung, 1. Aufl., 1911. (Hier zitiert nach der 6. Auflage, Berlin 1964); GRAEBNER, F., Methode der Ethnologie, Heidelberg 1911; KROEBER, A.L., Anthropologie, 2. Aufl., New York 1948 (zuerst 1923). Einen guten Überblick über die bisherige Innovationsforschung vermittelt ROGERS, E.M., Diffusion of Innovations, 3. Aufl., New York 1984. (1. Aufl., 1962, 2.Aufl., 1971); Unter der geographischen Literatur mit Bibliographie: Vgl. u.a. BROWN, L.A., Innovation Diffusion: A New Perspective, London/New York 1981; WINDHORST, H.-W., Geographische Innovations- und Diffusionsforschung, Darmstadt 1983. Nicht zuletzt sei darauf hingewiesen, daß diese Thematik im englischen Sprachraum überwiegend unter der Bezeichnung "Diffusion of Innovation" aufgegriffen wird. Vgl. dazu: unten B II.

2) So konnte ROGERS beispielsweise 9 verschiedene Wissenschaftsgebiete mit 3085 Publikationen im Jahre 1981 konstatieren, die sich mit den entsprechenden Fragestellungen befaßt haben. Vgl. ders., a.a.O., S. 45.

3) Näher dazu: ROGERS, E.M., a.a.O., S. 87 ff.

4) Im Hinblick auf diesen Aufgabenbereich der Innovationsforschung sind vor allem agrarsoziologische Untersuchungen in Amerika hervorzuheben, deren Hauptziel gerade darin liegt, dem von der um die 20er Jahre entstehenden Krisensituation tief betroffenen Mittleren Westen durch die Einführung der Neuerungen Hilfe zu leisten. Ein musterhaftes Beispiel dafür ist RYAN, B.,CROSS, N., The Diffusion of Hybrid Seed Corn in Two Iowa Communities, in: Rural Sociology 7 (1943), S.15-24.

5) Vgl. BARTELS, D., Geographische Aspekte sozialwissenschaftlicher Innovationsforschung, in: Vhdl. Dtsch. Geographentag Kiel 1969, Wiesbaden 1970, S. 284.

6) Vgl. KATZ, E., LEVIN, M.L., HAMILTON, H., Traditions of Research on the Diffusion of Innovation, in: American Sociological Review, 1963, S. 237-252.

daran, daß die einzelnen Disziplinen schon in der Auswahl des Gegenstandes auf eine bestimmte Art von Innovationen angelegt sind, wie z.B. die Agrarsoziologie auf eine neu erfundene Agrartechnik oder die Erziehungswissenschaft auf eine neu eingeführte Unterrichtsmethode. Vielmehr läßt sich darüber hinaus beobachten, daß die Zielsetzung der Untersuchungen selbst nach dem jeweiligen fachspezifischen Erkenntnisinteresse ausgerichtet ist; so beispielsweise die Anthropologie nach dem Transfer der Technologie von einer Kultur zu einer anderen; die Wirtschaftswissenschaft nach dem ökonomischen Wachstum; die Soziologie nach der Interaktion zwischen Mitgliedern innerhalb einer Gesellschaft und nicht zuletzt die Kulturgeographie nach der Entwicklung der Kulturlandschaft. Im übrigen ist hervorzuheben, daß der Begriff der "Innovation" selbst dem unterschiedlichen Erkenntnisziel entsprechend verschiedene inhaltliche Ausprägungen erfahren hat.[1] Kurz: Es fehlt in der Anfangsphase der Innovationsforschung an der interdisziplinären Kommunikation unter den Innovationsforschern.

Seit Mitte der sechziger Jahre hat sich dieses Bild weitgehend verändert. In der heutigen Innovationsforschung zeichnet sich die Tendenz ab, in verstärktem Maß nach der umfassenderen interdisziplinären Perspektive zu suchen.[2] Der herkömmliche kategoriale Rahmen, innerhalb dessen sich die Innovationsuntersuchung bewegt hat, scheint zunehmend aufgegeben zu werden. Dies erweckt auf den ersten Blick den Anschein, als ob die Innovationsforscher heutzutage über die Methodologie und Ergebnisse anderer Wissenschaftsbereiche ziemlich gut informiert seien. Genauere Prüfung läßt aber zweifelhaft erscheinen, daß diese gegenwärtige Strömung ständig darum bemüht wäre, auf neu entstehende Probleme aufmerksam zu machen und damit theoretische Lücken zu schließen. Vielmehr ist es ein noch immer zu beobachtendes Phänomen, daß Themenbereiche, die früher in der Forschungstradition außer Acht gelassen wurden, auch heute ausgeklammert bleiben.[3]

Diesen Zustand der derzeitigen Forschungen hat ROGERS wie folgt kritisiert: "Die Diffusionsforschung verwandelt sich allmählich in eine schmeichelhafte Nivellierung, wenn sie auf nur einige Themenkreise verengt, mit der stereotypen Methode betrieben wird... Es scheint so zu sein, daß in der Diffusionsforschung die engen Perspektiven der Untersuchung in der früheren Phase nun durch eine unnötige und unvernünftige Standardisierung ersetzt werden."[4] Es fehlt also in der späteren Periode der Innovationsforschung an "Originalität". Ob und in welcher Weise eine fachspezifische Differenzierung zugleich

---

1) Näher zu den verschiedenen Erkenntniszielen und Begriffen innerhalb der Nachbarschaftswissenschaften: vgl. unten B II

2) Zu interdisziplinären Versuchen, verschiedene Ansätze in der Innovationsforschung zu integrieren: Vgl. u.a. BAUBERGER, J., GMÜR, U., KÄSER, H., Ausbreitung und Übernahme von Neuerungen, Bern/Stuttgart 1973; PFETSCH, F.R. (Hrsg.), Innovationsforschung als multidisziplinäre Aufgabe, Göttingen 1975; SCHMIDT, P. (Hrsg.), Innovation: Diffusion von Neuerungen im sozialen Bereich, Hamburg 1976. Über den interdisziplinären Ansatz in amerikanischer Forschungstradition: Vgl. u.a. HAVELOCK, R.G., Planing for Innovation through Dissemination und Utilization of Knowledge, Ann Arbor 1971; ROGERS, E.M., a.a.O.

3) Vgl. BAUMBERGER, J., GMÜR, U., Käser, H., a.a.O., S. 48. Diese Defizite hat z.B. SCHMIDT lakonisch als "Mangel an Innovation in der Innovationsforschung" bezeichnet. DERS. a.a.O., S. 39. Daneben zur allgemeinen Kritik an der gegenwärtigen Forschungslage: Vgl. u.a. MÜLLER, V., SCHIENSTOCK, G., Der Innovationsprozeß in westeuropäischen Industrieländern, Bd. 1: Sozialwissenschaftliche Innovationstheorien, Schriftenreihe des IFO-Inst. f. Wirtschaftsforschung Nr. 98, Berlin/München 1978, S. 266 ff; PFETSCH, F.R., Zum Stand der Innovationsforschung, in: ders.(Hrsg.), a.a.O., S. 18 ff.

4) ROGER, E.M., a.a.O., S.39. (Eigene Übersetzung und Hervorhebung).

bei aller Anerkennung interdisziplinärer Forschungsansätze möglich sein soll, bleibt abzuwarten.[1]

II. Die Schwierigkeiten in der Datenerhebung

Wenn aber die bisherigen Forschungsansätze teils wegen des Mangels an "Interdisziplinarität", teils wegen der fehlenden "Originalität" kritisiert werden, so muß doch mitberücksichtigt werden, daß die Schwierigkeiten, bestimmte Daten zum Forschungszweck zu erheben, dabei eine bedeutende Rolle gespielt haben. Anscheinend sind die Hindernisse in der empirischen Datenerhebung nur in seltenen Fällen zu überwinden, denn die meisten Innovationsprozesse verlaufen sehr langwierig, und außerdem treten verschiedene Veränderungen während des Verlaufes ein. Infolgedessen muß die Auswahl der Untersuchungsgegenstände in erheblichem Maße davon abhängig bleiben, ob und inwiefern die notwendigen Daten zu erheben sind. Daher nimmt es nicht wunder, wenn die meisten Arbeiten der Innovationsforschung überwiegend auf einen leicht meßbaren Gegenstand eingeschränkt waren.[2] Ein Musterbeispiel ist in der technologischen Innovation zu sehen, wo die Ausbreitung des Fernsehens immer wieder als Forschungsthema aufgegriffen wird.[3] Der Grund dafür läßt sich unschwer erkennen, nämlich "weil sie innerhalb eines überschaubaren Zeitraums stattgefunden hat, in Industrieländern bereits als abgeschlossen gelten kann und statistisch relativ gut erfaßbar ist".[4]

Selbst wenn die Innovationsuntersuchungen hauptsächlich auf leicht meßbare Gegenstände eingeengt bleiben, sind die Schranken bei der Datenerhebung nicht ohne Auswirkung auf die Theoriebildung. Nahezu alle Studien haben sich gerade mit solchen Innovationen beschäftigt, bei denen die Übernahme von Neuerungen allein von der Entscheidung des Individuums abhängt. Dagegen ist bisher wenig Aufmerksamkeit den Innovationen geschenkt worden, die nicht durch individuelle Entscheidung, sondern durch kollektive Beschlüsse von Gruppen oder Organisationen eingeführt bzw. getragen werden.[5] Daraus versteht sich von selbst,

---

1) Soweit ersichtlich, ist dieses Dilemma interdisziplinärer Forschung sehr oft in der Geographie zu beobachten. Daher hat RUPPERT besonders im Zusammenhang mit Freizeitverhalten deutlich herausgestellt, daß es bei aller Anerkennung interdisziplinärer Forschungsansätze wichtig sei, "den eigenen Standort im Auge zu behalten, auch wenn eine solche fachspezifische Differenzierung bei praktischen Arbeiten häufig übergangen werden kann". Ders., Freizeitverhalten und Umweltgestaltung, Augsburger Sozialgeographische Hefte, Nr. 6 (1979), S. 91.

2) Üblicherweise sind Untersuchungsgegenstände zumeist aus dem landwirtschaftlichen Bereich gewählt. Wie oft dies geschehen, kann man in der "Bibliography of the Diffusion of Innovations" deutlich sehen. Vgl. dazu: ROGERS, E.M./Williams, L./WEST, R.B., Bibiliography of the Diffusion of Innovations, Inst. f. Communication Research, Standford, 1977.

3) Vgl. dazu: BAHRENBERG G., LOBODA, J., einige raumzeitliche Aspekte der Diffusion von Innovationen am Beispiel der Ausbreitung des Fernsehens in Polen, in: Geographische Zeitschrift, 61 (1973), S. 165-194; BAIN, A.D., The Growth of Television Ownership in The United Kingdom, in: International Economic Review, 3 (1962), S. 145-167; BONUS, H., Die Ausbreitung des Fernsehens, Ökonometrische Studien Bd. 1, Meisenheim am Glan 1968.

4) Schettenbrunner, H., Einführung ins Thema, in: ders. (Hrsg.), Innovation: Der Erdkundeunterricht, Sonderheft 7 (1983), S. 6.

5) Unter Arbeiten, die sich mit diesem Aspekt befassen, sind relativ häufig erziehungswissenschaftliche Studien zu finden, wobei die Einführung der Neuerungen in das Schulsystem und deren Problematik im Mittelpunkt stehen. Vgl. u.a. AREGGER, K., Innovationen im sozialen System, 2 Bde., Berlin/Stuttgart 1976.

daß "die Mehrzahl der Studien nur Aussagen über Individuen und deren Merkmale enthält."[1] Dadurch entsteht auch der falsche Eindruck, als ob nicht die gesamtgesellschaftlichen Rahmenbedingungen, sondern die Individuen ausschließlich auf die Adoption der Innovationen gewirkt hätten.

Die Schwierigkeiten der empirischen Datenerhebung in der Innovationsforschung sind eigentlich zu einem wesentlichen Teil darauf zurückzuführen, daß sie im Unterschied zu anderen wissenschaftlichen Themenbereichen die zeitliche Komponente explizit in die Betrachtung einbeziehen muß. So muß man z.B. - um den abgelaufenen Prozeß zu erklären - zur Aufstellung der Theorie und Hypothese einerseits als abhängige Variable den Zeitpunkt der Übernahme der Neuerungen feststellen, andererseits aber als unabhängige Variable verschiedene soziale Komponenten wie Sozialstatus, Einkommen usw. zu einem unterschiedlichen Zeitpunkt im Verlauf des Innovationsprozesses erforschen. Um die dafür nötigen Daten zu beschaffen, ist üblicherweise die sog. "recall method"[2] verwendet worden, in der bestimmte Personengruppen nach dem Zeitpunkt der Übernahme und damaligen Umständen befragt werden. Weil die Zuverlässigkeit der Daten hier überwiegend auf die Erinnerungsfähigkeit der Befragten angewiesen ist, stellen sich entweder die Methode als unbefriedigend oder die dadurch gewonnenen Angaben als sehr fragwürdig heraus, besonders dann, wenn die Adoption der Innovation bereits längst abgeschlossen ist. Abgesehen davon ist die Querschnittsuntersuchung mit nur einer Messung nicht dazu geeignet, einen sich über längeren Zeitraum erstreckenden Prozeß zu erfassen. Dafür sind die weiteren Datenquellen nötig sowie Längsschnittuntersuchungen unvermeidlich, die sich freilich wiederum nur schwer durchführen lassen.

III. Der Standort der geographischen Innovationsforschung

Die geographische Innovationsforschung ist keine Ausnahme in den zuvor geschilderten Sachverhalten. Auch und gerade für sie gelten die eben dargestellten Probleme. Darüber hinaus ist unverkennbar, daß sie sich noch mit zusätzlichen Problemen konfrontiert sieht, weil sie ihren eigenen Standort im Auge behalten muß, d.h., ihre Problemperspektive und ihre Analyse stets auf das Räumliche Bezug nehmen sollen. Im Unterschied zu anderen Wissenschaftsdisziplinen ist die Innovationsforschung in der Geographie mit folgenden Fragestellungen eng verbunden:[3]
- In welchem räumlichen Kontext kommen die Neuerungen zustande? (Ausgangsbasis)
- Wie breiten sie sich räumlich aus? (Ausbreitungsvorgang)
- Welchen Einfluß üben sie auf die Physiognomie und die Funktionalität eines Raumes aus? (veränderte Situation)

Außerdem soll unter dem räumlichen Gesichtspunkt folgendes in Betracht gezogen werden:
- welche Faktoren die Innovationen begünstigen bzw. hemmen,
- welche Rolle die Innovationsträger dabei spielen.

Diese Erweiterung der Perspektive um das Räumliche durch die geographische Betrachtungsweise stellt offenbar "eine wertvolle Bereicherung von Theorie und Methode in der Innova-

---

1) SCHMIDT, P., a.a.O., S. 12.
2) Näher dazu: ROGERS, E.M., a.a.O., S. 112 ff.
3) Vgl. dazu: WINDHORST, H. W., Innovationen: Ihre Behandlung im Unterricht am Beispiel des Baumwollanbaus im Süden der USA, in: Geographische Rundschau, 24 (1972), S. 358.

tionsforschung" dar[1] zumal berücksichtigt wird, daß man bis jetzt die räumlichen Komponenten in anderen Wissenschaftsgebieten nicht intensiv behandelt hat.[2] Im übrigen ist der räumliche Aspekt in der Innovation auch und gerade deswegen hervorhebenswert, weil das Charakteristikum aller Innovationen eben darin besteht, daß sie sich in räumlich differenzierter Weise ereignen.

Andererseits läßt sich nicht übersehen, daß noch eine andere Schwierigkeit auftaucht, wenn die Geographie unter dem Innovationsprozeß nicht nur gesellschaftlichen Wandel, sondern vielmehr auch räumlichen Wandel verstanden wissen will. Gemäß dem "Prinzip der Persistenz"[3] vollzieht sich der Wandel der Räume, vor allem von deren inneren Strukturen, meistens nicht so schnell wie der Wechsel sozialer Phänomene oder gar gleichphasig mit ihm, sondern erheblich langsamer als dieser, gerade aufgrund ihrer stabilisierenden Gegenkräfte gegen Veränderungstendenzen oder Dauerhaftigkeit der räumlichen Erscheinungen. Aus diesem Grunde ist oft die räumliche Auswirkung der Neuerung wegen des "time lag" nur schwer zu erkennen, auch wenn der Ausbreitungsvorgang selbst lange abgeschlossen ist. Dies ist besonders dann der Fall, wenn es sich um solche Neuerungen handelt, für deren Übernahme kein unmittelbarer Flächenanspruch erhoben wird, sondern eine zahlenmäßige Verbreitung erkennbar ist.[4] Somit ist es nicht erstaunlich, wenn der Schwerpunkt der bisherigen Forschung in der Geographie weniger in der Analyse von räumlichen Auswirkungen selbst, als in der Erfassung des abgeschlossenen räumlichen Ausbreitungsvorgangs liegt. Dies bedeutet eine Bevorzugung durch eine zurückblickende Perspektive. Es bedarf also einer stärkeren Ergänzung durch eine zukunftsorientierte Perspektive.[5]

Darüber hinaus ist zu bemerken, daß die einseitige Überbetonung des rein räumlichen Aspekts weniger dem geographischen Anliegen gerecht als schaden würde. Die Gefahr ist sehr groß, daß die Innovationsforschung in der Geographie zu abstrakt, damit inhaltsleer und realitätsfern betrieben wird, was zur Folge hat, daß die Untersuchungsergebnisse nur schwerlich in die Praxis umgesetzt werden können. In der Tat hat sich diese Problematik nicht selten in der amerikanischen Forschungstradition bestätigt, wo der Innovationsprozeß "vom realen Raum mit seiner physischen Ausstattung und seinen sozio-ökonomischen Rahmenbedingungen abgehoben und in seiner abstrakten Form analysiert"[6] wurde. Wenn man aber die

1) Vgl. WALZ, D., Grundlagen und Richtungen der Innovationsforschung, in: PFETSCH, F.R. (Hrsg.), a.a.O., S.65.

2) Freilich wird der räumliche Aspekt außer der Geographie oft auch von der Volkskunde berücksichtigt. Vgl. u.a. BRINGEUS, N.-A., Das Studium von Innovation, in: Zeitschrift f. Volkskunde, 64 (1968), S. 161-185; WIEGELMANN, G. (Hrsg.), Stadt-Land-Beziehungen, Göttingen 1975, S. 255-266.

3) Zur Problematik der Persistenz (Konsistenz): Vgl. u.a. DE VRIESREILINGH, H.D., Gedanken über die Konsistenz in der Sozialgeographie, in: RUPPERT; K. (Hrsg.), Zum Standort der Sozialgeographie, MSSW, Bd. 4, 1968, S. 109-117.

4) Nach WIRTH beinhaltet die Innovationsausbreitung als räumlicher Prozeß "(a) eine Bewegung von Dingen..., (b) eine Ausbreitung von Sachverhalten im Raum..., (c) eine Verdichtung oder zahlenmäßige Zunahme von Sachverhalten im Raum..." (Eigene Hervorhebung) Ders., Theoretische Geographie, Stuttgart 1979, S. 206-207.

5) Vor allem CARLSTEIN hat auf diese Lage in der bisherigen Diffusionsstudie aufmerksam gemacht. Vgl. ders., Innovation, Time Allocation and Time-Space-Packing, in: ders. (Hrsg.), Timing Space and Spacing Time, Vol. 2: Human Activity and Time Geography, London 1978, S. 146.

6) Näher dazu: WINDORST; H.-W., Geographische Innovations- und Diffusionsforschung, Darmstadt 1983, S. 67.

Geographie als Teilbereich der Sozialwissenschaft verstehen und damit der geographischen Innovationsuntersuchung einen interdisziplinären Charakter zuerkennen will, dann sollten sowohl die sozio-ökonomischen Faktoren als auch die Ergebnisse der anderen Disziplinen sachgemäß in die Beobachtung miteinbezogen werden. Dies ist aber auch ein Hauptgrund dafür, warum in den folgenden Untersuchungen bedeutsame Beiträge zum Ausbau und zur Ergänzung der bisherigen Denkansätze in der Innovationsforschung gerade von der "Sozialgeographie"[1] erwartet werden, zeichnet sich diese doch gerade dadurch aus, daß sie nicht bei einer Reduzierung aller relevanten Faktoren auf das Räumliche stehenbleibt, sondern unter dem Schwerpunkt der räumlichen Komponente auch andere soziale Elemente in Betracht zieht.

IV. Die sozialgeographische Relevanz der Innovation

Wenn also in der vorliegenden Studie versucht wird, einen kleinen Beitrag zur Erfassung und Aufklärung des Innovationsprozesses zu leisten, so soll sie in erster Linie als eine "sozialgeographische" verstanden werden. Die Apostrophierung "Sozialgeographie" impliziert nicht nur, daß die Zielsetzung in dieser Arbeit wichtige Innovationsdenkansätze zu strukturieren hat, sondern mit dem sich dabei herausbildenden Bezugsrahmen sollen empirische Arbeiten erst unter dem Gesichtspunkt der Sozialgeographie durchgeführt werden. Auch verweist die Einordnung in den sozialgeographischen Themenbereich darauf, daß die "Innovation" selbst als Forschungsthema in vielerlei Hinsicht sozialgeographische Relevanz erkennen läßt.

Gemeint ist zunächst, daß der Innovationsprozeß im Sinne von Aufkommen und Ausbreitung der Neuerung dort an sozialgeographischer Bedeutung gewinnt, wo er ständig "Grundfunktionen menschlichen Daseins"[2] zum Wandel zwingt. Durch diesen Prozeß, der sicherlich ein Charakteristikum des modernen Zeitalters ausmacht, sind die Menschen und ihre Gesellschaft in vielfältiger Weise herausgefordert, einer hohen Dynamik zu unterliegen, deren Ergebnisse auch in der "Landschaft als Prozeßfeld"[3] registriert werden. So betrachtet, läßt sich nun der einzelne Innovationsprozeß als eine vermittelnde Ebene zwischen den Neuerungen und deren räumlichen Folgen ansehen.

Darüber hinaus zeigt sich auch, daß der Innovationsprozeß in seinem Gesamtverlauf mit dem Modell vom sozialgeographischen Systemablauf vortrefflich erklärt werden kann, indem "Informationswandel", "Bewertung", "Verhalten", "Prozeß" und "Raumsituation" einander

---

1) Unter "Sozialgeographie" wird hier "die Wissenschaft von den räumlichen Organisationsformen und raumbildenden Prozessen der Daseinsgrundfunktionen menschlicher Gruppen und Gesellschaften" verstanden. Ausführlich dazu: RUPPERT, K., SCHAFFER, F., Zur Konzeption der Sozialgeographie, in: Geographische Rundschau, 21 (1962), S. 210.

2) Zum Begriff der Grunddaseinsfunktionen, PARTZSCH, P., Zum Begriff der Funktionsgesellschaft, in: Mitteilungen des Deutschen Verbandes für Wohnungswesen, Städtebau und Raumplanung, Heft 4, S. 3 ff.; RUPPERT, K., SCHAFFER, F., a.a.O., S. 208.

3) Näher dazu: RUPPERT, K., Die gruppenspezifische Reaktionsweite: Gedanken zu einer sozialgeographischen Arbeitshypothese, in: ders.(Hrsg.) Zum Standort der Sozialgeographie, MSSW, Bd. 4, 1968, S. 171. Auch HARTKE hat in diesem Sinne die Landschaft als "Registrierplatte sozialgeographischer Vorgänge" bezeichnet. Ders., Gedanken über die Bestimmung von Räumen gleichen sozialgeographischen Verhaltens, in: Erdkunde, 1959, S. 226-236.

folgen[1]: Die Informationen über Neuheiten verbreiten sich, und aufgrund der Informationen finden dann einzelne Entscheidungsprozesse statt, wobei allerdings die gruppenspezifische Bewertung eine wichtige Rolle spielt. Nach einer gewissen Zeit werden die Neuerungen als Ergebnis der Entscheidung angenommen, und dann setzt zugleich der räumliche Ausbreitungsprozeß ein, der persistente Funktionsstätten bzw. Reichweitensysteme abwandeln läßt oder neue hervorbringt. Erst im fortgeschrittenen Stadium sind diese Veränderungen häufig in der Landschaft erkennbar bzw. massenstatistisch erfaßbar. Freilich vollzieht sich dieser Innovationsprozeß nicht nach allen Seiten hin gleichmäßig, und unter Umständen können dabei einzelne Bereiche ausgespart bleiben.

Ferner ist naheliegend, daß die Geschwindigkeit der Ausbreitung von Neuerungen in weitem Umfang mit der jeweiligen Haltung von sozialen Gruppen zusammenhängt.[2] Wenn z.B. der Innovationsprozeß eine Gegend erreicht, wo die Notwendigkeit zur Aufnahme der neuen Kulturelemente für eine bestimmte örtlich stark vetretene soziale Gruppe groß ist, kann er sich sehr rasch entwickeln. Im umgekehrten Fall, d.h. wenn in einer Region eine bestimmte einflußreiche Sozialgruppe den Neuerungen ablehnend gegenübersteht, kann sich der Innovationsprozeß nur mühsam mit zeitlichen Verzögerungen oder auch gar nicht durchsetzen. Sehr oft ist zu beobachten, daß die Übernahmegeschwindigkeit im Innovationsprozeß bei sozialen Gruppen umso größer wird, je mehr Einfluß kollektive statt individuelle Entscheidung ausübt.

Nicht zuletzt ist der Zusammenhang zwischen der Sozialgeographie und der Innovation auch in praktischer Hinsicht unübersehbar; denn die Rekonstruktion von Innovationsprozessen trägt zur "Erkenntnis dynamischer und stagnierender Gebiete oder aktiver und passiver Räume" bei, womit sie als nützliche Planungsgrundlage dienen kann.[3] Weiter "ermöglicht die Feststellung von sich gegenwärtig vollziehenden Innovationsprozessen auch eine aktuelle Trendbeobachtung"[4] und Prognose, besonders dann, wenn "gewisse Regelabläufe der raumzeitlichen Ausbreitungsprozesse" feststellbar sind.[5] All diese Zusammenhänge zwischen Innovation und Sozialgeographie sollen noch im jeweiligen Problemkontext differenzierter beurteilt werden. Immerhin deutet sich nach dem Vorangegangen bereits an, in welcher Weise der Innovationsprozeß unter dem sozialgeographischen Gesichtspunkt relevant bzw. aufgefaßt wird, und ob und inwieweit der sozialgeographische Denkansatz die bisherigen Perspektiven der Innovation erweitern bzw. ergänzen kann. Festzuhalten bleibt, daß die sozialgeographische Denkweise nicht "divergierend", sondern "zentrierend" wirkt,[6] wie es in ihrem Systemablauf deutlich aufgezeigt war. So stellt sie sich als übergreifendes Forschungsprinzip dar, um die verschiedenen Ansätze in der geographischen Innovationsforschung zu integrieren, indem sie die Innovation als eine räumliche Erscheinung in der Kulturlandschaft interpretiert, die aus dem Zusammenwirken der menschlichen Gruppen und der Ausü-

---

1) Vgl. dazu: RUPPERT, K., Kulturlandschaft erhalten heißt Kulturlandschaft gestalten, in: MAYER-TASCH, P.C. (Hrsg.), Kulturlandschaft in Gefahr, München 1976, S. 41.

2) Vgl. u.a Maier, J., PAESLER, R., RUPPERT, K., SCHAFFER.F., Sozialgeographie, Braunschweig 1977, S. 93 ff.

3) Vgl. dazu: BORCHERDT, Ch., Die Innovation als agrargeographische Regelerscheinung, in : Arbeiten aus dem Geographischen Institut des Saarlandes, Bd. 6, Saarbrücken 1961, S. 50

4) Vgl. ebenda.

5) Vgl. BARTELS, D., a.a.O., S. 284.

6) Vgl. u.a. MAIER, J., PAESLER, R., RUPPERT, K., SCHAFFER, F., a.a.O., S. 24.

bung ihrer Grundfunktionen entsteht. Überdies ist unverkennbar, daß die sozialgeographische Betrachtung von konkreten funktionalen Raumeinheiten in der Lage ist, die Polarisierung in der herkömmlichen Innovationsforschung zwischen der von der Realität losgelösten rein formalistischen Orientierung einerseits und sich ausschließlich an Fallstudien ausrichtenden Denkansätzen ohne theoretische Verallgemeinerung andererseits abzuheben.[1] Im übrigen soll nicht übersehen werden, daß auch in der früheren länderkundlichen Literatur schon die Ausbreitung und Wanderung geographisch wichtiger Erscheinungen dargelegt wurden.

Die vorliegende Untersuchung bemüht sich im besonderen um die Erfassung von Innovationen im Freizeitbereich. Als empirische Fallbeispiele wurden spezielle Freizeiteinrichtungen - Tennis- und Reitanlagen - ausgewählt. Die Auswahl beruht auf der Annahme - die im Verlauf dieser Arbeit noch zu konkretisieren sein wird - daß sich in ihrer Entwicklung der vielschichtige sozialgeographische Zusammenhang mit dem Innovationsprozeß niederschlagen würde.

Zunächst liegt die Vermutung nahe, an diesen Beispielen lasse sich gut illustrieren, daß der Innovationsprozeß nicht nur einen horizontalen Vorgang zwischen verschiedenen Raumeinheiten darstellt, sondern auch einen vertikalen Ablauf zwischen den sozialen Schichten beinhaltet. Hier sei nur an verschiedene Freizeitaktivitäten erinnert, die zuerst von privilegierten Schichten ausgeübt, allmählich mit der Industrialisierung und Urbanisierung in breiten Bevölkerungsschichten Eingang finden.[2]

Zum zweiten kann man hier besonders deutlich die Rolle der Interessengruppen bzw. "spezifischen Zweckverbände"[3] im Innovationsprozeß erkennen, deren räumliche Auswirkungen bis jetzt in der Geographie wenig Aufmerksamkeit geschenkt worden ist. Berücksichtigt man, daß an diesen Beispielen die Übernahme der Innovation weitgehend nicht von individueller, sondern von kollektiver Entscheidung abhängig ist, dann versteht sich von selbst, daß die Einführung dieser speziellen Freizeitinfrastruktur in eine Region durch das starke Mitwirken von solchen Gruppen wie z.B. "Sportvereinen" durchgeführt wird.[4] Dabei wird nicht übersehen, daß es eine der schwierigsten Aufgaben in der Innovationsforschung ist, das Zusammenspiel von verschiedenen Entscheidungsträgern im Innovationsprozeß wie beispielsweise Individuen, Gruppen, Organisationen und Kommunen im Hinblick auf ihre räumlichen Auswirkungen im einzelnen darlegen zu können.

---

1) Zur Unterscheidung zweier Forschungseinrichtungen, HÄGERSTRAND, T., On socio-technical Ecology and the Study of Innovations, in: Ethnologia Europea, 7 (1974), S. 17-34.

2) Vgl. dazu: DAHLMANN, H., Alpinistische Stützpunkte in den deutschen und österreichischen Alpen: Eine geographische Untersuchung, München (Diss.) 1983.

3) In Anlehnung an SOMBART unterscheidet WEIPERT drei Gruppenarten; "natürliche Lebenseinheiten", "spezifische Zweckverbände" und "intentionale Verbände". Die "spezifischen Zweckverbände" im Sinne von SOMBART bedeuten dann die Gruppen, deren Einheit sich aus einem zu erzielenden Endzweck ableiten läßt. WEIPERT, G., Gruppe, in: Handwörterbuch der Sozialwissenschaft, Bd. 4, Stuttgart 1965 (Hier zitiert nach MAIER, J., PAESLER; R., RUPPERT, K., SCHAFFER, F., a.a.O., S. 45-46).

4) Vgl. dazu: GRÄF, P., Zur Raumrelevanz infrastruktureller Maßnahmen: Kleinräumliche Struktur- und Prozeßanalyse im Landkreis Miesbach, ein Beitrag zur sozialgeographischen Infrastrukturforschung, MSSW, Bd. 18, 1978, S. 135 ff.

B. ZUM BEGRIFF DER "INNOVATION"

I. Allgemeine Problematik

Das Wort "Innovation" stammt ursprünglich aus dem Lateinischen, "innovatio", was "Erneuerung" oder "Veränderung" bedeutet.[1] BORCHERDT weist darauf hin, daß der Begriff "Innovation" zuerst in der Botanik Anwendung gefunden hat, um das Voranschieben von Knospen bzw. von Erneuerungssprossen zu bezeichnen.[2] Erst seit den ersten Dezennien dieses Jahrhunderts zeigte sich, daß besonders Anthropologen, Soziologen und Ökonomen intensiv auf diesen Begriff Bezug nahmen, mit dem die Entwicklung und Ausbreitung von neuem Gedankengut, Produkten und Verhalten sowie die damit erzielten kulturellen Fortschritte erfaßt werden sollten.[3]

Obwohl - und vielleicht gerade weil - der Begriff "Innovation" in der letzten Zeit sowohl in akademischen Disziplinen als auch in praktischen Bereichen zunehmend an Aktualität und Popularität gewonnen hat, ist unverkennbar, daß er Gefahr läuft, zum "Modewort" ohne inhaltliche Präzisierung degradiert zu werden.[4] Es ist ein immer wieder zu beobachtendes Phänomen, daß dieser Begriff unreflektiert fast für all solche Erscheinungen verwendet wird, die in irgendeiner Weise neu erscheinen oder eine auch nur winzige Veränderung gegenüber bisherigen Verhaltensweisen und Wirkungszusammenhängen herbeiführen. Auch im Hinblick auf die fachspezifische Verwendung des Begriffs "Innovation" zeigt sich deutlich, daß die Begriffsbildung je nach Aufgabenbereich und Forschungsziel in verschiedener Weise inhaltlich ausgeprägt ist.[5] Selbst innerhalb ein und derselben Wissenschaftsdisziplin läßt sich nicht ohne weiteres herausfinden, welche inhaltlichen Kriterien dieser Begriff hat bzw. haben soll. Daher ist mit dem Begriff allein schwer zu erschließen, "ab wann, bei welchem Punkt eine Neuerung überhaupt für den Innovationsforscher interessant, bemerkens- und registrierenswert wird".[6]

Aus dieser Problemlage folgt demnach, daß man sich davor hüten muß, jede kleine Modifikation von kulturellen Elementen als "Innovation" zu bezeichnen. So muß also im weiteren eine begriffliche Klarstellung der "Innovation" vorgenommen werden, zumal ein theoretischer Bezugsrahmen zur Innovationsforschung in dieser Arbeit beabsichtigt ist. Dies bedeutet allerdings keineswegs, daß man leicht eine rundum einwandfreie und allseits plausible Definition gewinnen kann oder soll. Ein solcher Versuch erscheint entweder wegen der

1) Vgl. BRONGER, D. Der wirtschaftende Mensch in den Entwicklungsländern: Innovationsbereitschaft als Problem der Entwicklungsländerforschung, Entwicklungsplanung und Entwicklungspolitik, in : Geographische Rundschau, 1975, S. 451.

2) Vgl. BORCHERDT, CH., Die Innovation als agrargeographische Regelerscheinung, Arbeiten aus dem Geographischen Institut des Saarlandes, Bd.6, Saarbrücken 1961, S. 13.

3) Näher dazu: BORCHERDT, CH., ebenda.

4) Vgl. WALZ, D., Grundlagen und Richtungen der Innovationsforschung, in: PFETSCH, F.R. (Hrsg.), a.a.O., S. 25. Daneben allgemein zur Begriffsdiskussion: Vgl. u.a. AREGGER, K., Innovationen im sozialen System, Berlin/Stuttgart 1976, S. 101 ff; NEUHAUS-HARDT, C., Innovationen im Bereich von Fremdenverkehr und Freizeit, in: Materialien zur Fremdenverkehrsgeographie, Trier 1980, S. 7 ff.

5) TINNESAND hat z.B. in seiner Studie 108 Definitionen über Innovation festgestellt. Vgl. TINNESAND, B., Towards a Theory of Innovation Madison 1973, S. 258 ff.

6) WALZ, D., a.a.O., S. 28.

unendlichen Fülle von bisherigen Definitionen realitätsfern oder droht wegen der notwendigen Verallgemeinerung an begrifflicher Schärfe zu verlieren. Eine akzeptable Lösung läßt sich m.E. eher dann auffinden, wenn man sich einerseits an der Wissenschaftsdisziplin orientiert, in der mit diesem Begriff operiert wird, sich aber andererseits bei der Begriffsbestimmung nicht allzu weit vom allgemeinen Sprachgebrauch entfernt.

Für unser Problem, eine Reihe von sozialgeographischen Kriterien für den Begriff "Innovation" herauszukristallisieren, ergibt sich dabei folgendes:
Zum ersten soll im Umriß aufgezeigt werden, wie unterschiedlich der Ausgangspunkt für eine Begriffsbildung von "Innovation" in den Nachbarwissenschaften ist, die wichtige Stationen der Forschungstradition markieren (II.1.). Aufgrund dieser Bestandsaufnahme wird dann untersucht, was sich als begriffliches Kontinuum herausstellen läßt, von dem aus Gemeinsamkeiten oder Unterschiede bei den Begriffsmerkmalen erkannt werden können (II.2.). Zum zweiten sollen dann die Ergebnisse, die wir in Nachbarwissenschaften bezüglich der Begriffsdefinition gewonnen haben, darauf geprüft werden, welche fachspezifische Konkretisierung der Begriff "Innovation" in der Geographie annimmt (III.1.). Auf dieser Basis wird schließlich zu versuchen sein, für einen sozialgeographischen Begriff der "Innovation" klare Konturen zu schaffen (III.2).

II. Die Begriffsbestimmungen der "Innovation" innerhalb der Nachbarwissenschaften

1. Überblick über wichtige Denkansätze zur Begriffsbildung

Abgesehen von unterschiedlichen Nuancierungen steht im Mittelpunkt der anthropologischen Innovationsforschung die Frage, ob und inwiefern in der Geschichte der Menschheit die parallele Entwicklung ein und derselben Idee in verschiedenen Kulturen, oder der Transfer einer Erfindung von einer Kultur zu einer anderen eine bedeutsame Rolle spielt.[1] Aus dieser Perspektive richten sich die Erkenntnisinteressen in der Anthropologie bezüglich der Innovation weniger nach dem Prozeß der kulturellen Verbreitung innerhalb sozialer Systeme als vielmehr nach dem Austausch von Errungenschaften zwischen Völkern sowie nach deren sozialen Konsequenzen. Freilich erst in der späteren Phase macht sich auch hier die Tendenz bemerkbar, den Schwerpunkt der Forschung auf die Verbreitung moderner westlicher Ideen und Technologien in die sog. primitiven Gesellschaften zu verlagern.

Besonders wichtig in unserem Zusammenhang ist H.G. BARNETT mit seinem Werk "Innovation: The Basis of Cultural Change", in dem er eine anthropologische Begriffsdefinition vorgelegt hat.[2] Anhand fünf ethnischer Gruppen und eines religiösen Kultes in Nordamerika analysiert er die Adoption von Innovationen auf der psychologischen Ebene, ohne aber zugleich den Adoptionsprozeß im Detail zu verfolgen. Dabei gelangt er zu einer Definition von "Innovation", die jedes neue Gedankengut, jedes neue Verhalten und jedes neue Ding

---

1) Einen guten Überblick über anthropologische Innovationsforschung vermittelt ROGERS, E.M., Diffusion of Innovations, New York 1983, S. 46 ff. Um einige typische anthropologische Arbeiten zu nennen: WISSLER, C., Man and Culture, New York 1923, S. 111-121: SHARP, L., Steel Axes for Stone Age Australians, in: SPICER, E.H. (Hrsg.), Human Problems in Technological Change, New York 1952, S. 69-92; WELLIN, E., Water Boiling in a Peruvian Town, in: PAUL, B.D. (Hrsg.), Health, Culture and Communication, New York 1955, S. 71-103.

2) Vgl. BARNETT, H.G., Innovation: The Basis of Cultural Change, New York 1953.

subsummiert. [1] So dient als begriffliches Kriterium etwa die Tatsache, daß die Neuerungen sich qualitativ von den vorhandenen Formen unterscheiden. Infolgedessen besteht für ihn keine Differenz zwischen Innovation einerseits und Invention und Erfindung andererseits: "Die beiden sind die Benennung für die Innovation."[2]

Freilich erklärt sich diese inhaltliche Bestimmung der "Innovation" daraus, daß er als Anthropologe in besonderem Maße alle Arten von tatsächlichen Neuerungen für wichtig hält, die eine kulturelle Veränderung bei ihrer Anwendung hervorrufen. Im übrigen sei erwähnt, daß der anthropologische Denkansatz in der Innovationsforschung einen großen Einfluß auf kultugeographische Fragestellungen ausgeübt hat.[3]

Anders als die Anthropologie interessiert sich die wirtschaftswissenschaftliche Innovationsforschung[4] dafür, in welcher Weise technische Neuerungen, wie z.B. neue Produkte und neue Verfahren, zustandekommen und wie sie in die einzelne Unternehmung und auf dem Markt eingeführt werden. Ihr zentrales Anliegen besteht also sowohl in der Entwicklung technischer Neuheiten, als auch in der Erfassung der Zusammenhänge zwischen Adoptionsgeschwindigkeit der Neuerungen in Betrieben und den Eigenschaften der Unternehmungen als Ganzes - wie beispielsweise Größe, Wachstumsrate, Alter der Unternehmensleitung, Liquidität und Gewinnsituation - als auch schließlich in der Durchsetzung der Konsumgüter auf den Märkten.

Eine der ersten theoretischen Überlegungen zur Innovation als Grundphänomen der wirtschaftlichen Entwicklung ist SCHUMPETER zu verdanken, auch wenn er selbst anfangs begrifflich anstatt von "Innovation" von der "Durchsetzung neuer Kombination" gesprochen hat.[5] Für ihn stellt die wirtschaftliche Entwicklung eine komplexe, zyklische Bewegung dar, in der "stoßweise und geballt auftretende Innovationen" als die Ursache für konjunkturelle und langfristige Schwankungen anzusehen sind.[6] Die dabei feststellbaren fünf Arten von Innovationsmöglichkeiten werden von ihm wie folgt dargelegt:
"1) Herstellung eines neuen, d.h. dem Konsumentenkreis noch nicht vertrauten Gutes oder einer neuen Qualität eines Gutes,
 2) Einführung einer neuen, d.h. dem betreffenden Industriezweig noch nicht praktisch bekannten Produktionsmethode...
 3) Erschließung eines neuen Absatzmarktes...
 4) Eroberung einer neuen Bezugsquelle...
 5) Durchführung einer Neuorganisation..."[7]

1) Der Originaltext lautet: "An innovation is here defined as any thought, behavior, or thing that is new because it is qualitatively different from existing forms." BARNETT, H.G., a.a.O., S. 7.
2) BARNETT, H.G., a.a.O., S. 8.
3) Ausführlich dazu: unten C II, 1.
4) Um nur einige Studien hervorzuheben: MANSFIELD, E., The Economics of Technological Change, London 1969; MEFFERT, H., Die Durchsetzung von Innovationen in der Unternehmung und im Markt, in: Zeitschrift f. Betriebswirtschaftslehre, 1976, S. 77-100; UHLMANN, L., Der Innovationsprozeß in westeuropäischen Industrieländern, Bd. 2: Der Ablauf industrieller Innovationsprozesse, Schriftenreihe des IFO-Inst. f. Wirtschaftsforschung Nr. 98, Berlin/München 1978.
5) SCHUMPETER, J., Theorie der wirtschaftlichen Entwicklung, 6. Aufl., Berlin 1964, S. 100.
6) Vgl. dazu: GROCHLA, E., WITTMANN, W. (Hrsg.), Enzyklopädie der Betriebswirtschaftslehre, 4. Aufl., Stuttgart 1975, S. 1946.
7) SCHUMPETER, J., a.a.O., S.100 ff.

Später hat er den Begriff der "Innovation" auch folgendermaßen definiert: "Innovation ist ein Prozeß, wobei neue Produkte und Technologien in ein wirtschaftliches System eingeführt werden."[1]

Bekanntlich wird in der Innovationstheorie von SCHUMPETER "die Rolle des Unternehmers" als "Innovator" besonders hervorgehoben, wobei er zwischen dem Erfinder und dem Durchsetzer neuer Kombinationen unterscheidet.[2] Diese Differenzierung zwischen "Ideenfindung und Ideenrealisiation"[3] ist im allgemeinen auf breite Anerkennung gestoßen, denn "im Unterschied zur Invention, die lediglich Erfindung bzw. Entdeckung neuer Problemlösungspotentiale beschreibt, impliziert die Innovation auch neue Verwendungen und Anwendungen von Problemlösungspotentialen".[4] So haben BECKER und WHISLER im Anschluß an SCHUMPETER die Meinung vertreten, daß der "Innovation" der Grundgedanke der Ideenverwirklichung zugrunde liegt. Daher wurde von beiden als Begriffsdefinition vorgeschlagen, "Innovation" als "die erste oder frühe Nutzung einer Idee durch eine Organisation, die einer Gruppe von Organisationen mit ähnlicher Zielsetzung angehört",[5] aufzufassen.

Aber im Gegensatz zu BECKER und WHISLER, die definitorisch "Erfindung (invention)", "Erstanwendung (innovation)", "Änderung (change)" und "Anpassung (adaption)" voneinander unterschieden und den Begriff der "Innovation" ausschließlich auf die Erstanwendung neuer Ideen reduziert haben,[6] wurde bei UHLMANN die "Innovation" eher als ein gesamter Prozeß verstanden. Der Begriff "Innovation" umschließt bei ihm sowohl den Prozeß der "Erforschung" und "Entwicklung" als auch den "der Anwendung eines Wissens über die Eigenschaften und Einsatzbedingungen einer Technik".[7]

Im Vergleich zu anderen Wissenschaftsgebieten legt die wirtschaftliche Innovationsforschung besonderen Wert auf die Erklärung von Ursachen und Bedingungen der technischen Entwicklungen, Inventionen und des begleitenden Wirtschaftswachstums. Daher wird ausdrücklich die Unterscheidung zwischen "Invention" und "Innovation" getroffen. Erst im Rahmen der Marktstrategie für die Produkte wird der Ausbreitungsprozeß erforscht, was wiederum auf "das Markt- und Infrastrukturmodell"[8] in der geographischen Innovationsforschung eingewirkt hat.

Zweifelsohne hat die Soziologie bzw. Agrarsoziologie bereits vom Umfang her den größten Beitrag zur Innovationsforschung geleistet. Welche wissenschaftliche Position die Agrarsoziologie in Bezug auf die "Innovation" einnimmt, zeigt sich besonders deutlich dort, wo

---

1) Der Originaltext lautet: "Innovation is a process by which new products and techniques are introduced into the economic system." Ders., The Creative Response in Economic History, in: Journal of Economic History, New York 1947, S. 149. (Hier zitiert nach PFETSCH, F.R., a.a.O., S.11.

2) Vgl. SCHUMPETER, J., a.a.O., 1964, S. 110 ff.

3) Näher dazu: RÖPKE, J., Die Strategie der Innovation, Tübingen 1977, S. 122 ff.

4) GROCHLA, E., WITTMANN, W. (Hrsg.), a.a.O., S. 1943.

5) BECKER, S.W., WHISLER, T.L., The Innovative Organisation: A Selective View on Current Theorie and Research, in: Journal of Business, Vol. 40, 1967, S. 463. (Hier zitiert nach einer deutschen Übersetzung, Die innovative Organisation, in: WITTE, E., THIMM, A.L. (Hrsg.), Entscheidungstheorie, Wiesbaden 1977, S. 181).

6) WITTE, E., THIMM, A.L. (Hrsg.), a.a.O., S. 145.

7) Näher dazu: UHLMANN, L., Der Innovationsprozeß in westeuropäischen Industrieländern, Bd. 2: Der Ablauf industrieller Innovationsprozesse, Schriftenreihe des IFO-Instituts für Wirtschaftsforschung, Nr. 98, Berlin/München 1978, S. 45.

8) Ausführlich dazu: Vgl. unten C II, 3.

sich GRILICHES mit ROGERS und HAVENS auseinandersetzt. GRILICHES vertritt den ökonomischen Standpunkt, daß die Einführung des ertragreicheren Hybridmaises hauptsächlich von der Betriebsgröße des potentiellen Adopters und von seinen Profitabilitätskalkulationen abhängt.[1] Dagegen sind ROGERS und HAVENS der Ansicht, daß der Schwerpunkt auf den verschiedenen gesellschaftlichen Gesichtspunkten liegen soll, wie z.B. auf dem Kommunikationssystem usw.. Im übrigen halten diese beiden die Persönlichkeitsmerkmale des Betriebsleiters auch für wichtig, wobei der ökonomische Nutzen nur als Minimum-Faktor unterstellt wird.[2]

Was die Begriffsdefinition der "Innovation" anbelangt, hat ROGERS einen bedeutenden Stellenwert, weil er versucht hat, anhand zahlreicher empirischer Einzelstudien eine Verallgemeinerung zu ermöglichen.[3] Nach seiner Definition bedeutet "Innovation" "eine Idee, eine Praxis oder ein Objekt, was entweder von einem Individuum oder von anderen Adoptionseinheiten her als neu wahrgenommen wird."[4] Dagegen läßt sich der in jüngster Zeit häufig benutzte Begriff der "Diffusion" als einen "Prozeß" auffassen, "in dem eine Innovation durch bestimmte Kanäle über Zeit unter Mitgliedern eines sozialen Systems verbreitet wird"[5]. Die "Adoption" bedeutet "eine Entscheidung zur vollständigen Annahme einer Innovation als den besten Verlauf von verfügbaren Aktivitäten".[6] Demgemäß beschreibt er den Entwicklungsprozeß der Innovation in folgender Reihe: Problembewußtsein - Grundlagen- und angewandte Forschung - Entwicklung - Kommerzialisierung - Diffusion und Adoption - Konsequenzen.[7] Zu beachten ist dabei, daß ROGERS eine terminologische Unterscheidung zwischen dem Objekt einerseits, das den Gegenstand der Ausbreitung ausmacht, und dem Ausbreitungsprozeß sowie der dem Prozeß vorangehenden Annahme und Anwendung der Innovation andererseits getroffen hat.

Eigentlich gilt das agrarsoziologische Erkenntnisinteresse in erster Linie den einzelnen Phasen des Innovationsentscheidungsprozesses, der sich aus "Kennenlernen - Überzeugen - Entscheiden - Ausführen - Bestätigen" zusammensetzt sowie den Funktionen der Informationsquellen in den einzelnen Phasen (Siehe Abb. 1). Außerdem befaßt sich die Agrarsoziologie mit den Auswirkungen der Innovationseigenschaft auf die Adoptionsrate, wie z.B. relative Vorteile, Kompatibilität, Komplexität, Teilbarkeit und Sichtbarkeit.[8]

Als wichtigstes Ergebnis der agrarsoziologischen Innovationsuntersuchung ist vor allem

---

1) Vgl. GRILICHES, Z., Hybrid Corn and the Economics of Innovation, in: Science, 1960, S. 275-280; ders., Profitability versus Interaction: Another False Dichotomy, in: Rural Sociology, 1962, S. 327-330.

2) Vgl. ROGERS, E.M., HAVENS, E., Adoption of Hybrid Corn, Profitability and the Interaction Effect, in: Rural Sociology, 1961, S. 490-414.

3) ROGERS, E.M., a.a.O., S. 46 ff.

4) ROGERS, E.M., ebenda, S. 11. Der Originaltext heißt: "An innovation is an idea, practice, or object that is perceived as new by an individual or other unit of adoption."

5) "Diffusion is the process by which an innovation is communicated through certain channels over time among the members of a social system." Ebenda, S. 5.

6) "... adoption, a decision to make full use of an innovation as the best course of action available,...". Ebenda, S. 21.

7) Vgl. Ebenda. S. 34 ff.

8) Vgl. dazu: ROGERS, E.M., ebenda, S. 163 ff., 210 ff.

die "S-Kurve"[1] zu verbuchen, die den zeitlichen Verlauf der Ausbreitung widerspiegelt (Siehe Abb. 2). Überdies kommt die Kategorisierung der Adoptoren[2] nach ihrer Neuerungsfreudigkeit (Innovationsbereitschaft), wie etwa Innovator, frühe Adoptoren, frühe und späte Mehrheit und Nachzügler hinzu (Siehe Abb. 3).

Abb. 1: MODELL FÜR VERSCHIEDENE PHASEN BEIM ENTSCHEIDUNGSPROZEß DER INNOVATION

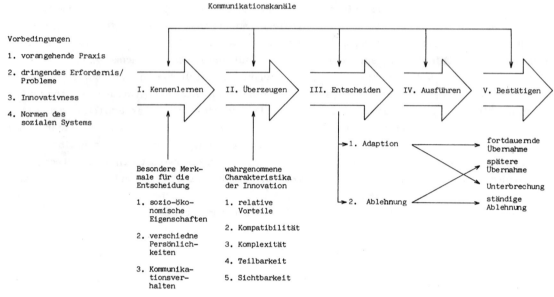

Quelle: ROGERS, E.M., Diffusion of Innovations, 3. Aufl., New York 1983, S. 165.

Hier zeigt sich bereits, daß der Innovationsbegriff im agrarsoziologischen Bereich eine wesentliche Differenzierung erfahren hat. Die Agrarsoziologie hat auch versucht, an Einzelfalluntersuchungen allgemeine Gesetzmäßigkeiten des Verbreitungsvorgangs zu konstatieren und eine Übertragbarkeit für nachfolgende landwirtschaftliche Neuerungen zu gewährlei-

1) Die "S-Kurve" entspricht einer kumulierten Normalverteilung (oder logistischen Kurve), die durch die Gleichung

$$p = \frac{u}{1 + e^{(a - bt)}} \quad \text{ausgedrückt wird.}$$

p = der Anteil der Population, die eine Neuerung übernimmt.
u = die obere Grenze des Anteils der Übernahmen.
t = Zeit.
a = eine Konstante, die den Zeitpunkt festlegt, zu der p die Hälfte seines Höchstwertes erreicht.
b = eine Konstante, die bestimmt, wie p sich mit t erhöht.

Näheres dazu: HAGGETT, P., Geography: A Modern Synthesis, New York 1979. (Hier zitiert nach der deutschen Ausgabe, Geographie: Eine moderne Synthese, 1983, S. 398. Zur Anwendungsgeschichte der "S-Kurve" vgl. u.a. BONUS, H., Die Ausbreitung des Fernsehens, Ökonometrische Studien, Bd. 1, 1968, S. 16 Anmerkung.

2) Vgl. ROGERS, E.M., a.a.O., S. 241 ff.

sten. Bemerkt sei dennoch, daß die Einflußvariablen ausschließlich auf den sozio-ökonomischen Bereich eingeschränkt bleiben.[1] Die Ergebnisse der agrarsoziologischen Innovationsforschung sind in Deutschland von ALBRECHT rezipiert und bekannt gemacht worden.[2]

Im Hinblick auf die "Innovation" in der Organisation ist besonders die Definition von AREGGER hervorzuheben, der versucht hat, eine allgemein-organisatorische Innovationstheorie aufzustellen. Dabei ist von Bedeutung, daß der Begriff "Innovation" von ihm noch stärker präzisiert wurde, als es ROGERS getan hat, indem "Innovation" und "Innovationsprozeß" klar gegeneinander abgegrenzt wurden. Für ihn bedeutet die "Innovation" "eine signifikante Änderung im status quo eines sozialen Systems, welche, gestützt auf neue Erkenntnisse, soziale Verhaltensweise, Materialien und Maschinen, eine direkte und/oder indirekte Verbesserung innerhalb und/oder außerhalb des Systems zum Ziele hat".[3] Dagegen wird unter dem "Innovationsprozeß" der "Änderungsablauf" verstanden, "der alle Aktivitäten und Hilfsmittel umfaßt, die von der Gewinnung neuer Erkenntnisse über deren Verarbeitung bis hin zu ihrer Anwendung... in sozialen Systemen verlaufsbestimmend sind".[4] Im Vergleich zu anderen Definitionen ist hier die ausdrückliche Betonung auffallend, daß die Innovation eine signifikante Veränderung bzw. Verbesserung beinhalten soll.

Der Einfluß des soziologischen Denkansatzes ist an vielen geographischen Innovationsforschungen abzulesen, vor allem bei dem Grundgedanken von HÄGERSTRAND, daß der Innovationsprozeß zu einem wesentlichen Teil von der Informationsverbreitung durch das soziale Kommunikationsnetz bedingt ist.[5] Außerdem werden auf die dort entwickelten empirischen Regelhaftigkeiten - z.B. S-Kurve, Adoptionskategorien, Hierarchieeffekte[6] und Nachbarschaftseffekte[7] - auch in der geographischen Analyse häufig Bezug genommen.

2. Der Begriff der "Innovation" - Gemeinsamkeiten und Unterschiede

Die Aufzählung der verschiedenen Begriffsbildungen in Nachbarschaftswissenschaften soll nun nicht weiter verlängert werden, nicht zuletzt auch deshalb, weil die hier vorgenommene Zusammenstellung keinen Anspruch auf Vollständigkeit erhebt, sondern nur auf Haupttendenzen hinweisen will. Der kursorische Überblick auf die verschiedenen Ansätze zur Definition von "Innovation" lehrt bereits, daß es heute keine einheitliche Begriffsbestimmung gibt und vermutlich auch kaum geben wird. Allerdings heißt dies noch nicht, daß nicht näher präzisiert werden könnte, worum es eigentlich beim Begriff der "Innovation" gehen soll. Bei aller Vielfalt der methodischen wie fachspezifischen Richtungen lassen sich doch

1) Ausführlich zur Kritik gegen den Versuch von ROGERS zur Generalisierung vgl. u.a. PFETSCH, F.R., a.a.O., S. 20; SCHMIDT, P., Innovation: Diffusion von Neuerungen im sozialen Bereich, Hamburg 1976, S. 13-16.

2) Vgl. ALBRECHT, H., Zum heutigen Stand der Adoption-Forschung in den Vereinigten Staaten, in: Berichte über Landwirtschaft, 1963, S. 233-289; ders., Innovationsprozesse in der Landwirtschaft, Saarbrücken 1969; KIEFER, K., Die Diffusion von Neuerungen, Heidelberger Sociologica 4, Tübingen 1967.

3) AREGGER, K., Innovationen im sozialen System, Berlin/Stuttgart 1976, S. 118.

4) AREGGER, K., ebenda, S. 118.

5) Näher dazu: unten C II, 2.

6) Vgl. u.a. BOWERS, R.V., The Direction of intra-societal Diffusion, in: Amer. Sociological Rev., 1937, S. 826-836.

7) Vgl. u.a. MCVOY, E.C., Patterns of Diffusion in the United States, in: Amer. Sociological Rev., 1940, S. 219-227.

Abb. 2

Glockenförmige Häufigkeitskurve und kumulative „S-Kurve" für die Verteilung der Adaptoren

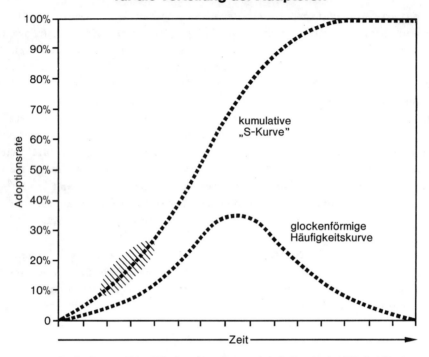

Quelle: Rogers, E. M., Diffusion of Innovations, 3. Aufl., New York 1983, S. 243
Bearbeitung: Institut für Wirtschaftsgeographie der Universität München, 1987
Vorstand: Prof. Dr. K. Ruppert

Abb. 3

Kategorisierung der Adaptoren auf der Basis von „innovativeness"

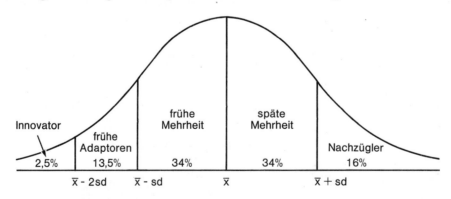

Quelle: Rogers, E. M., Diffusion of Innovations, 3. Aufl., New York 1983, S. 243
Bearbeitung: Institut für Wirtschaftsgeographie der Universität München, 1987
Vorstand: Prof. Dr. K. Ruppert

insofern Gemeinsamkeiten der Definition herauslesen, wie es zunächst rein formal betrachtet zwei verschiedene Zugriffsweisen zur Begriffsbestimmung[1] gibt , und zum zweiten - rein sachlich gesehen - drei Wesensmerkmale des Begriffs "Innovation" als minimale Begriffskriterien feststellbar sind.

Für die gegenstandsbezogene Definition ist bezeichnend, daß hier die "Innovation" als "Gegenständlichkeit" aufgefaßt wird, der man entweder eine objektive oder eine subjektive Neuheit zuerkennt. Unter "Gegenständlichkeit" kann vieles verstanden werden, z.B. eine neue Idee, ein neues Produkt, ein neues Verfahren, eine neue Einrichtung oder eine neue Verhaltensweise. Diese gegenstandsbezogene Definition läßt sich bei BARNETT und ROGERS deutlich erkennen.

Die gegenstandsbezogene Definition ist wiederum ihrerseits durch eine Reihe von Typologien zu klassifizieren. So wird z.B. hinsichtlich der Reichweite der Auswirkung zwischen "Basis- und Verbesserungsinnovation" unterschieden, wobei jene als revolutionierende, richtungsändernde Neuheit angesehen wird, während diese lediglich Weiterentwicklungen von jener darstellt.[2] Ferner läßt sich mit der Typologie der Adoptionseinheiten die "Innovation" in "Konsumenten- und Firmen- bzw. technologische Innovation" unterteilen.[3]
Nicht zuletzt ist in der Organisationssoziologie die Trennung zwischen "Ziel- und Mittelinnovation" geläufig.[4]

Von der gegenstandsbezogenen Definition unterscheidet sich die prozeßbezogene dadurch, daß sie die "Innovation" als einen Prozeß verstanden wissen will. So umfaßt der Begriff "Innovation" im weiteren Sinne alle Teilprozesse, die sich von der Auslösung einer Idee bis zu ihrer Übernahme aneinanderreihen, wie es bei UHLMANN der Fall ist. Andererseits bedeutet sie im engeren Sinne nur den Prozeß der Einführung bzw. Erstanwendung von Neuerungen - so z.B. bei SCHUMPETER, BECKER und WHISLER.

Diese Teilprozesse sind wiederum in folgende Phasen eingegliedert:[5]
1) Inventionsphase als Entdeckung oder Erfindung einer neuen Idee,
2) Innovationsphase i.e.S. oder Institutionalisierungsphase als Nutzbarmachung oder Realisierung im jeweiligen Anwendungsbereich,
3) Adoptionsphase als Entscheidungsprozeß eines Individuums oder einer Gruppe bis hin zur vollständigen Annahme,
4) Diffusionsphase als zeiträumliche Verbreitung der Neuerung unter den möglichen Übernehmereinheiten. Um den prozeßhaften Charakter zu betonen, wird hier auch der Begriff "Innovationsprozeß" anstatt "Innovation" bevorzugt verwendet, wie bei AREGGER zu erkennen ist.

Über die beiden Zugriffsweisen bei der Begriffsbildung hinaus lassen sich auch drei

---

1) Ausführlich dazu: BAUMBERGER, J., GMÜR, U., KÄSER, H., Ausbreitung und Übernahme von Neuerungen, Bern/Stuttgart 1973, S. 29.
2) Vgl. MANSFIELD, E., a.a.O.; MENSCH, G., Zur Dynamik des technischen Fortschritts, in: Zeitschrift f. Betriebswirtschaft, 1971, S. 295-314.
3) Vgl. BROWN, L.A., Innovation Diffusion: A New Perspective, London/New York 1981, S. 2.
4) PFETSCH, F.R., a.a.O., S. 17.
5) Zu verschiedenen Phasengliederungsbeispielen vgl. u.a. AREGGER, K., a.a.O., S. 101 ff.

Begriffsmerkmale der Innovation ableiten, die als Abgrenzungskriterien bei manchen Autoren durchgehend akzeptiert erscheinen[1]:

1) Das Moment der Novität: Eine Innovation soll neu sein.

2) Das Moment der Anwendung: Eine Innovation soll eingeführt bzw. übernommen werden.

3) Das Moment der Veränderung: Eine Innovation soll eine Veränderung bzw. Verbesserung bewirken.

Gewiß haben diese drei Merkmale des Begriffs insofern nur einen allgemeinen Erklärungswert, als sie ihrerseits noch der Konkretisierung bedürfen, denn offen bleibt zunächst die Frage, nach welchem Kriterium eine Idee oder eine Sache als neu bezeichnet werden soll. Es ist durchaus denkbar, dafür einen Maßstab auf der subjektiven Ebene auszumachen. So behauptet ROGERS, daß die subjektive Perzeption darüber entscheide, ob die Idee neu ist. Ausgehend von der Unterscheidung zwischen Nachfrage- und Angebotsseite will RÖPKE eine innovatorische Qualität eines Guts erst dann anerkennen, wenn es sowohl von Konsumenten als auch von Anbietern als neu wahrgenommen wird.[2]

Im Gegensatz dazu kann man die Novität auch auf die objektive Seite beziehen, wie es vor allem LEVITT tut. Bei ihm wird als eine Neuheit angesehen, was bislang entweder noch nicht getan oder von einer bestimmten Branche bzw. dem Unternehmen noch nicht durchgeführt wurde.[3] Wenn z.B. Wettbewerber in der gleichen Branche nacheinander den Innovator kopieren, sei das keine "Innovation", sondern eine "Imitation", obwohl es bei den Betreffenden um etwas Neues geht.[4]

Strittig ist aber auch das Abgrenzungsproblem gegenüber Vorläufern. Angenommen, daß es keine absolute Neuheit gibt, die unabhängig von Vergangenem zustande kommt, dann ist die Frage unabweisbar, "zu welchem Zeitpunkt, oder in welcher Phase das spezifisch Neue auftritt."[5]

Es ist zweifellos schwierig, den Begriff "Innovation" allein durch das Kriterium der Neuheit zu bestimmen. Allerdings läßt sich eine solche Diskussion auch bei den beiden anderen Begriffsmerkmalen genauso wie bei der "Neuheit" beliebig weiterführen. Hier soll sie nicht vertieft werden, sondern sich mit der Feststellung begnügen, daß die Innovation begrifflich nicht ausschließlich auf der objektiven Ebene festgelegt werden kann, sondern daß es sich dabei zum Teil um einen durch die subjektive Betrachtung des Einzelnen bedingten Abschnitt handelt.

Stellt man nun die Frage, ob und in welchem Maße die Ergebnisse, die wir bezüglich des Begriffs der "Innovation" in den Nachbarschaftswissenschaften gewonnen haben, für die Geographie bzw. für die weitere Untersuchung relevant sind, dann lassen sich m.E. zwei

---

1) PFETSCH hat z.B. als Kriterien 1),2) genannt, ders., a.a.O., S. 11, während AREGGER außer der "Neuheit" 3) hervorgehoben hat. Ders., a.a.O., S. 15.

2) Vgl. RÖPKE, J., a.a.O., S. 325.

3) Vgl. LEVITT, TH., Innovative Innovation, in: Havard Business Review, 1966, S. 63-70. (Hier zitiert nach der deutschen Übersetzung in: WITTE, E., THIMM, A.L. (Hrsg.), a.a.O., S. 191.

4) LEVITT, TH., ebenda.

5) PFETSCH, F.R., a.a.O., S. 12.

Erkenntnisse festhalten:

Zum einen kann das Abgrenzungskriterium, nämlich die "gegenstandsbezogene" und die "prozeßbezogene Zugriffsweise", auch in der Geographie weiter dienlich sein. Zum anderen sollen die drei Begriffsmerkmale in Bezug auf das geographische Forschungsziel noch weiter inhaltlich konkretisiert werden. Sie stellen quasi eine Form dar, in die der geographische Inhalt durch sein fachspezifisches Erkenntnisinteresse überführt wird. (Siehe Abb. 4)

Abb. 4: ÜBERSICHT ÜBER DIE BEGRIFFSMERKMALE DER INNOVATION

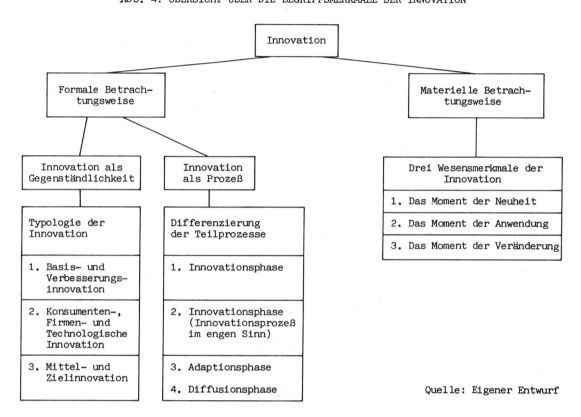

Quelle: Eigener Entwurf

III. Die Begriffsbestimmungen der "Innovation" in der Geographie

1. Bestandsaufnahme der Begriffsdiskussion

Der Begriff "Innovation" ist in der Geographie mit dem Namen "HÄGERSTRAND" eng verbunden. Zusammen mit seinen schwedischen Kollegen hat er nicht nur diesen Begriff in die Geographie eingeführt, sondern auch mit Arbeiten über den Innovationsprozeß für die bedeutsame Neuinterpretation eines Gebiets gesorgt, das seit langem für Geographen von Interesse ist.[1] Angeregt von ihm bzw. aufbauend auf seinen Ansätzen hat sich die "Innovation" als ein selbständiger Forschungsbereich unter den Geographen in Amerika sowie in Deutschland ausgebreitet. Mindestens bis 1970 jedoch, laufen in den beiden Forschungskreisen die Entwicklung recht beziehungslos nebeneinander her, sowohl bei der Annäherungsweise als auch bei der Begriffsbildung.

---

1) Vgl. dazu: HAGGETT, P., a.a.O., S. 388.

Im englischsprachigen Raum hat die Diskussion zum Begriff "Innovation" kaum intensiv stattgefunden. Stattdessen wird stillschweigend davon ausgegangen, daß die "Innovation" lediglich eine Neuerung bedeutet, die sich räumlich ausbreitet, während der Begriff "Diffusion" deren räumlichen Ausbreitungsvorgang bezeichnet. Insofern besteht also eine implizite terminologische Übereinstimmung. Im Mittelpunkt der Forschungen steht allein der räumliche Ausbreitungsvorgang, nämlich "Diffusion", gleichgültig, was für ein Ausbreitungsgegenstand untersucht wird. Daher wurden z.B. ansteckende Krankheiten oder auch politische Revolution zum Untersuchungsgegenstand gemacht.[1] Streng genommen sollte die amerikanische Innovationsforschung eigentlich als die Diffusionsforschung bezeichnet werden.

Anders als in Amerika wird der Begriff "Innovation" unter den Geographen in Deutschland nicht einheitlich, sondern in zweierlei Hinsicht verwendet, in einer den Prozeßcharakter hervorhebenden und in einer gegenstandsbezogenen Betrachtungsweise.

Die prozeßbezogene Betrachtungsweise, in der der räumliche Ausbreitungsvorgang in den Vordergrund rückt, ist z.B. von BORCHERDT diskutiert worden, der sich als erster Geograph in Deutschland mit dem Begriff der "Innovation" auseinandergesetzt hat.[2] Sein Ausgangspunkt ist die Erkenntnis, daß in den geographischen Analysen der Innovation nicht nur "die psychologische Seite des Problems", insbesondere die "Nachahmung", sondern vielmehr auch "die räumliche Auswirkung in Form eines besonderen Ausbreitungsvorgangs" enthalten sein soll.[3] Dementsprechend bedeutet für ihn die Innovation "ein(en) Ausbreitungsvorgang, der von einem Zentrum aus durch Nachahmung in Verbindung mit einer unterschiedlichen Wertung bei den einzelnen Sozialgruppen flächen- oder linienhaft nach außen vordringt und dabei die Gegenkräfte der Tradition zu überwinden hat".[4] In dieser Definition mit der Betonung auf "Ausbreitungsvorgang", wobei die Aufmerksamkeit sowohl auf die räumlichen Komponenten als auch auf die gruppenspezifischen gelenkt wird, ist auch der Kern des sozialgeographischen Denkansatzes enthalten. Diese terminologische Setzung hat bis in die siebziger Jahre hinein beherrschend gewirkt. So wird diese Definition z.B. von MEFFERT, HAUBNER, HAMBLOCH, WINDHORST und VOGEL vertreten.[5]

Im Hinblick auf die prozeßhafte Auffassung ist auch BARTELS wichtig, der die Innovation als einen Prozeß im weitesten Sinne verstanden hat.[6] Dabei werden Begriffe wie "Inven-

1) Vgl. u.a. HUFF, D.L., LUTZ, J.M., The Contagion of Political Unrest in Independent Black Africa, in: Economic Geography, 1974, S. 352-367; HUNTER, J.M., YOUNG, J.C., Diffusion of Influenza in England and Wales, in: Annales of Assoc. Amer. Geographers, 1971, S. 637-653; PYLE, G.F., Diffusion of Cholera in the United States, in: Geogr. Analysis, 1969, S. 59-75.

2) Vgl. BORCHERDT, CH., Die Innovation als agrargeographische Regelerscheinung, Arbeiten aus dem Geographischen Institut des Saarlandes, Bd. 6, Saarbrücken.

3) Vgl. BORCHERDT, CH., a.a.O., S. 14.

4) BORCHERDT, CH., ebenda.

5) Vgl. dazu: HAMBLOCH, H., Allgemeine Anthropogeographie, Erdkundliches Wissen, Heft 31, Wiesbaden 1972, S. 145; HAUBNER, K., Innovation, in: Handwörterbuch der Raumforschung und Raumordnung, Bd. 2, Hannover 1970, S. 1336; MEFFERT, E., Die Innovation ausgewählter Sonderkulturen im Rhein-Mainischen Raum in ihrer Bedeutung zur Agrar- und Sozialstruktur, Rhein-Mainische Forschung 64, Frankfurt a.M. 1968, S. 76; VOGEL, H., Das Einkaufszentrum als Ausdruck einer kulturlandschaftlichen Innovation, dargestellt am Beispiel des Böblinger Regionalzentrums, Forschungen zur deutschen Landeskunde, Bd. 209, 1978, S. 51; WINDHORST, H.-W., a.a.O., 1972, S. 358.

6) BARTELS, D., Geographische Aspekte sozialwissenschaftlicher Innovationsforschung, in: Vhdl. Dtsch. Geographentag Kiel 1969, Wiesbaden 1970, S. 285.

tion", "Adoption" und "Diffusion" auch mitberücksichtigt. So behauptet er: "Im Ablauf jeder Innovation bedarf es zunächst einmal der Innovation, jenes kreativen Aktes einer neuen Wertsetzung oder einer Neukombination bekannter Technologien als Erfindung, sodann der Diffusion als Ausbreitung des Wissens um diese Neuerung, schließlich der Adoption, d.h. der Verwendung der Neuerungen durch Nachahmer und Folgegänger."[1]
Beachtlich ist dabei, daß die "Diffusion" bei ihm nur als die Informationsausbreitung über die Neuerung betrachtet wird.

Nicht zuletzt seien hier GIESE und NIPPER erwähnt. Für ihren Definitionsversuch ist bezeichnend, daß die Innovation in erster Linie als Prozeß im engeren Sinne, d.h. als erste Anwendung oder Durchführung der Neuerungen aufgefaßt wird. So haben sie in einer Untersuchung über Zusammenhänge zwischen Innovation und Regionalpolitik behauptet, daß die Innovation dreierlei bedeutet:
1) "Die erstmalige Einführung bzw. Durchsetzung eines neuen Produkts am Markt durch einen Akteur",
2) "die erstmalige Anwendung eines neuen Produktionsverfahrens durch einen Akteur",
3) "eine organisatorische Neuerung, die erstmals bei einem Akteur durchgeführt wird."[2]
Zu bemerken ist, daß hier das Anwendungskriterium der Innovation besonders deutlich hervorgehoben wird.

Gegenüber der prozeßbezogenen Betrachtungsweise hat sich seit den siebziger Jahren in zunehmendem Maße die gegenstandsbezogene durchgesetzt, die anscheinend von der angloamerikanischen Sprachregelung beeinflußt ist. Zu den Vertretern dieser Definition gehören z.B. BAHRENBERG und LOBODA, BRONGER, GIESE, WIRTH und WINDHORST.[3]

So hat etwa WINDHORST die "Innovation" als "Ideen, Tätigkeiten oder Objekte, die von einem Individuum oder einer sozialen Gruppe als neu angesehen werden", definiert.[4] Dagegen bezieht sich die "Diffusion" auf die "raumzeitliche Ausbreitung einer Innovation in einem sozialen System".[5] Hier ist der Einfluß von der agrarsoziologischen Begriffsbestimmung unübersehbar. In diesem Zusammenhang sei auch darauf verwiesen, daß neuerdings die Auffassung ins Feld geführt wird, die den gegenständlichen Charakter der "Innovation" wiederum mit dem eigentlichen Forschungsziel der Geographie in Einklang bringt. So wird behauptet, daß "Innovation" "raumwirksame Neuerungen" bedeutet, "die sich von einem Zentrum oder mehreren Zentren ausbreiten".[6]

Zusammenfassend ist festzustellen: Die Meinungsunterschiede über den Begriff der "Innova-

---

1) BARTELS, D., Geographische Aspekte sozialwissenschaftlicher Innovationsforschung, in: Vhdl. Dtsch. Geographentag Kiel 1969, Wiesbaden 1970, S. 285.
2) Vgl. GIESE, E., NIPPER, J., Die Bedeutung von Innovation und Diffusion neuer Technologien für die Regionalpolitik, in: Erdkunde, 1984, S. 205.
3) Vgl. dazu: BAHRENBERG, G., LOBODA, J., a.a.O.; BRONGER, D., a.a.O., S. 449-458; GIESE, E., Räumliche Diffusion ausländischer Arbeitnehmer in der Bundesrepublik Deutschland, in: Die Erde, 1978, S. 92-110; WINDHORST, H.-W., a.a.O., 1983; WIRTH, E.; Die deutsche Sozialgeographie in ihrer theoretischen Konzeption und in ihrem Verhältnis zu Soziologie und Geographie des Menschen, in: Geogr. Zeitschrift, 1977, S. 161-187.
4) WINDHORST, H.-W., S. 4.
5) Vgl. WINDHORST, H.W., ebenda.
6) Näher dazu: LESER, H., HAAS, H.-D., MOSIMANN, TH., PAESLER, R., Diercke-Wörterbuch der allgemeinen Geographie Bd. 1, Braunschweig 1984, S. 278

tion" betreffen hauptsächlich die Frage, ob der räumliche Ausbreitungsvorgang den Begriff der Innovation umfaßt oder davon getrennt als Diffusion bezeichnet werden soll. Insofern als sich hier alles weniger um die inhaltlichen Eigenschaften der Innovation als vielmehr um die terminologische Differenzierung von "Innovation" und "Diffusion" dreht, scheint mir die Begriffsdiskussion in Deutschland von formaler Natur zu sein.

2. Versuch einer sozialgeographischen Begriffsbestimmung

Nachdem nun geklärt wurde, worum es eigentlich in der Begriffsdiskussion geht, kann im folgenden versucht werden, den Begriff der Innovation unter sozialgeograpischem Gesichtspunkt zu bestimmen. Dies geschieht hier dadurch, daß in Anlehnung an die Untersuchungsergebnisse im letzten Abschnitt zwei verschiedene Überlegungen - eine über die formale Seite des Begriffs und eine andere über die inhaltliche - vorangestellt werden.

Soweit ersichtlich, hat der Begriff der Innovation doppelten Charakter, nämlich den gegenstandshaften und den prozeßhaften. Daher scheint es mir nicht ergiebig, wenn man darauf beharrt, entweder die Innovation nur auf den Gegenstand oder auf den Prozeß zu beziehen. Um nur eine Präzisierung zu erleichtern bzw. Verwirrungen zu vermeiden, sei hier die explizite Unterscheidung zwischen "Innovation" und "Innovationsprozeß" empfohlen. Ferner ist es auch geboten, das Verhältnis zwischen "Innovation" und "Diffusion" klarzustellen, denn letztere hat eine zentrale Stellung in der bisherigen Innovationsforschung gewonnen, und aus dem Grunde wurde die Innovationsforschung nicht selten kurzerhand mit der Diffusionsforschung gleichgesetzt.

Was den Inhalt der Innovation betrifft, sollten hier unter sozialgeographischem Aspekt[1] drei Wesensmerkmale der Innovation, nämlich das Moment der Neuheit, der Anwendung und der Veränderung erfaßt werden. Dabei dürfte die Fragestellung etwa so lauten:

1) Was die Neuheit angeht: Für wen erscheint die Innovation neu? Es versteht sich von selbst, daß die (sozial)gruppenspezifische Bewertung dabei eine wichtige Rolle spielt.

2) Was das Moment der Anwendung betrifft: Wo wird die Innovation eingeführt? Für die Geographie fällt die Antwort darauf nicht schwer, da die Innovation sich in konkreten Räumen ausbreitet.

3) Was die Veränderung anbelangt: Worauf wirkt sich die Innovation aus? In sozialgeographischer Hinsicht sollten hier die Einflüsse der Innovation auf die Ausübung menschlicher Grunddaseinsfunktionen und den daraus resultierenden räumlichen Wandel in den Vordergrund gestellt werden.

Verknüpft man die formale und die inhaltliche Seite der Innovation miteinander, dann kann man folgende Begriffsbestimmung vorschlagen:

- "Innovation" ist die raumwirksame Neuerung, die sich in Verbindung mit gruppenspezifischer Bewertung ausbreitet und dabei den Wandel innerhalb der Grunddaseinsfunktionen herbeiführt.

---

1) Näher zur Sozialgeographie: Vgl. u.a. MAIER, J., PAESLER, R., RUPPERT, K., SCHAFFER, F., Sozialgeographie, Braunschweig 1977; THOMALE, E., Sozialgeographie: Eine disziplingeschichtliche Untersuchung zur Entwicklung der Anthropogeographie, Marburger Geographische Schriften Bd. 53, 1972.

- "Diffusion" ist lediglich der raumzeitliche Ausbreitungsvorgang der Innovation, der sichvon einem Zentrum oder von mehreren Zentren aus nach außen entfaltet.
  Hinzugefügt sei, daß der Gegenstand der Ausbreitung nicht unbedingt eine Innovation sein muß, wie es z.B. bei den ansteckenden Krankheiten der Fall ist.
- "Innovationsprozeß" umfaßt den gesamten Ablauf, der sich von dem Aufkommen der Neuerung über ihre Ausbreitung bis zur Veränderung der räumlichen Struktur erstreckt. Wie schon in der Einleitung erwähnt, läßt sich der "Innovationsprozeß" als ein Ablauf im sozialgeographischen Raumsystem interpretieren.
- "Innovationsforschung" beschäftigt sich mit allen Teilphasen im Innovationsprozeß, während "Diffusionsforschung" hauptsächlich mit der Ausbreitung der Innovation befaßt ist.

Tabelle 1: Überblick über eine sozialgeographische Begriffsbestimmung der Innovation

Gemeinsame Begriffsmerkmale	Fachspezifische Differenzierung in sozialgeographischer Hinsicht
Formale Kriterien	
1. Innovation als Gegenständlichkeit	1. Innovation als raumwirksame Erneuerung
2. Innovation als Prozeß	2. Innovationsprozeß als ein sozialgeographischer Systemablauf
Materielle Kriterien	
1. Das Moment der Neuheit	1. Ausgangsbasis: Sozialgruppe bzw. gruppenspezifische Bewertung
2. Das Moment der Anwendung	2. Räumlicher Ausbreitungsvorgang
3. Das Moment der Veränderung	3. Veränderte Raumstruktur: Auswirkungen auf die Grundfunktionen

Quelle: Eigener Entwurf

C. ZUR GEOGRAPHISCHEN PERSPEKTIVE DER INNOVATIONSFORSCHUNG; VERSUCH EINES INTEGRATIONS-
   ANSATZES UNTER SOZIALGEOGRAPHISCHEM ASPEKT

I. Methodische Vorbemerkungen

Wie bereits in der Einleitung erwähnt, ist die Innovationsforschung in der Geographie
dadurch gekennzeichnet, daß sie Innovationen stets unter Bezug auf die räumliche Dimension
betrachtet. Dementsprechend wird hier der Innovationsprozeß selbst als "räumlicher
Prozeß[1] aufgefaßt, der die Raumorganisation in verschiedener Weise beeinflußt. Wegen
dieser engen Verknüpfung des räumlichen Aspekts der Innovation mit ihrem geographischen
Forschungsziel sind die Geographen darum bemüht, mittels der Aufklärung des Innovationsprozesses zur tiefen Einsicht in die Entwicklung der Raumstruktur - besonders in die
räumlichen Interaktionsmuster und Verflechtungen - vorzudringen. Daher verwundert es
nicht, wenn sich der Innovationsprozeß als ein wichtiges und altes Forschungssujet der
Geographie proklamieren läßt.

Wenn im folgenden versucht wird, einen Integrationsansatz der Innovationsuntersuchung
unter sozialgeographischem Aspekt zu entwickeln, so soll dieses Unterfangen damit beginnen, zunächst die bisherigen Forschungsperspektiven in der Geographie näher zu kennzeichnen. Im Vordergrund steht die Frage, wie unterschiedlich die Geographie ihre Zielvorstellungen sowie ihren Aufgabenkreis an die Thematik der Innovation herangetragen hat, oder
mit anderen Worten, wie weit die Problematik der Innovation in den Themenbereich der
Geographie zu intergrieren ist. Ein kurzer problemgeschichtlicher Rückblick soll die
Ausgangsbasis bilden.

So reizvoll dieses Unterfangen auf den ersten Blick erscheinen mag, so schwierig ist es -
bereits vom methodischen Gesichtspunkt aus - dies durchzuführen. Wie in anderen entwick-
lungsgeschichtlichen Untersuchungen läßt sich auch hier eine Systematisierung der bisherigen Problemperspektiven nur mit Mühe und häufig unter Verwendung generalisierender Maßstä-
be in den Griff bekommen. Bezüglich der geographischen Innovationsforschung liegt dies vor
allem daran, daß sie sich nicht selbständig und einheitlich entwickelt, sondern sich in
Reaktion auf vielerlei Einflüsse außerhalb der Geographie recht mannigfaltig herausgebildet hat. Viele Überschneidungen mit anderen Wissenschaftsdisziplinen sind dabei nicht
selten zu beobachten.[2] Man kann deshalb nicht erwarten, daß die Zusammenfassung der
verschiedenen Denkansätze eine systematische Reinheit und Vollkommenheit aufweisen wird.
Sie wird vielmehr auf Grundzüge bzw. Tendenzen der jeweiligen Denkmodelle achten müssen,
um damit eine Typologisierung zu ermöglichen, aus der man eine gewisse Leitlinie herauslesen kann.

Dadurch wird m.E. die Fruchtbarkeit eines solchen Unternehmens freilich nicht beeinträch-
tigt. Zum einen ist es immerhin interessant zu verfolgen, ob und inwiefern die unterschiedlichen Forschungsansätze in der Innovationsuntersuchung von der Entwicklung bzw. der
Wandlung der geographischen Disziplin selbst begleitet und beeinflußt werden. Zum anderen
stößt man in der Tat dabei auf die Erkenntnis - wie die vorliegende Arbeit

---

1) Vgl. u.a. RUPPERT, K., Kulturlandschaft erhalten heißt Kulturlandschaft gestalten, in:
   MAYER-TASCH, P.C. (Hrsg.), Kulturlandschaft in Gefahr, München 1976, S. 40 ff.

2) Näher dazu: oben B II.

zeigt -, daß sich die Forschungstradition der Geographie in Bezug auf diese Thematik als "Komplementärerscheinung"[1] darstellt. Unbeschadet der unterschiedlichen Denkmodelle sowohl bezüglich des Erkenntnisinteresses als auch innerhalb zahlreicher Aufgabenbereiche ergänzen sich die verschiedenen Perspektiven gegenseitig, so daß man auf diese Weise zum besseren Verständnis des räumlichen Innovationsprozesses gelangen kann.

An diese Überlegung knüpft die folgende Studie unmittelbar an. Ausgehend davon, daß die sozialgeographische Perspektive einen integrierenden Denkansatz darstellt, zielt sie darauf ab, die verschiedenen Forschungsrichtungen der Innovation unter sozialgeographischem Aspekt in Einklang zu bringen. Zwar scheinen in der gegenwärtigen Lage die Innovationsuntersuchungen oft beziehungslos nebeneinander zu stehen - es sei nur an die Forschungsansätze in Amerika und Deutschland erinnert - doch ist es nicht nur möglich, sondern auch nötig, die Ergebnisse der bisherigen Innovationsuntersuchungen im Hinblick auf den gesamten Verlauf des Innovationsprozesses zu einer Synthese zusammenzufassen.[2] Um diesen Zweck zu erfüllen, greift die folgende Untersuchung den "sozialgeographischen Systemablauf" auf, mittels dessen die jeweilige Perspektive eingeordnet werden kann.

Von diesen methodischen Überlegungen aus geht es im folgenden Abschnitt zunächst darum, die Charakteristika der bisherigen Forschungsansätze herauszuarbeiten. Dabei werden einige wichtige Entwicklungsstationen aus der geographischen Forschungstradition herausgegriffen (II.1-II.6). Aufgrund dieser Untersuchung wird dann versucht, im "sozialgeographischen Systemablauf" die verschiedenen Perspektiven zu integrieren (III.1-III.4).

II. Die verschiedenen Denkansätze der Innovationsforschung in der Geographie

1. Kulturgeographische Tradition

Der Diffusionsprozeß gehört zu den ältesten Aufgabenbereichen der Geographie. Ein Rückblick auf die geographische Forschungstradition lehrt, daß die Untersuchung über die Ausbreitung von Ideen, Gegenständen, Technologien, Kulturphänomenen in verschiedenen Völkern und Erdteilen weit bis in die Anfänge der Kulturgeographie reicht. Dabei ist allerdings unverkennbar, daß sich diese frühe Arbeitsrichtung sowohl in Fragestellungen als auch in methodischer Hinsicht in erheblichem Maße von der modernen Diffusionsforschung unterscheidet.

Eine kurze Darlegung entwicklungsgeschichtlicher Vorläufer kann mit dem Namen RATZEL beginnen, der sich in einem Teil seines Werks "Anthropogeographie II" mit der "Ausbreitung ethnographischer Merkmale" auseinandergesetzt hat.[3] Eigentlich geht es ihm - ähnlich wie im vorhin erwähnten anthropologischen Ansatz - in erster Linie darum, die Ursache "kon-

1) Vgl. BROWN, L.A., Innovation Diffusion: A New Perspective, London/New York 1981, S. 10 ff.

2) Bekanntlich hat BROWN versucht, verschiedene Denkansätze aus der amerikanischen Tradition der Innovationsforschung zu integrieren. Vgl. ders., a.a.O. Auch zu "general systems approach" von BROWN, was nach seiner Ansicht als übergreifender Denkrahmen für verschiedene Bewegungsabläufe - z.B. Innovation, Migration, Reisen, Handel - dienen kann: Vgl. ders., Diffusion Processes and Location: A Conceptual Framework and Bibliography, Regional Science Research Institut, Bibliography Ser. 4, Philadelphia 1968.

3) RATZEL, F., Anthropogeographie, Bd. 2: Die geographische Verbreitung des Menschen, 6. Aufl., Darmstadt 1975, S. 631-648.

gruenter Kulturerscheinungen" herauszufinden.[1] So stellt sich bei ihm die Frage, worauf sich die Parallelität der Kulturerscheinungen zurückführen läßt. Seine Antwort lautet, daß die Korrelationen der Formen zu einem wesentlichen Teil aus "Wanderungen, Entlehnungen und Übertragungen"[2] resultieren. Im Mittelpunkt seines Erkenntnisinteresses steht also der enge Zusammenhang der "Verbreitung der Merkmale mit den Wanderungen ihres Trägers"[3], was in der modernen Terminologie als "Relokationsdiffusion" (oder "Verlagerungsdiffusion")[4] bezeichnet werden kann. Überdies ist auch zu bemerken, daß in seiner Untersuchung die Differenzierung zwischen der allmählichen Ausbreitung einzelner Merkmale einerseits und der raschen und vollständigen Übertragung einer Kultur eines Volkes durch Völkerwanderung andererseits getroffen wird.[5]

Es ist zwar unübersehbar, daß RATZEL bereits wichtige Aspekte der Innovationsforschung aufgreift, wie z.B. die raumzeitliche Dimension der Bewegungsvorgänge[6] sowie Verbreitungsfähigkeiten und räumliche Reichweite der jeweiligen Merkmale.[7] Jedoch wird dem Ausbreitungsprozeß selbst noch nicht genügend Aufmerksamkeit gewidmet[8], der eigentlich in der modernen Forschung eine zentrale Stellung einnimmt. In sozialgeographischer Hinsicht ist es immerhin als RATZELs Verdienst zu verbuchen, die Bedeutung des Menschen und seines Handelns für die Verbreitung der Kulturformen hervorgehoben zu haben. Seine Gedanken haben später nicht nur auf die "Kulturkreislehre" bzw. "Kulturraumfoschung" einen großen Einfluß ausgeübt,[9] die als Vorstufe der modernen Diffusionsforschung anzusehen ist. Darüber hinaus läßt sich auch eine gewisse Verbindungslinie zwischen ihm und früheren Arbeiten von HÄGERSTRAND deutlich erkennen.[10]

Die Kulturraumforschung hat einen besonderen Stellenwert für die weitere Entwicklung der Innovationsforschung erlangt. Dabei fällt auf, daß diese Forschung eigentlich durch die enge Zusammenarbeit von Historikern, Sprachwissenschaftlern, Volkskundlern und später auch Geographen zustande kam, die um die 20er Jahre in Bonn tätig waren.[11] In dieser Zeit sind

---

1) RATZEL, F., ebenda. Vgl. auch: WINDHORST, H.-W., Geographische Innovations- und Diffusionsforschung, Darmstadt 1983, S. 6 ff.

2) SCHÖLLER, P., Kulturraumforschung und Sozialgeographie, in: Aus Geschichte und Landeskunde, Festschrift f. F. STEINBACH, Bonn 1960, S. 673.

3) RATZEL selbst behauptet dazu, "daß die Verbreitung ethnographischer Gegenstände nur durch den Menschen, mit ihm, an ihm, auf ihm, vor allem in ihm, d.h. in seiner Seele, als Keime von Formgedanken geschehen kann". Ders., a.a.O., S. 634.

4) Die Unterscheidung zwischen "relocation type diffusion" und "expansion type diffusion" geht auf BROWN zurück. Näher dazu: BROWN, L.A., 1968, a.a.O., S. 4 ff. Siehe auch: unten C III, 3.

5) Vgl. RATZEL, a.a.O., S. 635 ff.

6) Näher dazu: RATZEL, ebenda, S. 631 ff.

7) Vgl. dazu: RATZEL, ebenda, S. 644 ff.

8) Mit dieser Problematik von RATZELs Theorie hat sich WINDHORST relativ ausführlich beschäftigt. Vgl. ders., a.a.O., S. 40 ff.

9) Näher zu "Kulturkreislehre" und "Kulturraumforschung" vgl. u.a. SCHÖLLER, P., a.a.O., S. 673.

10) u.a. PRED, A., Postscript (zu seiner Übersetzung), in: HÄGERSTRAND, T., Innovation Diffusion as a Spatial Process, Chicago 1967, S. 299-324.

11) Als wichtige Arbeiten von "Kulturraumforschung" seien erwähnt: AUBIN, H., FRINGS, TH., MÜLLER, J., Kulturströmungen und Kulturprovinzen in den Rheinlanden: Geschichte, Sprache, Volkskunde, Veröffentlichungen des Instituts für geschichtliche Landeskunde an der Uni. Bonn, Bonn 1926; STEINBACH, F., Studien zur westdeutschen Stammes- und Volksgeschichte, Schriften des Inst. für Grenz- und Auslandsdeutschtum der Uni. Marburg 5, Jena 1926.

sind die in RATZELs Werken wurzelnden Vorstellungen der Kulturgeographie bereits von HETTNER und WAIBEL weitergeführt worden.[1]

Versucht man, das Forschungsziel und die Arbeitsmethode der "Kulturraumforschung" zusammenzufassen, so lassen sich die folgenden Feststellungen treffen[2]:

1) In dieser Forschung handelt es sich hauptsächlich darum, den Wandel der Kulturlandschaft zu erfassen. Dabei werden zunächst einige kulturelle Elemente ausgewählt und dann auf "Verbreitung, Verteilung und Ausbreitung" untersucht, um das Verständnis der Struktur eines Raumes bzw. raumwirksamer historischer Vorgänge in einem Raum zu fördern. Zu beachten bleibt, daß die ausgewählten Kulturelemente den Charakter eines Indikators - ohne diesen Begriff im sozialgeographischen Sinne als Prozeßanzeiger zu definieren - tragen[3], so daß man mit deren Hilfe zur Erkenntnis der kulturlandschaftlichen Entwicklung und der Abgrenzung der Kulturräume gelangen kann.

2) Als Arbeitsgrundlage benutzt die "Kulturraumforschung" die Verbreitungskarten einzelner Kulturelemente. Dennoch geht sie nicht so weit, daß man die schrittweise räumliche Ausbreitung über einen längeren Zeitraum mit einer Folge von Verbreitungskarten darstellt.

3) Die Betrachtungsweise ist morphogenetisch und die Arbeiten haben einen deskriptiv-erklärenden Charakter mit vielen Informationen. Dies führt freilich dazu, daß sie sich schwer tun, aus den Beobachtungen generalisierende Aussagen über den Ablauf räumlicher Ausbreitungsvorgänge abzuleiten.

Unter den geographischen Arbeiten, die parallel zur Zeit der "Kulturraumforschung" erschienen, ist vor allem auf das Werk von MÜLLER-WILLE zu verweisen.[4] Er ging damals wohl am intensivsten der Frage der "Verbreitung und Ausbreitung kultureller Güter" nach.[5] In einer richtungsweisenden Untersuchung, die die kulturgeographische Struktur des Rheinischen Schiefergebirges zum Gegenstand hat, verfolgt er das Ziel, "siedlungsgeographische Differenzierung und Gliederung in ihrer zeitlich-räumlichen Entwicklung und nach ihren funktionalen Zusammenhängen"[6] zu erfassen. Damit leistete er zugleich einen Beitrag zu "einer funktional-kulturgeographischen Vertiefung" der Kulturraumforschung.[7]

---

1) Vgl. dazu: HETTNER, A., Der Gang der Kultur über die Erde, Leipzig 1929; GIESE, E., Räumliche Diffusion ausländischer Arbeitnehmer in der Bundesrepublik Deutschland, in: Die Erde, 1978, S.93 ff.

2) Diese Zusammenfassung beruht zu einem wesentlichen Teil auf der Ansicht von GIESE, vgl. dazu: ders., a.a.O., S.93 ff.

3) Ausführlich zum sozialgeographischen Indikator vgl. u.a. MAIER, J., PAESLER, R., RUPPERT, K., SCHAFFER, F., Sozialgeographie, Braunschweig 1977, S.81 ff. Überdies ist zu beachten, daß HARTKE und RUPPERT auch den Ausdruck "Index" in demselben Sinne wie "Indikator" verwendet haben. Vgl. HARTKE, W., Gedanken über die Bestimmung von Räumen gleichen sozialgeographischen Verhaltens, in: Erdkunde, 1959, S.226 ff.; RUPPERT, K., Über einen Index zur Erfassung von Zentralitätsschwankungen in ländlichen Kleinstädten, in: Berichte zur deutschen Landeskunde, 1959, S.80-85.

4) Vgl. MÜLLER-WILLE, W., Das Rheinische Schiefergebirge und seine kulturgeographische Struktur und Stellung, in: Dtsch. Archiv für Landes- und Volksforschung, 1942, S.537-591.

5) Vgl. GIESE, E., a.a.O., S.93.

6) Schöller, P., 1960, a.a.O., S.680.

7) In diesem Sinne, SCHÖLLER, P., ebenda.

Ein der "Kulturraumforschung" ähnlicher Denkansatz läßt sich auch in der amerikanischen Kulturgeographie finden. Hierher gehören u.a. die Arbeiten von KNIFFEN, STANISLAWSKI und SAUER.[1] Eine wichtige Rolle spielte SAUER, Schüler von HETTNER, der deutsche Forschungsansätze auf Amerika übertragen hat. Eine Gemeinsamkeit zwischen all diesen Arbeiten und der Kulturraumforschung ist insofern zu konstatieren, als der Schwerpunkt nicht so sehr auf dem Verständnis des spezifischen Ausbreitungsprozesses, als vielmehr darauf liegt, die wechselhaften Beziehungen zwischen Ausbreitungsvorgängen, Ausbreitungsgegenständen und Kulturlandschaft zu beschreiben.[2]

Im ganzen genommen, läßt sich die kulturgeographische Innovationsforschung dadurch charakterisieren, daß es hier zu einem wesentlichen Teil darum geht, kulturlandschaftliche Entwicklungen zu untersuchen. Insofern ist eine gewisse Affinität mit der Sozialgeographie zu spüren, die oft zur Kennzeichnung räumlicher Prozesse kulturlandschaftliche Indikatoren benutzt.[3] Dennoch besteht der Unterschied zur Sozialgeographie darin, daß die Indikatoren in der Kulturgeographie meistens nur dazu dienen, die Physiognomie der Kulturlandschaft bzw. den Formenwandel im Zeitablauf zu erklären. Es fehlt also an Bezügen der Indikatoren zu den diesen Wandel herbeiführenden menschlichen Verhaltensweisen und Prozessen, deren Untersuchung erst die Überleitung zur prozeßhaft orientierten Raumanalyse in der Sozialgeographie ermöglicht.[4] So kann der Innovationsprozeß "sicherer Indikator von Räumen bestimmten sozialgeographischen Verhaltens als den eigentlich dynamischen Raumeinheiten unserer Kulturlandschaft"[5] sein, wie es MEFFERT zutreffend festgestellt hat.

2. Das Modell von HÄGERSTRAND

Wenn sich die Diffusionsforschung im Rahmen der kulturgeographischen Perspektive bewegt, so erhält sie doch zu Beginn der fünfziger Jahre neue Impulse durch HÄGERSTRAND mit seinen Arbeiten.[6] Aufgrund der langjährigen und aufwendigen empirischen Untersuchungen in Südschweden[7] entwickelte er die theoretischen Grundlagen der modernen Innovationsforschung. Wie er selbst zugesteht,[8] mag seine Konzeption durch den schwedischen Kulturanthropolo-

---

1) Vgl. KNIFFEN, F., The American Covered Bridge, in: Geographical Review, 1951, S.114-123; SAUER, C.O., Agricultural Origins and Dispersals, New York 1952; STANISLAWSKI, K., The Origin and Spread of the Grid-Pattern Town, in: Geographical Review, 1949, S.105-120.

2) Zu einer guten Zusammenfassung der kulturgeographischen Innovationsforschung in Amerika, Vgl. u.a. BROWN, L.A., 1981, a.a.O., S.16 ff.

3) Als besonders häufig untersuchter Indikator ist die Sozialbrache zu nennen. Vgl. dazu: HARTKE, W., Die Sozialbrache als Phänomen der geographischen Differenzierung der Landschaft, in: Erdkunde, 1959, S. 257-269; RUPPERT, K., Zur Definition des Begriffs "Sozialbrache", in: Erdkunde, 1958, S. 226-231.

4) Näher dazu: MAIER, J., PAESLER, R., RUPPERT, K., SCHAFFER, F., 1977, a.a.O., S.81 ff

5) MEFFERT, E., Die Innovation ausgewählter Sonderkulturen im Rhein-Mainischen Raum in ihrer Bedeutung zur Agrar- und Sozialstruktur, Rhein-Mainische Forschung 64, Frankfurt a.M. 1968, S. 291.

6) Vgl. HÄGERSTRAND, T., The Propagation of Innovation Waves, in: Lund Studies in Geography, Ser. B, Nr. 4, Lund 1952; ders., Innovations förloppet ur Korologisk Synpunkt, Lund 1953 (hier zitiert nach der englischen Übersetzung von PRED, A., Innovation Diffusion as a Spacial Process, Chicago 1967; ders., On Monte Carlo Approach to Diffusion, in: Archives Europeennes de Sociologie 1965, S. 43-47.

7) Näher dazu: PRED, A., a.a.O.

8) HÄGERSTRAND, T., a.a.O., 1967, S.5.

gen SVENSSON[1] angeregt sein, der sich seinerseits wiederum der Geographie in Deutschland, vor allem der "Anthropogeographie" von RATZEL verpflichtet fühlt.[2] Andererseits wird seine Modellkonstruktion durch die bereits von DE GEER im Jahre 1923 vertretene Auffassung beeinflußt, daß "das eigentliche wissenschaftliche Objekt der Geographie nicht materieller, vielmehr abstrakter Natur sei."[3] Übrigens ist auch zu beachten, daß das damals herrschende wissenschaftliche Milieu in Schweden - wie beispielsweise die häufigen Kontakte der Geographen mit anderen Sozialwissenschaftlern und das Aufkommen von leistungsfähigen Großrechnern - den Nährboden für seine Theoriebildung bereitete.

In seinem Werk "The Propagation of Innovation Waves" bleibt sein Gedanke noch in starkem Maß von der kulturgeographischen Tradition geprägt. So beschäftigt er sich in induktiver Methode nicht mit dem Prozeß der Diffusion selbst, sondern mit ihren Mustern sowie ihren Phasen.[4] In der ein Jahr später erschienenen Dissertation "Innovationförloppet ur Korologisk Synpunkt" versucht er, durch die Abstraktion der Realität den generellen Diffusionsprozeß zu identifizieren. Dabei registriert er zunächst mit Hilfe einer breiten empirischen Datenbasis, wie sich das zu analysierende Phänomen[5] in der betreffenden Region entwickelt hat. In einer Serie von Monte-Carlo-Experimenten"[6] werden dann Hypothesen von steigender Komplexität in einem der Wirklichkeit nachgebildeten Modellraum überprüft.[7]

Ausgangspunkt seiner Überlegung ist ähnlich wie in der Soziologie die Erkenntnis, daß die räumliche Ausbreitung als räumlicher Ausdruck menschlichen Verhaltens in erheblichem Umfang auf die verfügbaren Informationen zurückgeht.[8] Somit wird die Innovationsadaption

---

1) Unter dem Haupttitel "Heimat und Außenwelt" publizierte SVENSSON im Jahre 1942 eine Reihe von Studien, die sich mit den Wechselwirkungen zwischen Tradition und Neuerungen befassen. Vgl. dazu: SVENSSON, s., Bygd och yttervärld: Studier över förhallandet mellan nyheter och tradition (dtsch. Übersetzung: Heimat und Außenwelt: Studien über das Verhältnis von Neuheiten und Tradition), in: Nordisk Museets handl. 15, Stockholm 1942. Siehe auch: BRINGEUS, N.-a., Das Studium von Innovation, in: Zeitschrift f. Volkskunde, 64 (1968), S.161-185.

2) Näher zu den Hintergründen der Studien von HÄGERSTRAND: Vgl. u.a. PRED, A., 1967, a.a.O., S.43 ff.

3) Der englische Text lautet: "The object of geography in its very nature is non-material and abstract." De GEER, S., On the Definition, Methode and Classification of Geography, in: Geografiska Annaler 1923, S.2. (Hier zitiert nach PRED, A., a.a.O., S. 304).

4) Der Diffusionsprozeß wurde bei HÄGERSTRAND in vier Phasen, nämlich "primary stage", "diffusionstage", "condensing stage" und "saturation stage" unterteilt. Vgl. ders., a.a.O., 1952, S.16 ff.

5) Dazu gehören als landwirtschaftliche Indikatoren die staatlich geförderten Anlagen von Weideland, Kontrollen des Rinderbestandes auf Tuberkulose und die kartographische Erfassung der Humusqualität. Als allgemeine Indikatoren werden Postscheckkonten, Automobile und Telefon gewählt. Vgl. HÄGERSTRAND, T., a.a.O., 1967, S.11 ff.

6) Diese Technik wird auch als "stochastisches Stichprobenverfahren" bezeichnet. Vgl. dazu: HÄGERSTRAND, T., Aspects on the Spatial Structure of Social Communication and the Diffusion of Innovation, in: Papers and Proceedings of the Regional Science Assoc. 1965 (a), S.27-42. (Hier zitiert nach der deutschen Übersetzung, in: BARTELS, D. (Hrsg.), Wirtschafts- und Sozialgeographie, Neue Wissenschaftliche Bibliothek 35, 1970, S.369.

7) Vgl. HÄGERSTRAND, T., a.a.O., 1967, S.137 ff. Als knappe Zusammenfassung vgl. ders., a.a.O., 1965; BONUS, H., Die Diffusion von Innovationen als räumlicher Prozeß: Zu dem Buch von TORSTEN HÄGERSTRAND, in: Zeitschrift für die gesamte Staatswissenschaft, 1970, S.336-343.

8) Der englische Originaltext lautet: "the behavior of a population toward a cultural innovation must be closely related to the distribution of information regarding the new phenomenon." HÄGERSTRAND, T., 1967, a.a.O., S.138.

in erster Linie als das Ergebnis des Lern- oder Kommunikationsprozesses aufgefaßt.[1]
Indessen hängt die Informationsübertragung vom Netz der sozialen Kommunikation ab, dessen
Konfiguration ihrerseits durch verschiedene soziale und territoriale Barrieren bestimmt
ist. Man kann dieses Netz auf unterschiedlichen hierarchischen Ebenen spannen.[2] Im übrigen wird auch auf die Bedeutung des Widerstandes aufmerksam gemacht, dessen Grad je nach
den Eigenschaften von Individuum, Gruppe und Innovation selbst unterschiedlich variiert.[3]

Um diese Grundkonzeption modellmäßig zu erfassen, bedient er sich der "Monte-Carlo-Simula-
tion". Aufgrund der empirischen Untersuchung über "Wanderungsverhalten und Telefongesprä-
che"[4] wird ein "Durchschnittsinformationsfeld" (mean information field, abgekürzt: MIF)
entworfen,[5] das einen wichtigen Baustein seiner Theorie darstellt (Abb. 5).In seinem

Abb. 5

Das „mean information field" Hägerstrands

(nach Hägerstrand und Haggett)

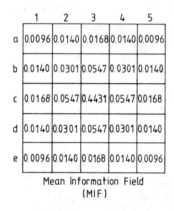

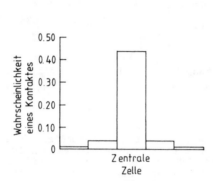

Quelle: Hägerstrand, T. (übersetzt v. Pred, A.) Innovation Diffusion as a Spatial Process, Chicago 1967, S. 245, 248, 254

Haggett, P. (übersetzt v. Hartmann, R., u. a.), Geographie: Eine moderne Synthese, New York 1983, S. 392. Windhorst, H.-W., Geographische Innovations- u. Diffusionsforschung, Darmstadt 1983, S. 103

Reproduktion: Institut für Wirtschaftsgeographie der Universität München, 1987

Vorstand: Prof. Dr. K. Ruppert

Modell wird der Diffusionsprozeß in der Weise simuliert, daß jeder Adaptor nach einem
Zeitintervall eine Information weitergibt, deren Empfänger entsprechend der Grundlage
dieses Informationsfeldes durch eine Zufallszahl bestimmt wird. Dieses Informationsfeld,

---

1) Näher dazu: VGl. u.a. BROWN, L.A., 1981, a.a.O., S.19 ff.

2) Anhand der Beispiele wie "Festschrift" und "Rotary-Club" hat er die Reichweite der
   Informationsfelder auf der nationalen bzw. internationalen Ebene untersucht. Vgl.
   ders., 1965 (a), a.a.O., S.27 ff.

3) Dieser Widerstandseffekt wurde in seinem Modell III mitberücksichtigt. Näher dazu:
   ders., 1967, a.a.O., S.263 ff.

4) Vgl. ders., ebenda, S.165 ff.

5) Vgl. ders., ebenda, S.242 ff. Zu einer kurzen Zusammenfassung von "MIF" und Simulation,
   BAHRENBERG, G., Die Ausbreitung von Informationen: Ein Beispiel zur Simulation von
   Diffusion in der 8. Klasse, in: HOFFMANN, G. (Hrsg.), Modelle im geographischen Unterricht, Beihefte zur Geographischen Rundschau, Heft 3, 1975, S.38-43; WINHORST, H.-W.,
   1983, a.a.O., S.99 ff.

in dem sich das persönliche "Kontaktfeld"[1] bzw. der "Aktionsradius"[2] einer Person wider-spiegeln soll, erweist sich nicht nur als distanzabhängig. Vielmehr bleibt es auch an bestimmte soziale Gruppen oder Schichten gebunden, was mit dem Begriff "gruppenspezifische Aktionsreichweite"[3] sinngemäß bezeichnet werden kann. Jedoch soll nachdrücklich betont werden, daß dieses "MIF" nur unter Einschränkungen - wie z.B. für einen begrenzten Raum in einer bestimmten Zeitdauer - gelten kann. Deshalb läßt es sich nicht ohne genaue Prüfung auf andere Räume übertragen.[4]

Sicherlich ist es ein Verdienst von HÄGERSTRAND, mit methodischer Akribie wesentliche Erkenntnisse über die Merkmale der Diffusion hervorgebracht zu haben. Darüber hinaus ist ihm zuzuschreiben, daß eine Reihe von empirischen Regelhaftigkeiten[5] in die geographische Innovationsforschung miteinbezogen worden sind. Hierzu gehören "S-Kurve", "Hierarchie-effekt" und "Nachbarschaftseffekte". Wie bereits oben dargelegt, enthält das Modell von HÄGERSTRAND wichtige Hinweise für gruppenspezifische Aktionsreichweiten im Bezug auf die sozialgeographische Forschung.

Der von HÄGERSTRAND entwickelte Modellansatz wurde in Amerika aufgenommen und bildete dort in den sechziger Jahren zusammen mit der sog. "quantitativen Revolution"[6] die Haupt-strömung der Diffusionsforschung. In dieser Rezeption ist allerdings unverkennbar, daß das empirische Detail seines Modells vielfach verloren geht. Die amerikanische Diffusionsfor-schung zielte vielmehr darauf ab, die Gesetzmäßigkeiten des Diffusionsprozesses zu analy-sieren, die unabhängig von den jeweiligen Innovationsarten gelten können. Insbesondere wurde wenig Bezug auf die jeweilige Ausgestaltung dominanter Raumstrukturen genommen. Die Vielschichtigkeit des Raumes kam zumeist zu kurz.[7]

Das besondere Interesse der amerikanischen Forschung liegt schwerpunktmäßig in folgenden Bereichen[8]:

---

1) Näher dazu: MORRILL, R.L., PITTS, F.R., Marriage, Migration, and the Mean Information Field; A Study in Uniqueness and Generality, in: Annals of Assoc. of American Geographers, 1967, S. 401-422; WIRTH, E., Theoretische Geographie, Stuttgart 1979, S.206 ff.

2) Vgl. auch: KLINGBELL, D., Zur sozialgeographischen Theorie und Erfassung des täglichen Berufspendelns, in: Geographische Zeitschrift 57, 1969, S. 108-131.

3) Näher dazu: RUPPERT, K., Die gruppenspezifische Reaktionsweite: Gedanken zu einer sozialgeographischen Arbeitshypothese, in: MSSW Bd. 4, 1968, S.171 ff.

4) Die häufigste Kritik an "MIF" richtet sich gegen die unreflektierte Übernahme dieses Modells. Vgl. dazu: WINDHORST, H.-W., 1983 a.a.O., S.105 ff.

5) Ausführlich dazu: Vgl. u.a. BROWN, L.A., COX, K.R., Empirical Regularities in the Diffusion of Innovations, in: Annals of Assoc. Amer, Geographers, 1971, S.551-559; GOULD, P.R. Spatial Diffusion, Commission on College Geography, Resource Paper Nr. 4, Washington D.C. 1969.

6) Vgl. u.a. BURTON, I., The Quantitative Revolution and Theoretical Geography, in: The Canadian Geographer, 1963, S.151-162. (Hier zitiert nach der deutschen Übersetzung, in Bartels, D. (Hrsg.), 1970 a.a.O., S.95-109.

7) Nach dem Vorlesungsmanuskript von Prof. RUPPERT, K. Daneben zur Kritik gegen HÄGER-STRAND'sche Auffassung, vgl. u.a. Blaut, J.M., Two Views of Diffusion, in: Annals of Assoc. of American Geographers, 1977, S.343-349.

8) Vgl. dazu: BROWN, L.A., 1970 a.a.O., S.22 ff.

1) Modifikation und Ausbau der Teilkomponente im Modell von HÄGERSTRAND, besonders von "MIF"[1]

2) Anwendung seiner Konzeption auf Diffusionsprozesse und verschiedene räumliche Prozesse[2]

3) mathematische Beschreibung des Diffusionsprozesses sowie Generalisierung der Forschungsergebnisse für alle räumlichen Dimensionen anzustreben.[3]

Im ganzen genommen fehlt es bei diesen Forschungsarbeiten an Versuchen, die Modelle für die Praxis brauchbar zu machen. Ferner sind sie oft von der konkreten räumlichen Grundlage weit entfernt, da sie vor allem quantitative Modelle entwerfen. Man kann daher diese Forschung eher der "Raumwirtschaftslehre" oder "regional science" als der Geographie zuordnen. [4] Jedoch haben diese Untersuchungen wesentlich dazu beigetragen, die hierarchischen Zusammenhänge u.a. in der räumlichen Verteilung der Siedlungen deutlich zu machen.

3. Das Modell von Markt und Infrastruktur

Seit Anfang der siebziger Jahre zeichnet sich in zunehmendem Maße die Tendenz ab, nach einem umfassenden Integrationsansatz zu suchen. Dafür ist kennzeichnend, daß sich die Geographen - parallel zum wachsenden Interesse an "social utility" - verstärkt die gesellschaftliche Relevanz und die substanzielle Realität bewußt gemacht haben.[5] Sie konzentrieren sich vor allem auf die Frage, ob und in welcher Weise die Einseitigkeit der bisherigen Forschungsperspektiven - vor allem die Modellvorstellung von HÄGERSTRAND - durch eine interdisziplinäre Neuorientierung zu überwinden ist.

Von diesen neueren Versuchen ist besonders BROWN mit seinem Modell von "Markt und Infrastruktur" hervorzuheben.[6] In dieser Konzeption versucht er, die relativ starre Problemperspektive der bisherigen Ansätze, in der das Augenmerk ausschließlich auf die "Nachfrageseite" gerichtet war, zu erweitern bzw. zu ergänzen, d.h. auch die "Angebotsseite" der Innovation wird in Betracht gezogen. Mit der Betonung marktwirtschaftlicher Faktoren gewinnen die Mechanismen an Bedeutung, mit deren Hilfe die Innovationen potentiellen

---

1) Vgl. u.a. MORRILL, R.L., PITTS, F.R., 1967 a.a.O., S. 401-422, YAPA, L.S., Analytical Alternatives to the Monte Carlo Simulation of Spatial Diffusion, in: Annals of the Assoc. of Am. Geographers, 1975, S.163-176; YUILL, R.S., A Simulation Study of Barrier Effects in Spatial Diffusion Problems, ONR Spatial Diffusion Study, Evanston 1964.

2) Vgl. u.a. BOWDEN, L.W., Diffusion of the Decision to Irrigate, Univ. of Chicago, Research Paper Series, Chicago 1965; MORRILL, R.L., The Negro Ghetto: Problems and Alternatives, in: Geographical Review, 1965, S. 339-361.

3) Vgl. u.a. BERRY, B.j.l., Hierarchical Diffusion: The Basis of Development Filtering and Spread in a System of Growth Centers, in: HANSEN, N.M., (Hrsg.), Growth Centers in regional economic Development, New York/London, 1972, S.108-138; MORRILL, R.L., Waves of Spatial Diffusion, in: Journal of Regional Science, 1968, S.1-18; PEDERSEN, P.O., Innovation Diffusion within and between National Urban Systems, in: Geographical Analyses, S.203-254.

4) Vgl. MAIER, J., PAESLER, R., RUPPERT, K., SCHAFFER, F., 1977 a.a.O., S. 99.

5) Vgl. u.a. AGNEW, J.A., Instrumentalism, Realism, and Research on the Diffusion of Innovation, in: Professional Geographer, 1979, S.364-370; KING, L.J., Alternatives to a Positive Economic Geography, in: Annals of the Assoc. of American Geographers, 1976, S. 293-398; TAAFFE, E.J., The Spatial View in Context, in: Annals of Assoc. of American Geographers,1974, S.1-16.

6) Vgl. BROWN, L.A., The Market and Infrastructure Context of Adoption: A Spatial Perspective on the Diffusion of Innovations, in: Economic Geography 1975, S.185-216.

Adaptoren zugänglich gemacht werden.[1] Insofern ist der Unterschied zum Modell von HÄGERSTRAND nicht zu verkennen, weil sich dieses hauptsächlich am Adaptionsverhalten des Individuums orientiert und deshalb sein Forschungsinteresse vorwiegend sozialen Beziehungen und Informationsausbreitungen gilt.

Aus dieser Verlagerung der Betrachtungsweise ergibt sich, daß BROWN die Adaption der Innovation als die dritte Phase des raumwirksamen Innovationsprozesses auffaßt (Siehe Abb. 6). Als erste Phase soll die zu treffende Entscheidung für bestimmte Standorte der "Diffusionsagenturen" und der "Verbreitungsinstanzen" - wie z.B. Geschäfte und Büros - vorangehen.[2] Hier ist die Unterscheidung zwischen "zentralen, monopolistischen" und "dezentralen Entscheidungskompetenzen" von großer Bedeutung, denn ein zentraler Anbieter sucht seinen Standort mit ganz anderen Kriterien aus, als es dezentral auftretende Anbieter, die sich gegenseitig durch Konkurrenz Schranken setzen, meistens tun.[3] Für die Errichtung der Verbreitungsinstanzen, womit schon die Tendenz der räumlichen Ausbreitung in grober Weise vorbestimmt wird, spielen viele Faktoren eine bedeutende Rolle - wie Profitabilität, Kosten, Erreichbarkeit, Marktpotential, Kapitalverfügbarkeit.

In der zweiten Phase geht es zu einem wesentlichen Teil darum, die jeweilige Innovation den Konsumenten dadurch verfügbar zu machen, daß die Diffusionsagenturen verschiedene Strategien innerhalb ihrer Einflußgebiete praktizieren.[4] Darum kommt hier zunächst die Entwicklung einer notwendigen Infrastruktur in Frage, die sowohl die staatlichen Vorleistungen in Form der Straßen und des Transportmittels als auch kommerzielle Dienstleistungen einschließt.[5]

Je nachdem, ob und inwiefern eine Neuerung von der Infrastruktur abhängt oder nicht, verändert sich vor allem das lokale Ausbreitungsmuster. Außerdem treten auch die Preispolitik, die Werbung und die Marktselektion als wichtige Elemente der Strategien dieser

---

1) BROWN selbst hat bahauptet: "The adoption step may be seen as the demand side of diffusion. The agency establishment and innovation establishment steps, on the other hand, are aspects of the diffusion processes that control the availability of innovation to potential adoptors and, broadly speaking, may thus be characterized as the supply side of diffusion. As such, they play a major role in shaping diffusion patterns. This paper focuses upon supply considerations." ders., 1981 a.a.O., S. 50 ff.

2) Näher zu "diffusion agency establishment aspects of innovation diffusion": BROWN, L.A., 1981 a.a.O., S.50 ff.

3) Als Beispiel zur zentralisierten Entscheidungsstruktur im Diffusionsprozeß vgl. MEYER, J.W., BROWN, L.A., CAMARO, T.J., Diffusion Agency Establishment in a Mononuclear Setting: The Case of Friendly Ice Cream and Related Considerations, Studies in the Diffusion of Innovation, Ohio State Uni. Columbus 1977. Als Beispiel von der dezentralisierten Entscheidungsstruktur vgl. BROWN, L.A., MALECKI, E.J., CROSS, S.R., SHRESTHAY, M.N., SEMPLE, R.K., The Diffusion of Cable Television in Ohio: A Case Study of Diffusion Agency Location Processes of the Polynuclear Type, in: Economic Geography, 1975, S.285-299.

4) Näher zu "diffusion agency strategy aspects of innovation diffusion": BROWN, L.A., 1981 a.a.O., S.100 ff.

5) Um die Behauptung von BROWN hier wiederzugeben: "the establishment of diffusion agencies and the operation procedures of each agency are, more generally, aspects of marketing the innovation. This marketing involves both the creation of infrastructure and its utilization. Thus, the characteristics of the relevant public and private infrastructure, ..., also have an important influence upon the rate and spatial patterning of diffusion." (Eigene Hervorhebung) Ders., a.a.O., (Fn. 3), S.51. Überdies sei erwähnt, daß die Bezeichnung "Modell von Markt und Infrastruktur" gerade davon stammt.

Phase hinzu.[1] Im Anschluß an diese beiden Phasen stellt sich die Frage nach individuellen Übernahmeprozessen, durch die das räumliche Ausbreitungsmuster zu einer endgültigen Feindifferenzierung geführt wird (Siehe Abb.6).

Abb. 6: ÜBERSICHT ÜBER DAS MODELL VON MARKT UND INFRASTRUKTUR (nach BROWN)

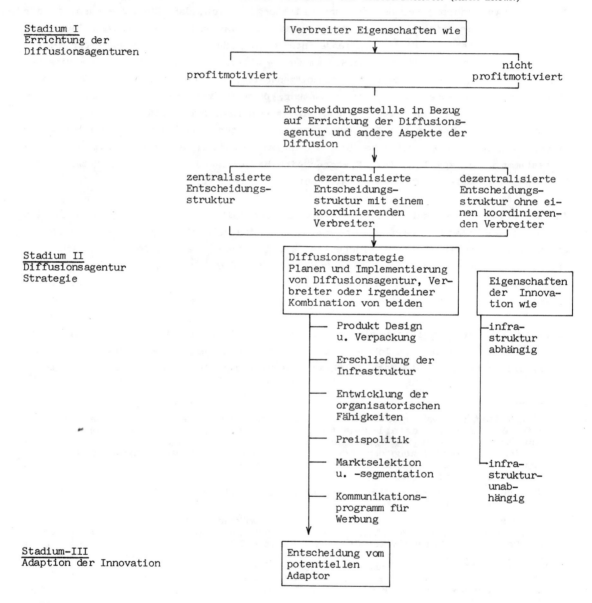

Quelle: BROWN, L.A., Innovation Diffusion: An New Perspective, London/New York 1981, S. 144.

---

1) Als Beispiele von infrastrukturabhängiger Innovation vgl. GARST, R.D., Spatial Diffusion in Rural Kenya: The Impact of Infrastructure and Centralized Decision Making, Studies in the Diffusion of Innovations, Ohio State Uni. Columbus 1974. Als Beispiele von infrastrukturunabhängiger Innovation vgl. BROWN, M.A., MAXSON, G.E., BROWN, L.A., diffusion Agency Strategies and Innovation Diffusion: A Case Study of the Eastern Ohio Resource Development Center, Regional Science Perspectives 7, 1977, S.1-26.

Das bisher Gesagte über das Modell von Markt und Infrastruktur läßt sich so zusammenfassen: Der Innovationsprozeß wird in erster Linie durch das Verfügbarmachen der Innovation gegenüber potentiellen Adaptoren charakterisiert. Als wichtige Wirkungsfaktoren für die Steuerung des Innovationsprozesses sind die Einrichtungen der Vermarktungsagenturen, die durch sie praktizierten Strategien sowie die für den Ausbreitungsprozeß notwendigen Infrastrukturen anzusehen.

Versucht man nun den Stellenwert der Konzeption von BROWN im Vergleich mit dem Modell von HÄGERSTRAND noch näher zu bestimmen, so sind die folgenden Feststellungen hervorzuheben:

1) In methodischer Hinsicht läßt sich der Unterschied von beiden darin finden, daß im Modell von BROWN die Simulation der Diffusionsprozesse kaum eine Rolle spielt, obwohl mathematische Modelle ebenfalls hier wie dort benutzt werden, um den Diffusionsprozeß zu erfassen.[1]

2) Wie schon dargestellt, liegt das Charakteristikum der Konzeption von BROWN in der Betonung der Angebotsseite der Innovation. Damit verbunden ist die Umstellung der Blickrichtung von den sog. "Reaktionsgruppen" auf die "Aktionsgruppen".[2] Infolge dieses Wechsels von "Paradigmen" rücken jene Kräfte in den Vordergrund, die den Raum oft mit vielen Initiativen stärker gestalten, als es die privaten Haushalte tun. Um diese Theorie konsequent weiter zu entwickeln, scheint es notwendig zu sein, die Verhaltensweisen raumwirksamer Entscheidungsträger - dazu gehört auch eine Reihe von Institutionen - in ihren Zwängen und Abhängigkeiten sowie in ihren Wirkungen noch genauer zu analysieren, was dann teilweise den entscheidungsorientierten Ansatz berührt.

3) Der Schwerpunkt der Konzeption, "Markt und Infrastruktur" liegt auch in ihrem Streben nach "Praxisbezogenheit", so daß sie als "Planungsgrundlage" dienen kann. In der Praxis ist diese Modellkonzeption eingesetzt worden, um den Diffusionsprozeß in Entwicklungsländern zu analysieren.[3] Allerdings läßt dieses Modell nur eine begrenzte Anwendungsmöglichkeit für spezifische Innovationen zu, wie es BROWN selbst klargestellt hat.[4] Abgesehen davon scheint diese Konzeption besonders im Funktionsbereich "sich versorgen" sehr ergiebig zu sein. Es wäre freilich wünschenswert, daß diese Theorie auch die "Nachfrageseite" in Betracht zieht, wie z.B. die Berücksichtigung des Einkaufverhaltens verschiedener Konsumentengruppen.[5]

4. Der entwicklungsorientierte Ansatz

Während das "Markt- und Infrastrukturmodell" auf die dem Übernahmeprozeß vorausgehenden

---

1) Näher dazu: WINDHORST, H.-W., 1983 a.a.O., S.87 ff.
2) Vgl. auch: MAIER, J., Einführung in die Sozialgeographie, in: Sozial- und Wirtschaftsgeographie 2, Harms Handbuch der Geographie, München 1982, S.25.
3) Vgl. dazu: GARST, R.D., 1974; BROWN, L.A., LENTNEK, B., Innovation Diffusion in a Development and Cultural Change, 1973, S.274-292.
4) Vgl. BROWN, L.A., 1981 a.a.O., S.51.
5) Näher dazu: HECKL, F.X., Standorte des Einzelhandels in Bayern: Raumstrukturen im Wandel, MSSW. Bd. 22, 1981, S.151 ff.

Stadien zurückblickt, besteht das Charakteristikum der Entwicklungsperspektive umgekehrt darin, daß den sozioökonomischen Auswirkungen und Folgeerscheinungen der Innovation besondere Beachtung geschenkt wird.[1] Dabei ist nicht nur die Einflußnahme der Innovation auf individuelles Wohlergehen und regionale Entwicklung in Betracht zu ziehen, sondern es soll darüber hinaus auch überprüft werden, in welchem Ausmaß die erreichten Entwicklungsstandards der Region ihrerseits auf den Innovationsprozeß zurückwirken.[2] Es geht also hier um die Erfassung der Rückkopplungsmechanismen der Innovation. Daher braucht kaum noch betont zu werden, daß die Innovationsforschung damit verstärkt aktuelle sozialwissenschaftliche Relevanz erlangt.

Ausgangspunkt dieser Problemperspektive ist die Sorge, daß die Innovationen weniger positive als vielmehr negative Folgen nach sich ziehen können, sowohl für die soziale Wohlfahrt als auch für den gesellschaftlichen Wandel. Während die Innovationsforschung in der Anfangsphase grundsätzlich der Auffassung huldigte, daß die Bedeutung der Neuerungen hoch einzuschätzen sei, wird diese optimistische Haltung allmählich durch eine skeptische Zurückhaltung abgelöst, die die derzeitige Tendenz wesentlich prägt.[3] In der Tat ist immer wieder zu beobachten, daß die quantitativen Erfolge der Innovationen nicht selten auf Kosten qualitativer und struktureller Mißerfolge erkauft werden.[4] So hat sich in Entwicklungsländern deutlich gezeigt, daß die Förderungsprogramme der Innovationen eher die Disparitäten der ökonomischen Entwicklung unter sozialen Schichten sowie zwischen verschiedenen Regionen beschleunigt haben.[5]

Um dieses Mißverhältnis sozialökonomischer Folgen durch Innovationen zu verdeutlichen, benutzt das ökonomisch orientierte Entwicklungsmodell den Begriff der "Adoptionsrente", d.h. die unerwarteten Profite, die aus der Innovation bzw. den damit verbundenen Aktivitäten entstehen.[6] Damit wird auch zum Ausdruck gebracht, daß sich der Nutzen einer Innovation mit dem Übernahmezeitpunkt verändert; während die "Adoptionsrente" hauptsächlich den initialen Adaptoren zugute kommt, was wiederum die frühzeitige Reinvestition für eine neue Innovation begünstigt, genießen die späteren Adaptoren kaum diese Vorteile mit der Folge, daß die wirtschaftliche Diskrepanz dadurch noch verschärft wird. Daraus ergibt sich, daß im Zentrum entweder eine verbesserte Innovation derselben Produkte propagiert wird oder

---

1) Zwar wurde dieses Denkmodell ebenso von BROWN systematisiert, doch geht der Grundgedanke dieses Ansatzes auf YAPA zurück. Vgl. dazu: BROWN, L.A., Innovation Diffusion: A New Perspective, London/New York 1981, S.229 ff.; YAPA, L.S., Innovation Diffusion and Economic Involution: An Essay, Studies in the Diffusion of Innovation, Discussion Paper 40, Ohio State Uni. 1976; ders., The Green Revolution: A Diffusion Model, in: Annals of Assoc. American Geographers, 1977, S.350-359.

2) In diesen Zusammenhang gehören auch die Studien im deutschsprachigen Raum, welche sich mit Zusammenhängen zwischen Innovation und Regionalpolitik befassen. Vgl. u.a. BRUGGER, E.A. (Hrsg.), Regionale Innovationsprozesse und Innovationspolitik, Diessenhofen (Schweiz) 1984; GIESE, E., NIPPER, J., Die Bedeutung von Innovation und Diffusion neuer Technologien für die Regionalpolitik, in: Erdkunde, 1984, S.202-215.

3) Näher dazu: Vgl. u.a. ROGERS, E.M. (Hrsg.), Communication and Development: Critical Perspectives, Beverly Hills 1976.

4) Vgl. BRUGGER, E.A., Innovationsorientierte Regionalpolitik: Notizen zu einer neuen Strategie, in: Geographische Zeitschrift, 1980, S.173.

5) Vgl. BROWN, L.A., 1981 a.a.O., S. 229.

6) Die Adoptionsrente wird auch "windfall profits" genannt. Als strukturelle Einflußvariablen der Adoptionsrente sind zu nennen: 1) "individual or place attributes", 2) "type of innovation", 3) "institutional characteristics", 4) "infrastructure". BROWN, L.A., ebenda, S.234 ff.

die Nachteile der vorangehenden Innovation bereits erkannt werden, während diese erst in der Peripherie angelangt ist.

Somit wendet sich die Entwicklungsperspektive der Problematik zu, inwiefern der Innovationsprozeß auf den regionalen Entwicklungsprozeß Einfluß ausübt.[1] Hier ist das Erkenntnisinteresse besonders darauf ausgerichtet, das Verhältnis zwischen "Kern und Peripherie" sowie zwischen "Wachstumszentrum und Hinterland" zu analysieren.[2] In dieser Hinsicht stellt sich der Diffusionsprozeß als ein wichtiges Element dar, welches für den Komplexprozeß des Urbansystems bzw. der Regionalentwicklung Erklärungsansätze bietet.[3]
Generell werden dabei zwei Effekte diskutiert: einerseits "Polarisationseffekte", die Wachstumsimpulse auf das Zentrum hinlenken und damit das Hinterland benachteiligen und andererseits "Ausbreitungseffekte", die sich umgekehrt vom Zentrum aus nach dessen Umfeld entwickeln.[4] Die gegenwärtigen Verhältnisse in den Entwicklungsländern bieten Belege dafür, daß "Polarisationseffekte" weitgehend "Ausbreitungseffekte" übertreffen, was wieder zu extremen regionalen Disparitäten führt.

An diese Analyse der sozioökonomischen Konsequenz der Innovation schließt sich nun die weitere Frage nach den Rückkopplungsmechanismen an, d.h. in welchem Umfang die erzielte Entwicklung wiederum ihrerseits auf den Innovationsprozeß zurückschlägt.[5] Betrachtet man dies auf der immateriellen Ebene, so ist zunächst zu beobachten, daß sich das Entwicklungsniveau vorwiegend in personalen Eigenschaften und sozialen Normen niederschlägt, die ihrerseits einen großen Einfluß auf die Schnelligkeit der Übernahme ausüben.[6] Wenn man sich darüber hinaus der materiellen Seite zuwendet, dann verlagert sich unter Umständen der Schwerpunkt auf die Infrastrukturverbesserung bzw. -erschließung als Folgeerscheinung der Entwicklung, was wiederum im Innovationsprozeß eine große Rolle spielt.[7]

Die Entwicklungsperspektive vertritt einen umfassenden multidisziplinären Standpunkt. Dabei verfolgt sie das Ziel, Innovationsprozesse im Sinne von Entwicklungsprozessen noch konsequenter zu gestalten, als es bislang geschieht. Hier findet man bereits die Parallele zur Sozialgeographie, die offensichtlich als Grundlage dafür dient, unseren Lebensraum sinnvoll zu organisieren bzw. die Gleichwertigkeit der Lebensbedingungen zu schaffen. Zwar hat man sich immer wieder mit dem Problem der regionalen Disparität beschäftigt, Forderungen nach Strukturverbesserung der peripheren Räume reichen ebenfalls weit zurück, jedoch

1) BROWN, L.A., ebenda, S.251 ff.

2) Vgl. u.a., FRIEDMANN, J., Urbanization, Planning and National Development, Beverly Hills 1973.

3) Vgl. PEDERSON, P.O., Urban-Regional Development in South America: A Process of Diffusion and Integration, Den Haag 1975; PRED, A.R., Diffusion, Organizational Spatial Structure, and Citysystem Development, in: Economic Geography, 1975, S.252-268.

4) Der Originaltext heißt: "The dynamics of core-periphery or growth center-hinterland relationship involve backwash or polarization effects, which direct growth center and drain the periphery of hinterland, and spread or trickle-down effects which direct growth impulses in the opposite direction." (Eigene Hervorhebung) BROWN, L.A., ebenda, S.263 ff.

5) Vgl. BROWN, L.A., ebenda, S. 236 ff.

6) Vgl. u.a. LIN, N., MELLICK, C., Structural Effects on the Diffusion of Innovations, Studies in the Diffusion of Innovation, Discussion Paper 47, Ohio State Uni. Columbus, 1977.

7) Vgl. TAAFFE, E.J., MORRILL, R.L., GOULD, P.R., Transport Expansion in Underdeveloped Countries: A Comparative Analysis, in: Geographical Review, 1963, S. 503-529.

hat sich besonders in Entwicklungsländern diese Problemlage nicht wesentlich verbessert.[1]
Den einzelnen Maßnahmen blieben oft, ungeachtet der betreffenden Räume, die besonderen
Problemsituationen verborgen. Angesichts dieses Umstandes erscheint es in den zukünftigen
Innovationsprogrammen erforderlich, die regionalendogenen Wirtschafts-, Sozial- und
Kulturpotentiale noch stärker zu mobilisieren. Darüber hinaus ist ebenfalls die Verfesti-
gung partnerschaftlicher Ansätze zwischen Kernstadt und Umland, mit anderen Worten: ein
"Stadt-Land-Kontinuum" statt des "Stadt-Land-Gegensatzes" dringend notwendig.[2] Diesbezüglich vermag das sozialgeographische Raumverständnis mit genauen Kenntnissen der
konkreten Raumsituation - wie z.B. Reichweiten innerhalb verschiedener Grundfunktionen -
eine sehr wichtige Rolle beizutragen.[3]

5. Die zeitgeographische Formulierung

Indem sie sich mit der Erfassung menschlicher Lebensbedingungen in Raum und Zeit befaßt,
gehört die "Zeitgeographie" ebenfalls zu jenen Denkansätzen, in denen der besondere Wert
auf die Bewertung der Innovation ("innovation assessment")[4] gelegt wird.

Ausgangspunkt dieser Problemperspektive ist der Gedanke, daß "jede Innovation eine neue
Art von menschlichen Projekten, Verhaltensweisen sowie sozio-kulturellen Leistungen impliziert"[5]. Abgesehen davon, daß die konkreten Anwendungsbeispiele für diesen Ansatz noch
intensiver bearbeitet werden müssen, steht im Mittelpunkt die Einsicht, daß Innovationen
nicht nur alltägliche und saisonale Routinen, sondern auch den Inhalt des Lebenszyklus der
Bevölkerung abwandeln können.[6] Anders gesagt: Mit der Innovation kann sich auch das
menschliche Nutzungsmuster von knappen Ressourcen, "Raum und Zeit", verändern, die ihrerseits aufgrund ihrer Begrenztheit und der Unteilbarkeit ("indivisibility") des Individuums, den Innovationsprozeß in weitem Umfang beeinflussen können.[7] Daher ist das Axiom der
Zeitgeographie dahingehend zu formulieren, daß man den Innovationsprozeß "unter dem Aspekt
der Knappheit von Raum und Zeit" - nämlich unter Berücksichtigung der "Kapazitäten-Reichweiten Restriktion" (capacity-capability constraints) der Bevölkerung und der Region betrachten soll.[8]

1) Vgl. MAIER, J., 1982 a.a.O., S.37.

2) Näher dazu: RUPPERT, K., Raumplanung unter veränderten Rahmenbedingungen, in: Politische Studien, München 1979, S.117121.

3) Vgl. MAIER, F., PAESLER, R., RUPPERT, K., SCHAFFER, F., Sozialgeographie, S.157 ff.

4) Vgl. dazu: CARLSTEIN, T., Innovation, Time Allocation and Time-Space-Packing, in:
CARLSTEIN, T., PARKES, D., THRIFT, N., Timing Space and Spacing Time, Vol. 2: Human
Activity and Time Geography, London 1978, S.148. Zur Innovationsforschung in "time
geography", vgl. u.a. CARLSTEIN, T., ebenda, S.146-161; HÄGERSTRAND, T., On Socio-
Technical Ecology and the Study of Innovations, in: Ethnologia Europea 7, 1974, S.17-
34; PRED, A., The Impact of Technological and Institutional Innovations on Life
Content: Some Time Geographic Observations, in: Geographical Analysis, 1978, S.345-372.

5) Der englische Text lautet: "Innovations imply new kinds of human projects, activities
and socio-cultural output, and they alter the daily and seasonal routines as well as
the life-cycle content of the population." CARLSTEIN, T., 1978 a.a.O., S.146.

6) CARLSTEIN, T., ebenda.

7) Vgl. dazu: KLINGBEIL, D., Zeit als Prozeß und Ressource in der sozialwissenschaftlichen
Humangeographie, in: Geographische Zeitschrift, 1980, S.13 ff.

8) Vgl. CARLSTEIN, T., a.a.O., S.158 ff. In diesem Zusammenhang soll auch auf das
sozialgeographische Raumverständnis "Kapazitäten-Reichweiten-System" hingewiesen werden, das "durch die Kapazitäten eines Funktionsstandortsystems aufgebaut und durch
dessen Reichweiten begrenzt wird". LESER, H., HAAS, H.-D., MOSIMANN, T., PAESLER, R.,
Diercke Wörterbuch der Allgemeinen Geographie, Bd. 1, Braunschweig 1984, S.294.

Aus der begrenzten Kapazität einer Region für Innovation folgt zunächst, daß die unterschiedlichen Innovationen nicht isoliert, sondern in ihrem wechselseitigen Abhängigkeitsverhältnis untersucht werden sollten, wobei auch die Verdrängung einer Innovation durch eine neue mit zu berücksichtigen ist.[1] Darüber hinaus wird auch ins Feld geführt, daß man Innovationen vornehmlich im Hinblick auf die durch sie veranlaßten Aktivitäten und ihre Effekte interpretieren soll, um damit besser als früher sowohl den Innovationen selbst als auch ihren Auswirkungen Rechnung zu tragen. So nennt beispielsweise CARLSTEIN das beschränkte "Zeit-Budget" und schlägt eine Typologie vor, zwischen "zeitsparenden" (wie Auto), "zeitbeanspruchenden" (z.B. Schule) und "zeitausdehnenden" Innovationen (wie Licht) zu unterscheiden.[2]

Dabei muß man allerdings beachten, daß die Betrachtung der zeitlichen Dimensionen erst in Verbindung mit der räumlichen sinnvoll ist. Einige Innovationen - wie z.B. das Auto - sind zwar sehr zeitsparend, aber sie bedürfen stattdessen anderer Ressourcen im Raum, wie beispielsweise Energie und Flächen für Straßen.[3] Überdies gibt es auch Innovationen, die einerseits zeitausdehnend wirken - wie Licht, Bewässerung usw. - dennoch haben sie andererseits die parallelen Beschränkungen bezüglich räumlicher Verteilung und Erreichbarkeit. Das heißt, die zeitliche Expansion ist nur dort möglich, wo Bewässerungs- und Elektrizitätsversorgungsnetze zur Verfügung stehen. So sind die "Kapazitäten-Reichweiten Restriktionen" wieder im Rahmen der "Kopplungsrestriktion" (coupling constraints) zu sehen,[4] besonders dann, wenn es sich um das Problem der Integration der Innovation im Hinblick auf Bevölkerung und Region handelt. Erst unter diesem Blickwinkel würde nach PRED die Innovationsforschung dazu beitragen, "die Rolle des Individuums im sozialen Kontext sowie ihre Einbindung in soziale und wirtschaftliche Vorgänge verständlich zu machen".[5] Inwiefern es der "time-geography" gelingt, die Innovationsforschung weiterzubringen, ist wohl abzuwarten.

Die zeitgeographische Betrachtungsweise - verfahrenstechnisch mit Hilfe von Zeitbudgetanalysen privater Haushalte und anderer Gruppen durchzuführen - hat auch in der Sozialgeographie ihren Niederschlag gefunden; und zwar in den aktionsräumlichen Untersuchungen.[6]

---

1) CARLSTEIN spricht in diesem Zusammenhang von "exnovations, which are the new ways in which old elements disappear". Ders., 1978 a.a.O., S.160. Auch zum Verschwinden ehemaliger Innovationen. Vgl. BARKER, D., The Paracme of Innovations: The Neglected Aftermath of Diffusion or a Wave Goodbye to an Idea, in: Area, 1977, S.259-264; HEINRITZ, G., POPP, H., Sommerkeller in Franken, in: Jb. f. Fränkische Landesforschung, Erlangen 1975, S.121-144; MEFFERT, E., 1968 a.a.O.. Erwähnt sei, daß MEFFERT dafür den Begriff "Innovationsinversion" verwendet. Ders., ebenda, S.86 ff.

2) Vgl. CARLSTEIN, a.a.O., S.150 ff.

3) "Also important is both synchronization and synchorization of resource inputs related to an innovation, that is, resource inputs must be available both when and where they are needed." BROWN, L.A., 1981 a.a.O., S.30, Vgl. auch CARLSTEIN, T., a.a.O., S.156.

4) HÄGERSTRAND hat den begrenzten Charakter der Umwelt auf individuelles Handeln mit folgenden Kategorien systematisch zusammengefaßt:
"capability constraints", "coupling constraints", "authority constraints".
Näher dazu: Ders., What about People in Regional Science?, in: Papers of Regional Science Assoc., 1970, S.7-21, (Hier zitiert nach KLINGBEIL, F., a.a.O., S.16).

5) PRED, A., 1978 a.a.O., (Fn. 86), S.370.

6) Vgl. FREIST, R., Sozialgeographische Gruppen und ihre Aktivitätsräume: dargestellt am Beispiel Moosburg a.d. Isar, Dissertation München 1977; KLINGBEIL, D., Aktionsräume im Verdichtungsraum: Zeitpotentiale und ihre räumliche Nutzung, Münchner Geographische Hefte 41, 1978.

Dabei muß berücksichtigt werden, daß sich der begrenzende Charakter der Umwelt auf individuelles Handeln "gruppenspezifisch unterschiedlich" auswirkt, je nach "Mittelausstattung"
der Individuen, wie z.B. Einkommen, Verkehrsmittel und Ausbildung.[1] Darüber hinaus ist
festzustellen, daß diese Umweltbegrenzungen von verschiedenen Sozialgruppen differenziert
zu bewerten und zu kompensieren sind. So betrachtet, ist die Annahme der Zeitknappheit und
ihre Einflußnahme auf den Innovationsprozeß nicht allgemein gültig, denn es gibt in der
heutigen Gesellschaft soziale Gruppen, deren Probleme eher in der Bewältigung eines Zeit-
überschusses, als in der einer Zeitknappheit bestehen. Hier sei nur an die Innovationen im
Bereich des Freizeitverhaltens erinnert, wo es überwiegend darum geht, neue Möglichkeiten
der Zeitverwendung zu nutzen. Im übrigen ist ein Vorläufer der geographischen Behandlung
des "time-budgets" bereits in der Aufstellung des Arbeitskalenders innerhalb der agrargeo-
graphischen Forschung zu sehen.[2]

6. Die sozialgeographische Perspektive

Bekannterweise ist die Innovationsforschung in Deutschland dadurch gekennzeichnet, daß die
sozialgeographische Betrachtungsweise als Leitlinie ihre Entwicklung wesentlich geprägt
hat. Von der Einführung des HÄGERSTRAND'schen Modellansatzes[3] bis zur Rezeption des
verhaltensorientierten Entscheidungsprozesses[4] hat die sozialgeographische Perspektive
immer wieder eine führende Rolle gespielt. Daraus erklärt sich auch, daß Zielvorstellungen
und Aufgabenbereiche der Innovationsforschung hier im erheblichen Umfang anders als in der
amerikanischen Forschungstradition orientiert sind. Im Vordergrund steht das Streben,
Zusammenhänge verschiedener Faktoren im Innovationsprozeß anhand empirisch durchgeführter
kleinräumlicher Untersuchungen deutlich zu machen.

Was die Untersuchungsgegenstände angeht, läßt sich bei deutschsprachigen Arbeiten ein
breites Spektrum registrieren, auch wenn die Zahl der Untersuchungen im Vergleich zu
Amerika relativ gering erscheint. Am häufigsten werden als Gegenstand Phänomene im landwirtschaftlichen Bereich gewählt.[5] Erst nach den siebziger Jahren macht sich auch die

1) Vgl. KLINGBEIL, D., Mikrogeographie, in: Der Erdkundeunterricht, Heft 31, 1979, S.64.

2) Vgl. JENSCH, G., Das ländliche Jahr in deutschen Agrarlandschaften, Abhandlungen des
   Geogr. Inst, d. Freien Uni. Berlin Bd. 3, Berlin 1957; RUPPERT, K., Die Bedeutung des
   Weinbaues und seiner Nachfolgekulturen für die sozialgeographische Differenzierung der
   Agrarlandschaft in Bayern, Münchener Geographische Hefte 19, Kallmünz 1960.

3) Vgl. dazu BORCHERDT, CH., Die Innovation als agrargeographische Regelerscheinung,
   Arbeiten a.d. Geographischen Institut d. Saarlandes, Bd. 6, Saarbrücken 1961.

4) Vgl. PFALLER, G., Übernahme- und räumliche Ausbreitungsprozesse von Neuerungen im
   technischen Bereich der bayerischen Landwirtschaft, Arbeitsmaterialien zur Raumordnung
   und Raumplanung, Uni. Bayreuth, Heft 14, 1981.

5) Vgl. u.a. BORCHERDT, CH., 1961 a.a.O.; BREUER, T., Der Hopfenanbau in der Provinz León
   (Spanien), in: Düsseldorfer Geogr. Schriften 15, 1980, S.69-87; BRONGER, D., Der wirtschaftliche Mensch in den Entwicklungsländern; Innovationsbereitschaft als Problem der
   Entwicklungsländerforschung, Entwicklungsplanung und Entwicklungspolitik, in: Geo-
   graphische Rundschau, 1975, S.449-459; COHRS, H., Der Spargelanbau im Landkreis Schrobenhausen, Zulassungsarbeit (unter Leitung v. K. RUPPERT) TU München 1963; KULS, W.,
   TISOWSKY, K., Standortfragen einiger Spezialkulturen im Rhein-Main-Gebiet, Rhein-Mainische Forschungen 50, Frankfurt a.M. 1961, S.9-21; MEFFERT, E., 1968 a.a.O.; PFALLER,
   F., 1981 a.a.O.; RUPPERT, K., 1960 a.a.O.; UHLIG, H., Innovationen im Reisbau als
   Träger der ländlichen Entwicklung in Südostasien, in: Gießener Geogr. Schriften 48,
   1980, S.29-71; WATZKA, W., Innovation in der Landwirtschaft (Niederbayern): Zuckerrübenanbau, in: Der Erdkundeunterricht, Sonderheft 7 (Innovationen), 1983, S.50-64;
   WINDHORST, H.-W., Die sozialgeographische Analyse raumzeitlicher Diffusionsprozesse auf
   der Basis der Adoptorkategorien von Innovationen, in; Zeitschrift f. Agrargeschichte
   und Agrarsoziologie, 1979, S.244-266; WIRTH, E., Zur Sozialgeographie der Religionsgemeinschaften im Orient, in; Erdkunde, 1965, S.265-284.

Tendenz bemerkbar, einige Freizeitinfrastrukturen bezüglich des Innovationsprozesses in Betracht zu ziehen.[1] Überdies ist zu beachten, daß die Arbeiten über solche Themen - wie z.B. Gastarbeiterwanderung,[2] Ausbreitung des Fernsehens,[3] Diffusion der Investitionsgüter[4] und nicht zuletzt Ausbreitung von shopping center[5] - im Zusammenhang mit Problemstellungen der Innovation publiziert werden. Eine besondere Rolle spielt auch die Behandlung des Urbanisierungsprozesses, der als Innovationsprozeß aufgegriffen und untersucht wird.[6]

Soweit ersichtlich, geht der sozialgeographische Denkansatz über Innovation auf Anfang der sechziger Jahre zurück. In dieser Zeit ist zunächst die Habilitationsschrift von RUPPERT hervorzuheben, die sich mit der Entwicklung des Weinbaus und seiner Nachfolgekultur in Bayern beschäftigte.[7] Er hat dabei einen sehr wichtigen Beitrag zum "Studium des Auftretens und des Ablaufes von Innovation"[8] geleistet, indem hier unter sozialgeographischem Blickwinkel die Wachstums- und Schrumpfungsprozesse dieser landwirtschaftlichen Innovationen verfolgt wurden. Überdies ist auch zu beachten, daß er den Nachbarschaftseffekt der Innovation dargelegt hat.

Darauf folgend hat BORCHERDT im Jahre 1961 anhand der statistisch erfaßten Ausbreitungen bestimmter Anbaufrüchte in Bayern versucht, allgemeine Regelhaftigkeiten des Innovationsprozesses herauszufinden.[9]
Ausgangspunkt seiner Überlegung ist die Erkenntnis, daß sich im Rahmen einer agrargeogra-

---

1) Vgl. u.a. DAHLMANN, H., Alpinistische Stützpunkte in den deutschen und österreichischen Alpen: Eine geographische Untersuchung, Diss. München 1983; HAHN, H., Raumwirksamkeit freizeitorientierter Infrastruktur; Das Beispiel der Hallenbäder im östlichen Oberfranken, Arbeitsmaterialien zur Raumordnung und Raumplanung, Univ. Bayreuth Heft 6, 1980; MAIER, J., Die Ferienzentren im Bayerischen Wald als neue Prozeßelemente der Kulturlandschaft, in: Mitteilungen der Geographischen Gesellschaft in München, Bd. 59, 1974, S.147-162; NEUHAUS-HARDT, C., Innovationen im Bereich von Fremdenverkehr und Freizeit, in: Materialien zur Fremdenverkehrsgeographie, Trier 1980, S.7-60; WATZKA, W., Die Ausbreitung von Swimming-Pools in Ottobrunn/Riemerling, in: Der Erdkundeunterricht, Heft 29, 1979, S.70-87; ZIMMERHACKL, W., Innovation und Diffusion als sozialgeographischer Prozeß, dargestellt am Beispiel moderner Restaurantketten, unveröffentlichte Diplomarbeit München 1980.

2) Vgl. u.a. BARTELS, D., Türkische Gastarbeiter aus der Region Izmir: Zur raumzeitlichen Differenzierung der Bestimmungsgründe ihrer Aufbruchsentschlüsse, in: Erdkunde, 1968, S.313-324; GIESE, E., 1978 a.a.O..

3) Vgl. BAHRENBERG, G., LOBODA, J., Einige raumzeitliche Aspekte der Diffusion von Innovationen am Beispiel der Ausbreitung des Fernsehens in Polen, in: Geogr. Zeitschrift, 1973, S.163-194.

4) Vgl. dazu: GSCHAIDER, P., Bildung von räumlichen Diffusionszentren am Beispiel einer Investitionsgüterinnovation, Frankfurter Wirtschafts- und Sozialgeographische Schriften, Heft 40, 1981.

5) Vgl. HECKL, F.X., 1981 a.a.O. S.151 ff; VOGEL, H, Das Einkaufszentrum als Ausdruck einer kulturlandschaftlichen Innovation, dargestellt am Beispiel des Böblinger Regionalzentrums, Forschungen zur deutschen Landeskunde, Bd. 209, 1978.

6) Vgl. PAESLER, R., Urbanisierung als sozialgeographischer Prozeß, dargestellt am Beispiel südbayerischer Regionen, MSSW, Bd. 12, 1976.

7) Näher dazu: RUPPERT, K., Die Bedeutung des Weinbaues und seiner Nachfolgekulturen für die sozialgeographische Differenzierung der Agrarlandschaft in Bayern, Münchener Geographische Hefte, Heft 19, Kallmünz 1960.

8) RUPPERT, K., ebenda., S.8.

9) BORCHERDT, CH., Die Innovation als agrargeographische Regelerscheinung, Arbeiten a.d. Geogr. Inst. der Uni. d. Saarlandes 6, 1961.

phischen Betrachtung die meisten der in der Kulturlandschaft sichtbaren Veränderungen in einer Form des Innovationsprozesses entwickelten.[1] So läßt sich bei ihm der Innovationsprozeß als eine "agrageographische Regelerscheinung" begreifen, die "mit wirtschaftlichen Faktoren" eng verbunden ist.[2] Unter dem sozialgeographischen Aspekt heißt dies wiederum, daß es bei der Innovationsforschung darum geht, bestimmte räumliche "Prozesse in ihrer Abhängigkeit von den Verhaltensweisen verschiedener sozialer Gruppen" zu erklären.[3] Dadurch wird die Aufmerksamkeit auf die Analyse der Wechselwirkung zwischen dem Innovationsprozeß und den räumlich differenzierten Sozialstrukturen gelenkt. Ferner soll an dieser Stelle darauf hingewiesen werden, daß KULS und TISOWSKY besonders deutlich die Bedeutung sozialgeographischer Grundstrukturen für die Ausbreitung von Spezialkulturen im Rhein-Main-Gebiet sichtbar gemacht und dadurch die rein ökonomisch orientierte Betrachtungsweise korrigiert haben.[4]

In einer sehr differenzierten, kleinräumlichen Betrachtung untersuchte COHRS in ihrer Zulassungsarbeit die Innovation der Spargelkultur im Bereich Schrobenhausen/Südbayern. Über die aus statistischen Daten abgeleiteten Vorstellungen von BORCHERDT hinausgehend konnte sie nicht nur die Entwicklung dieser Spezialkultur aufzeigen. Dabei wurden auch die sozialgeographisch bedeutsamen Träger des Ausbreitungsvorgangs und die sozialgeographischen Gruppen und Betriebstypen sowie die einer Aufnahme entgegenstehenden physisch-geographischen und arbeitsökonomischen Hemmnisse in ihrer räumlichen Bedeutung analysiert.[5]

In diesem Zusammenhang ist auch auf die Arbeit von MEFFERT zu verweisen, der sich mit dem Innovationsprozeß von Erdbeer- und Spargelanbau in ausgewählten Gemeinden befaßt hat.[6] Ausgehend von der Annahme, daß die beiden Sonderkulturen aufgrund ihrer hohen Arbeits- und Kapitalintensität an die "mobilen und labilen Sozialgruppen" - wie z.B. "Teilbauern, Arbeiterbauern undFreizeitlandwirte" - gebunden sind, versucht er, die Zusammenhänge zwischen dem Innovationsprozeß und wechselnden sozialgeographischen Zuständen festzustellen.[7] Somit wird der Innovationsprozeß als "Indikator" für das Vorhandensein einer bestimmten Sozialstruktur aufgefaßt.

Die Frage, inwieweit der Innovationsprozeß von den Sozialgruppen beeinflußt werden kann, beschäftigt auch WIRTH in seiner Untersuchung über Innovationen im Orient.[8] Dabei liefert er einen deutlichen Beleg dafür, daß alle Innovationen von denselben Sozialgruppen, nämlich von den gleichen "Religionsgemeinschaften" ausgingen. Überdies wurde festgestellt, daß das Hauptmotiv zur Übernahme der Neuerungen nicht von wirtschaftlicher Zweckmäßigkeit bedingt ist, sondern einen sozialen Charakter im Sinne der "Nachahmung des modernen und mit höheren sozialen Prestigen behafteten Vorbildes" hat.[9]

---

1) Vgl. dazu: BORCHERDT, CH., 1961 a.a.O., S.15.

2) BORCHERDT, CH., ebenda, S.42.

3) Vgl. BORCHERDT, CH., ebenda, S.49.

4) Vgl. KULS, W., TISOWSKY, K., 1961 a.a.O., S. 9 ff.

5) Vgl. COHRS, H., 1963 a.a.O.. Siehe auch: MAIER, J., PAESLER, R., RUPPERT, K., SCHAFFER, F., Sozialgeographie, S.95 ff.

6) MEFFERT, E., 1968 a.a.O., S.291.

7) Näher dazu: MEFFERT, E., ebenda, S.38.

8) Wirth, E., 1965 a.a.O., S.265 ff.

9) Vgl. WIRTH, E., ebenda, S.281.

In einer Studie, in der er dem Problem der Intensität der Gastarbeiterwanderung in ihrem raumzeitlichen Ablauf nachgeht, faßt BARTELS den Aufbruchsentschluß der Gastarbeiter als Innovationsprozeß auf.[1] Dabei betont er, daß bezüglich der beruflichen bzw. räumlichen Mobilität ebenfalls die "schichtenspezifische Sozialsituation" neben der Informationsdichte einen wichtigen Faktor für den Innovationsprozeß darstellt.[2] Wiederum andere Gesichtspunkte hebt BRONGER im Rahmen der Entwicklungspolitik in Indien hervor. Er zeigt, daß die Innovationsbereitschaft in zwei verschiedenen Bevölkerungsgruppen, nämlich der autochthonen und allochthonen Bevölkerung, unterschiedlich ausfällt.[3]

Ganz allgemein läßt sich feststellen, daß das gruppenspezifische Adaptionsverhalten für den Innovationsprozeß eine bedeutende Rolle spielt. Dieser Sachverhalt gilt genauso für die Innovationen im Freizeitverhalten, sowohl auf der Angebotsseite als auch auf der Nachfrageseite. So hat HEINRITZ in einer Arbeit über Freizeitparks darauf hingewiesen, daß es "eine gewisse Affinität der verschiedenen Träger" - wie Private, Vereine, Firmen, und öffentliche Hand - zu bestimmten Angebotstypen gibt.[4] Bei ihm sind Unterschiede in der Trägerschaft der analysierten Einrichtungen deshalb hervorgehoben, weil Ziel und Mittel der Schaffung dieser Freizeitanlagen gerade davon abhängen.[5]

Andererseits ergibt sich auch bezüglich der Nachfrageseite, daß der Innovationsprozeß die wechselnden sozialgeographischen Zustände anzeigen und verursachen kann. HEINRITZ und POPP beschäftigen sich mit diesem Problem am Beispiel des Retraktionsprozesses von Sommerkellern. Dabei wird nachgewiesen, daß sich in diesem Prozeß zum Teil die Wandlungen des Naherholungsverhaltens einzelner Gruppen widerspiegeln.[6] Ferner belegt die Arbeit von MAIER, daß sich mit der Einführung der Ferienzentren nicht nur der Einzugsbereich, sondern auch die sozialen Strukturen der Gäste verändern.[7] Innovationen lassen auch neue Freizeitverhaltensweisen hervortreten, wie es WATZKA in seiner Arbeit über die Ausbreitung von "swimming pools" feststellt.[8] DAHLMANN konnte in seiner Dissertation zeigen, daß besondere sozialgeographische Schichten eine Prädisposition für die Ausbreitung alpiner Freizeitaktivitäten darstellen und damit zugleich Ansatzpunkt für die Mitgliedschaft in alpinistischen Vereinen ausmachen.[9]

Im Hinblick auf die Rolle der Sozialgruppen im Innovationsprozeß sind die Beiträge von WINDHORST zu erwähnen, der versucht hat, die raumzeitlichen Diffusionsprozesse mit den von der Soziologie entwickelten Verhaltensgruppen in Einklang zu bringen.[10] Dabei gelangt er zu dem Ergebnis, daß sich die "Adoptorkategorien" mit sozialgeographisch relevanten Gruppen identifizieren lassen, weil die Verhaltensweisen von diesen sowohl wegen unterschiedlicher "Innovationsbereitschaft und Verhaltensnormen" als auch wegen divergenter

---

1) BARTELS, D., 1968 a.a.O., S.313-324.
2) Vgl. dazu: BARTELS, D., ebenda, S.321.
3) Vgl. BRONGER, D., 1975 a.a.O., S.455.
4) Vgl. HEINRITZ, G., 1976 a.a.O., S.18.
5) Näher dazu: ebenda.
6) Vgl. HEINRITZ, G., POPP, H., 1976 a.a.O., S. 144.
7) Vgl. MAIER, J., 1974 a.a.O., S.160.
8) Vgl. dazu: WATZKA, W., 1979 a.a.O., S.70-78.
9) Vgl. DAHLMANN, H., 1983 a.a.O..
10) Vgl. WINDHORST, H.-W., 1972 a.a.O..

"Durchsetzungskräfte" in differenzierter Art und Weise raumwirksam werden.[1]

Der Innovationsprozeß hängt weitgehend auch von wirtschaftlichen Faktoren ab. Von diesem Gedanken ausgehend versucht man auch das Verhalten des "homo oeconomicus" im Innovationsprozeß zu erfassen, was an die traditionelle Standortlehre erinnert. Diese Auffassung beinhaltet zwei Aspekte, die miteinander eng verknüpft sind; zum einen handelt es sich darum, die "Rentabilitätsüberlegung" der Innovationsträger noch näher zu überprüfen, in der die relativen Vorteile der Innovation selbst, wie auch die der Marktverhältnisse - wie z.B. Preis, Absatzlage und Konjunktur - von großer Bedeutung sind.[2] Überdies gehören auch die naturräumlichen Gegebenheiten und die Verkehrslage zu wichtigen Standortvoraussetzungen.[3] Zum anderen wird auf die Übernahmefähigkeiten der Adaptoren geachtet, die durch Einkommen bzw. Finanzierungspotential weitgehend bedingt sind.[4] Im Hinblick auf die Klassifizierung der Einflußvariablen muß man sich freilich darüber im klaren sein, daß sich die sozio-ökonomischen Faktoren nur schwer voneinander isolieren lassen. So kann z.B. das Einkommen, das man üblicherweise dem ökonomischen Faktor zurechnet, zugleich auch den sozialen Status des Adaoptors implizieren. Ferner ist zu bemerken, daß dieselbe ökonomische Situataion selbst von einzelnen Gruppen in verschiedener Weise bewertet werden kann.

Wie immer wieder betont wird, kommt gesetzgeberischen und planerischen Maßnahmen auch eine bedeutende Rolle für den Innovationsprozeß zu.[5] Daneben sind die verschiedenen Initiativleistungen auf der privaten Ebene als wichtige Verbreiter des Innovationsprozesses anzusehen.[6] Am Beispiel der Innovationen der Landwirtschaft hat sich nicht selten gezeigt, daß die Einrichtungen der Verarbeitungsfabrik in wesentlichem Maße zur Ausbreitung der neuen Anbaukulturen beitragen konnten.[7]

Schließlich ist auch zu beachten, daß neben den exogenen Faktoren auch die endogenen Steuerungskomponenten wichtig sind, die in Form zeitlicher und räumlicher Persistenzeffekte zum Ausdruck kommen.[8] Dieser Persistenzeffekt ist auch im Retraktionsprozeß deutlich

---

1) Näher dazu: WINDHORST, H.-W., Geographische Innovations- und Diffusionsforschung, Darmstadt 1983, S.94.

2) Es braucht kaum noch wiederholt zu werden, daß Marktverhältnisse für den Anbau neuer Kulturen sehr wichtig sind. BREUER hat in seinen beiden Arbeiten besonders die wirtschaftlich-rationale Überlegung der Adaoptoren hervorgehoben. Vgl. ders., 1979 a.a.O., S.23 ff.

3) Vgl. u.a. CHORS, H., 1963 a.a.O.; WALDT, H.O., der Einfluß natürlicher und wirtschaftlicher Standortfaktoren auf die räumliche Ordnung der Landwirtschaft: Dargestellt am Beispiel der Ausbreitung des Gemüseanbaus in Venezuela, in: Erdkunde, 1979, S.144-154.

4) Vgl. u.a. WATZKA, W., 1979 a.a.O., S.70 f; PFALLER, G., 1981 a.a.O..

5) Vgl. u.a. MAIER, J., 1974 a.a.O., S.144 ff; BREUER, T., 1979 a.a.O., S.23 ff.

6) Beispielsweise zur Rolle des Bürgermeisters in der Diffusion von Hallenbädern, vgl., HAHN., H., 1980 a.a.O..

7) Um Beispiele anzuführen: Die Rolle der Zuckerfabrik im Innovationsprozeß des Zuckerrübenbaus. Vgl. dazu: WATZKA, W., a.a.O., (Fn. 4), die Rolle der ölverarbeitenden Industrieunternehmen im Innovationsprozeß des Sonnenblumenanbaus. Vgl. BREUER, T., a.a.O., (Fn. 2), 1980.

8) Vgl. GIESE, E., 1978 a.a.O., S.92 f; GIESE, E., NIPPER, J., Zeitliche und räumliche Persistenzeffekte bei räumlichen Ausbreitungsprozessen: Analysiert am Beispiel der Ausbreitung ausländischer Arbeitnehmer in der Bundesrepublik Deutschland, Karlsruher Manuskr. z. mathematischen und theoretischen Wirtschafts- und Sozialgeographie, Heft 34, 1979.

erkennbar.[1]

Zusammenfassend ist festzustellen:

In methodischer Hinsicht liegt das Charakteristikum sozialgeographischer Problemperspektive darin, daß sowohl das von HÄGERSTAND entwickelte Simulationsmodell als auch die mathematische Beschreibungstechnik zunächst selten Anwendung finden. Stattdessen konzentriert sie sich darauf, die räumlich differenzierte Sozialstruktur in ihrer Wirkung für den Innovationsprozeß ausführlich zu untersuchen. Dabei werden Innovationen häufig indirekt durch die Verwendung prozeßanzeigender Indikatoren erfaßt.[2] Es stellt sich ferner als eine wichtige Erkenntnis heraus, daß das Übernahmeverhalten mehr oder weniger in erheblichem Umfang von der jeweiligen spezifischen Situation beeinflußt wird, je nachdem wie intensiv der Adaptor in sie eingebunden ist. Die allgemeine Tendenz geht also dahin, die lokalen Strukturvoraussetzungen und die räumliche Differenzierung der Bevölkerung in Bezug auf den Innovationsprozeß aufzuhellen. Infolge des hohen Arbeitsaufwandes und der kurzen Erkenntnismöglichkeiten innerhalb des kausalen Beschreibungsgefüges wird dieses Forschungsziel meist nur in kleinräumigen Untersuchungen zufriedenstellend erreicht.[3]

III. Versuch eines Integrationsansatzes unter sozialgeographischem Aspekt

Wenn im folgenden versucht wird, das bisher Gesagte über Ziele und Aufgaben der verschiedenen Perspektiven anhand des sozialgeographischen Systemablaufmodells zu integrieren, beruht dies auf zwei Grundannahmen:

Die erste besteht darin, daß man den Innovationsprozeß in seinem Gesamtverlauf mit dem Modell des sozialgeographischen Systemablaufs treffend wiedergeben kann, in dem "Informationswandel", "Bewertung", "Verhalten", "Prozeß" und "Raumsituation" einander folgen. Insofern stellt sich das Systemablaufmodell als ein Begriffsinstrumentarium dar, das nicht "divergierend", sondern "konvergierend" wirkt, d.h. mittels dessen die jeweiligen Grundzüge der bisherigen Ansätze zusammengefaßt werden können.[4]

Die zweite Annahme liegt darin, daß der problemgeschichtliche Rückblick mit aller Deutlichkeit belegt, daß die jeweilige Perspektive nicht als ein abgeschlossenes Theoriesystem gedacht werden kann. Ihre Grundzüge und Charakteristika sind vielmehr der Ergänzung wie der Modifikation fähig. Daher möchte ich sie wie folgt in ein übergreifendes Denkschema zusammenfügen.

1. Information

Ausgangspunkt dieses Schemas bildet die Vermittlung der Informationen über die Innovationen. Dabei sind zwei verschiedene Wege der Informationsverbreitung zu unterscheiden, nämlich die Massenkommunikationsmittel und die persönlichen Informationen.[5]

---

1) Näher dazu: HEINRITZ, G., POPP, H., 1975 a.a.O., S.121 f.
2) Vgl. u.a. HARTKE, W., 1959 a.a.O., 226 ff.; RUPPERT, K., 1959 a.a.O., S. 80-85.
3) Nach dem Vorlesungsmanuskript von RUPPERT, K.
4) Ausführlich dazu: Vgl. A IV.
5) Hier soll darauf hingewiesen werden, daß sich eine Reihe von Sozialwissenschaftlern mit dieser Problematik der Kommunikation im Innovationsprozeß befaßt hat. Als gute Übersicht Vgl. u.a. ROGERS, E.M., Diffusion of Innovations, New York/London 1983, S.197 ff.

Die Massenkommunikation wird meistens durch die Medien geleitet, außerdem gehören dazu auch die institutionellen Mitteilungsblätter und Reklamewände usw.. Es ist eine anerkannte Tatsache, daß die Massenmedien eher in der anfänglichen Phase des Innovationsprozesses als in der späteren eine relativ größere Rolle spielen und somit viel wichtiger für die frühzeitigen Innovatoren bzw. Adaptoren als für die nachkommenden sind.[1]

Unter den persönlichen Informationen ist zunächst der nachbarschaftliche Kontakt zu nennen, der im klassischen Modell von HÄGERSTRAND bei der Informationsverbreitung einen wichtigen Teil ausmacht. Jedoch ist unübersehbar, daß diese distanzabhägige, am Wohnstandort stattfindende Person-zu-Person-Information heute allmählich an Bedeutung verliert. Schwerer wiegt vielmehr "der institutionalisierte persönliche Kontakt"[2] als die zweite Form, die sich am jeweiligen Funktionsstandort - wie z.B. an der Arbeits-, Versorgungs-, Freizeit- und Bildungsstätte - vollzieht. Ein weiterer Informationsbereich besteht schließlich aus familiären Kontakten, in denen oft andere Distanzgrenzwerte gelten als sonst[3] sowie aus den kommerziellen persönlichen Kontakten, die gezielt von Propagatoren der Innovation - beispielsweise Firmenvertretern und Verkäufern - ausgehen, welche oft als "Diffusionsagenturen" bezeichnet werden.[4]

2. Bewertung

Als nächster Schritt im Innovationsprozeß kommt die gruppenspezifische Bewertung der Innovationen in Frage, was allgemein als unbestritten gilt. In dieser Phase sind die sozial-psychologischen Momente von ausschlaggebender Bedeutung, die bisher nur partiell in die geographischen Erklärungsansätze miteinbezogen wurden.[5] Hier sind die Lern- und Entscheidungsprozesse maßgebend, von denen die Übernahme der Innovation abhängt.[6]

Die Eigenschaft der Innovation[7] selbst kann in diesem Adaptionsprozeß eine der wichtigen Einflußvariablen darstellen, was ebenso in der bisherigen geographischen Forschung wenig Beachtung findet. Was diese Charakteristika der Innovation betreffen, sind viele geographisch relevante Typologien anzuführen:
1) zeitsparende und zeit- bzw. flächenbeanspruchende Innovationen (Zeitgeographie)[8];
2) kapitalintensive und arbeitsintensive Innovationen, die jeweils unterschiedlichen sozialen Gruppen zuzuordnen sind (MEFFERT, YAPA)[9];
3) infrastrukturabhänige und infrastrukturunabhängige Innovationen (BROWN)[10]

Ferner ist zu bemerken, daß das Charakteristikum der Innovation bereits die potentiellen

---

1) Vgl. ROGERS, E.M., 1983 a.a.O., S.208.
2) Vgl. dazu: TZSCHASCHEL, S., Modelle und Theorien, in: Der Erdkundeunterricht, Sonderheft 7 (Innovationen), 1983, S.24.
3) CHORS hat z.B. die Rolle der verwandtschaftlichen Beziehungen im Innovationsprozeß deutlich herausgestellt. Vgl. ders., 1963 a.a.O..
2) BROWN hat diese Art von Kontakten "promotional communication" genannt. Ders., a.a.O., 1981, S.107.
5) Vgl. dazu: PFALLER, G., 1981 a.a.O..
6) Vgl. dazu: B II, 1 und Abb. 1.
7) Näher dazu: ebenda.
8) Vgl. dazu: Vgl. C II, 5.
9) Vgl. MEFFERT, E., 1968 a.a.O., S.291; YAPA, L.S., 1977 a.a.O., S.350-359.
10) Näher dazu: oben C II, 3.

Adaptoren und den Diffusionsraum im voraus bestimmen kann. So beispielsweise verbreiten sich die landwirtschaftlichen Neuerungen ausschließlich unter den Bauern in ländlich strukturierten Teilräumen.

3. Verhalten und Prozeß

An die Bewertungsvorgänge schließt sich das raumwirksame Adaptionsverhalten innerhalb der "Grundfunktionen" an. Dabei sind zwei Bereiche gegeneinander abzugrenzen, die, obwohl sie quantitativ gleichgewichtig sind, dennoch recht unterschiedliche Implikationen bezüglich des räumlichen Diffusionsmusters haben; nämlich die "Angebots-" und die "Nachfrageseite". Zu den Aktivitäten der "Angebotsseite" gehören u.a. - wie es das Markt- und Infrastruktur- modell deutlich gemacht hat - die Standortwahl bzw. Einrichtungen der Vermarktungsinstan- zen der Innovation sowie das räumlich differenzierte Angebotsverhalten, oder die Markt- strategie gemäß der unterschiedlichen Wertigkeit der Neuerung. Dagegen lassen sich der "Nachfrageseite" die schichtenspezifische Nutzungsaktivitäten der Innovation sowie das unterschiedlich wahrgenommene Anpassungsverhalten der jeweiligen Nachfragegruppe an diese Neuerung zuordnen. Dabei spielen auch verschiedene Merkmale von einzelnen Gruppen - wie z.B. Reaktionsreichweite, finanzielle Potentiale, Zeitverfügbarkeit - eine große Rolle.[1]

Mit all diesen raumwirksamen Aktivitäten der beiden Zielgruppen finden gleichzeitig die Diffusionsprozesse der Innovation statt, die u.a. auch ein neues "Kapazitäten-Reichweiten- System" mit sich bringen. Bekanntlich sind in den bisherigen Forschungsansätzen verschie- dene Gesetzmäßigkeiten im Hinblick auf den Diffusionsprozeß herausgestellt worden.

a) Zwei solcher Mechanismen der Diffusion sind "Nachbarschafts-" und "Hierarchieeffekt"[2].

1) Der "Nachbarschaftseffekt" soll zum Ausdruck bringen, daß eine wellenförmige Ausbrei- tung der Innovation distanzabhängig über die direkten persönlichen Kontakte von ihrem Zentrum heraus ausgelöst wird (Siehe Abb. 7).

2) Mit dem "Hierarchieeffekt" - ist gemeint, daß die Ausbreitung einer Innovation an hierarchische Positionen, z.B. an die Einordnung der zentralörtlichen Systeme, gebunden ist. Beide Effekte wirken häufig in der Diffusion parallel zueinander, woraus eine "hierarchisch gestaffelte wellenförmige Ausbreitung einer Innovation"[3] zustande kommt (Siehe Abb. 7). Ferner weist BROWN darauf hin, daß es neben den beiden Formen der hierarchischen und der kontaktgebundenen Diffusion noch eine andere Möglichkeit gibt, in der keine Regelhaftigkeit auftritt, sondern eher ein "zufälliger" Ablauf des Aus- breitungsprozesses vorliegt.[4] Dabei ist jedoch zu beachten, daß die Bezugsebene der potentiellen Adaptoren als ein ganz wichtiger Faktor anzusehen ist.[5]

1) Vgl. dazu: RUPPERT, K., Das sozialgeographische Raumsystem: Konzeption und Anwendung, in: Geographia Slovenica, 1982, S.78 ff.

2) Als Überblick vgl. u.a. BROWN, L.A., COX, K.R., 1971 a.a.O., S.551 ff; WINDHORST, H.- W., 1983 a.a.O., S.95 ff.

3) Vgl. BAHRENBERG, G., LOBODA, J., 1973 a.a.O., S.168.

4) BROWN, L.A., 1981 a.a.O., S.43. Zu den empirischen Beispielen für diesen "random pattern" vgl. BROWN, L.A., MALECKI, E.J., GROSS, S.R., SHRESTHA, M.N., SEMPLE, R.K., 1975 a.a.O., S.285-299; HANHAM, R.Q., Diffusion of Innovation from a Supply Per- spective: An Application to the Artificial Insemination of Cattle in Southern Sweden, Diss. Ohio State Uni. Columbus 1973.

5) Vgl. BROWN, L.A., a.a.O., (Fn. 3), S.43.

Abb. 7

Übersicht über unterschiedliche Diffusionsmuster

(nach Haggett, Cliff und Frey)

Ⓐ Zentralörtliches System nach CHRISTALLER
K = 3

A – Ort 1
B – Orte 3
C – Orte 9
D – Orte 27

Ⓑ Einzugsbereiche der Zentralen Orte

— A – Ort
— B – Ort
— C – Ort

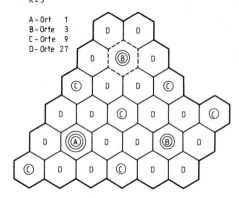
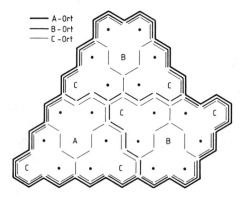

Ⓒ Rein hierarchischer Diffusionsprozeß, ausgehend vom A-Ort

Ⓓ Ausschließlich vom Nachbarschaftseffekt gesteuerter Diffusionsprozeß, ausgehend vom A-Ort

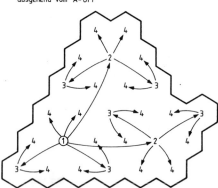
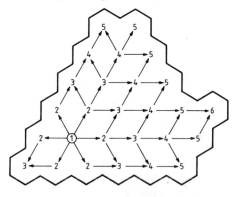

Ⓔ Kombinierter Diffusionsprozeß aus Nachbarschafts- und Hierarchie-effekt

→ Hierarchieeffekt
→ Nachbarschaftseffekt

zu C, D und E:
Die Zahlen geben an, in welcher Generation des Diffusionsprozesses die Innovation den betreffenden Ort erreicht.

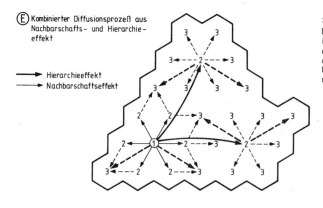

Quelle: Haggett, P./Cliff, A. D./Frey. A., Locational Analysis in Human Geography, 2. Aufl., New York 1977; Windhorst, H.-W. ; Geographische Innovations- und Diffusionsforschung, Darmstadt, 1983
Reproduktion: Institut für Wirtschaftsgeographie der Universität München, 1987   Vorstand: Prof. Dr. K. Ruppert

So kann beispielsweise bei der Analyse der Diffusion neuer Unterrichtsmethoden der Eindruck entstehen, das vorliegende räumliche Muster sei rein zufällig, wenn man es im Gesamtrahmen der Bevölkerung beobachtet. Beschränkt man aber die Analyse auf die Akademiker, die überhaupt nur als potentielle Adaptoren in Frage kommen, dann können sich sehr rasch die Wirkungsweisen der Nachbarschafts- und/oder der Hierarchieeffekte zeigen. Überdies bleibt das entstehende Diffusionsmuster wesentlich von der räumlichen Bezugsdimension geprägt, wie z.B. von der nationalen, der regionalen und der lokalen Betrachtungsebene.[1]

b) Als zwei Arten der Diffusion sind "expansive Diffusion" und "relokative Diffusion" zu erwähnen[2]:

1) In der "expansiven Diffusion" behält der Träger der Innovation seinen Standort bei, während sich die Innovation ausbreitet. Dagegen wandert in der "relokativen Diffusion" der Träger der Innovation mit der Ausbreitung der Innovation (Siehe Abb. 8).

2) Die "expansive Diffusion" läßt sich wiederum in zwei Formen unterteilen:[3] In der "flächenmäßigen Expansion" geht es um eine Ausbreitung der Innovation, bei welcher sich die Areale des Vorhandenseins der Innovation ausdehnen. Dagegen handelt es sich in der "zahlenmäßigen Expansion" nur um eine zahlenmäßige Zunahme der Innovation im Raum.

c) Die folgende Phasengliederung der Diffusion wird üblicherweise zur Erklärung des Diffusionsprozesses herangezogen[4]:

1) Die "Initialphase" bezeichnet den Beginn des Diffusionsprozesses. An einem oder einigen Orten tritt die Innovation auf.

2) Die "Ausdehnungsphase" (oder "Diffusionsphase") ist durch ein Vordringen der Innovation in Gebiete charakterisiert, die bislang noch keine Adaption aufweisen. Manchmal kommt dadurch die Ausbildung eines neuen Zentrums zustande.

3) Die "Verdichtungsphase" ist dann erreicht, wenn überall eine Verdichtung der Adaption beginnt. Die räumlichen Unterschiede im Hinblick auf die Verteilung der Adoptoren gleichen sich immer stärker aus.

4) Die "Sättigungsphase tritt ein, wenn sich der Ausbreitungsprozeß allmählich der maximalen Zahl der potentiellen Adaptoren annähert. Die Zahl der neu zustande gebrachten Adaptionen nimmt ständig ab (Siehe Abb. 9).

d) Der Ausbreitungsvorgang wird oft durch raumstrukturelle Barrieren verschiedener Art gestört. Im Gegensatz zur "Kulturraumforschung", die sich sehr intensiv mit dem Problem von "Kulturgrenzen" und "Sprach-Barrieren" u.a.m. beschäftigt hat, ist auffallend, daß die moderne Diffusionsforschung der Analyse der räumlichen Barriere-Effekte relativ wenig Aufmerksamkeit geschenkt hat.[5] Zu diesen Barrieren gehören sowohl physische - etwa Gebirge und Meere usw - als auch kulturelle Hindernisse wie z.B. sprachliche, religiöse und politische Grenzen.

1) Vgl. u.a. GOULD, P., Spatial Diffusion, Commission in College Geography, Resource Paper Nr. 4, Wahington, D.C., 1969, S.25 ff.

2) Vgl. u.a. BROWN, L.A., Diffusion Processes and Location: A Conceptual Framework and Bibliography, Philadelphia 1968, S.9 ff.; GOULD, P., ebenda, S.3 ff.

3) Ausführlich dazu: WIRTH, E., Theoretische Geographie, Stuttgart 1979. S.206 ff.

4) Vgl. u.a. HÄGERSTRAND, T., The Propagation of Innovation Waves, in: Lund Studies in Geography, Ser. B, Nr. 4, Lund 1952, S.16; WINDHORST, H.-W., 1983 a.a.O., S.93. Hinzugefügt sei, daß HÄGERSTAND selbst die zweite Phase eigentlich als "diffusion stage" und WINDHORST als "Expansionsphase" bezeichnet hat.

5) Vgl. dazu: GIESE, E., 1978 a.a.O., S.96.

Abb. 8

Expansive und relokative Diffusionsmuster
(nach Brown)
a. Expansive Diffusionsmuster

Initialphase   späte Phase

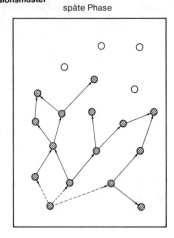

b. Relokative Diffusionsmuster

Initialphase   späte Phase

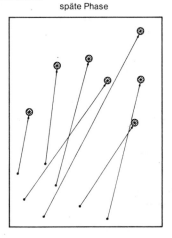

Quelle: Brown, L. A., Diffusion Processes and Location, 1968. Gould, P., Spatial Diffusion, Commission on college
Geography, Resource Paper No. 4, 1969, S. 4.
Reproduktion: Institut für Wirtschaftsgeographie der Universität München, 1987
Vorstand: Prof. Dr. K. Ruppert

Nach GOULD lassen sich die Barrieren nach ihren "Basiseffekten wie folgt klassifzie-
ren:[1]

1) "Absorbierende Barriere" (absorbing barrier): Diffusionswelle wird gestoppt.

2) "Reflektierende Barriere" (reflecting barrier): Diffusionswelle wird in eine andere
   Richtung gelenkt.

3) "Permeable Barriere" (permeable barrier): Diffusionswelle wird partiell durchgelassen
   (Siehe abb. 10)

Es sei auch hinzugefügt, daß der Persistenzeffekt oft als Barriere gedeutet werden kann.

1) Vgl. GOULD, P., a.a.O., (Fn. 154), S.11 ff.

Abb. 9

Phasengliederung der Innovation durch die Profile der Innovationswellen

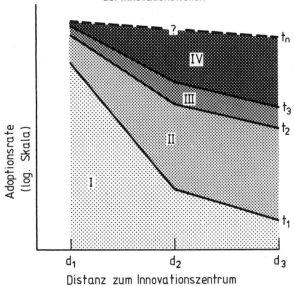

Quelle: Hägerstrand, T., The Propagation of Innovation Waves, in: Lundstudies in Geography, Ser. B., Nr. 4, Lund 1952.
Haggett, P. (deutsche Ausgabe), Geographie: Eine moderne Synthese, New York, 1983, S. 388
Reproduktion: Institut für Wirtschaftsgeographie der Universität München, 1987
Vorstand: Prof. Dr. K. Ruppert

Abb. 10

Drei verschiedene Barriereeffekte bei Diffusionsprozessen

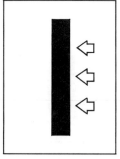

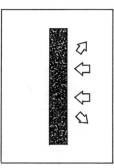
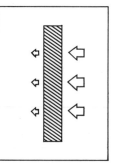

a. Absorbierende Barriere   b. Reflektierende Barriere   c. Permeable Barriere

Quelle: Eigener Entwurf nach dem Modell von Gould (Gould, P.R., Spatial Diffusion, Commision on College Geography,
Resource Paper Nr. 4 , Washington, D.C., 1969, s. 14 ff.)
Bearbeitung: Institut für Wirtschaftsgeographie der Universität München, 1987
Vorstand: Prof. Dr. K. Ruppert

4. Veränderte Raumsituation

Nach dem Diffusionsprozeß - z.T. während des Prozeßablaufes - lassen sich die durch Innovation veränderten Raumsituationen häufig in der Landschaft als "Prozeßfeld" erkennen oder massenstatistisch erfassen. Die Kulturgeographen könnten nun "vom Erscheinungsbild der Landschaft" ausgehen und mit Hilfe dieser Indikatoren zu jenen menschlichen Verhaltensweisen bzw. zu Prozessen vorstoßen, die neue Raumstrukturen erzeugen.[1] Dieses Stadium kann gesondert als "Folgestadium" des Innovationsprozesses bezeichnet werden,[2] in dem man mit verschiedenen Auswirkungen der Innovation konfrontiert wird.

Abb. 11: ÜBERSICHT ÜBER DEN INNOVATIONSPROZEß NACH DEM SOZIALGEOGRAPHISCHEN SYSTEMABLAUF

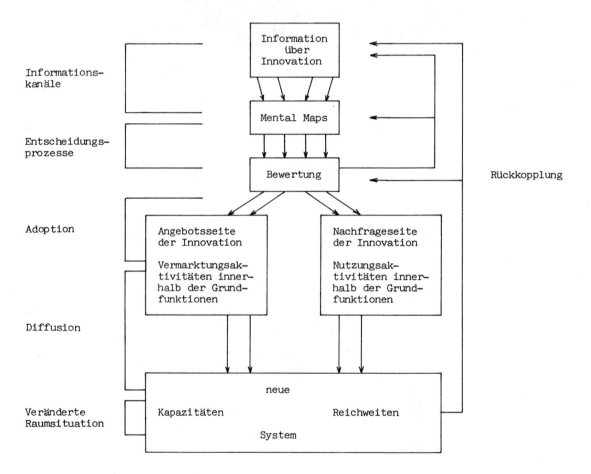

Entwurf in Anlehnung an K. RUPPERT

---

1) Vgl. dazu: MAIER, J., PAESLER R., RUPPERT, K., SCHAFFER, F., Sozialgeographie, S.84.
2) Vgl. NEUHAUS-HARDT, C., 1980 a.a.O., S.7 ff.

Wie bereits oben dargestellt, zeichnet sich in der Gegenwart die Tendenz ab, dieser Phase besondere Beachtung zu schenken.[1] Man stellt also die Bewertung der Innovation im Hinblick auf die Planung in den Mittelpunkt. Die genauere Analyse dieser Phase setzt dennoch voraus, daß man vorher die Ausgangssituation des Innovationsprozesses in Betracht ziehen soll. Diese ist aber statistisch schwer zu erfassen, weil man nur den abgeschlossenen Prozeß untersucht hat. Daher wird für die Zukunft empfohlen, sich auch mit den beginnenden bzw. gegenwärtig vollziehenden Prozessen zu beschäftigen. Dadurch kann man nicht nur den Innovationsprozeß selbst, sondern auch die Veränderung der Innovation verfolgen.

Der von den menschlichen Gruppen getragene Systemablauf bezüglich der Innovation muß keineswegs nur in einer Richtung und über alle Stationen voranschreiten. Es ist durchaus denkbar, daß hier "viele Rückkopplungen und Korrelationen im Sinne eines mehrseitigen Abhängigkeitsverhältnisses" möglich sind.[2]

---

1) Ausführlich dazu: oben C II, 4,5.

2) Vgl. dazu: RUPPERT, K., Kulturlandschaft erhalten heißt Kulturlandschaft gestalten, in: MAYER-TASCH, P.-C., (Hrsg.), Kulturlandschaft in Gefahr, München 1976, S.41. Im übrigen sei darauf hingewiesen, daß der empirische Nachweis von diesbezüglichen Prozeßabläufen bereits früh in der Arbeit von RUPPERT geführt wurde. Vgl. ders., 1960 a.a.O..

D. BEZUGSRAHMEN DER EMPIRISCHEN UNTERSUCHUNG

Die bisherigen theoretischen Überlegungen sollen nachfolgend noch durch konkrete Fallbeispiele ergänzt werden, um dadurch die bereits ausgeschnittene Spannweite dieser Problemstudie weiter abzurunden. Dabei geht es in erster Linie darum, den zunächst als Arbeitshypothese deduktiv entworfenen sozialgeographischen Denkrahmen an den empirischen Beispielen der Innovationsprozesse von Reit- und Tennisanlagen in Bayern zu überprüfen und eventuell Ansätze für weitergehende Aussagen über Innovationen zu finden. Zuvor soll aber hier geklärt werden, welchen Stellenwert Freizeitverhalten in Bezug auf die Innovationsforschung überhaupt hat oder haben soll (I), welche besonderen Merkmale Tennis- und Reitanlagen als Untersuchungsgegenstände aufweisen (II.1-II.2) und in welcher Weise und mit welchen Anlagen schließlich die empirische Untersuchung durchgeführt werden soll (III.1-III.3).

I. Freizeitverhalten im Rahmen der Innovationsforschung

Niemand kann heutzutage ernsthaft in Zweifel ziehen, daß das Freizeitverhalten immer mehr Bedeutung im gesellschaftlichen Leben erlangt.[1]
Dank der Industrialisierung und der Urbanisierung sind alle Sozialschichten an vielerlei Freizeitaktivitäten beteiligt. Die ansteigende Nachfrage nach Freizeit, die parallel zur Verkürzung der Arbeitszeit läuft, läßt sich ohne weiteres sowohl am wachsenden Konsum von Freizeitgütern als auch an überproportionalen Ausgaben für Freizeitaktivitäten nachweisen.[2] Daher wird man kaum fehlgehen in der Annahme, daß sich das Freizeitverhalten in der modernen Zeit zum sozialen Massenphänomen und zugleich zur geographisch bedeutsamen "Grundfunktion" entwickelt hat. Es versteht sich von selbst, wenn der Freizeitsektor immer wieder als eine wichtige Einflußgröße für die Raumgestaltung hervorgehoben wird. RUPPERT kennzeichnet all diese Grundzüge des Freizeitverhaltens lapidar damit, daß "nunmehr

- alle sozialen Schichten

- massenstatistisch erfaßbar

- durch Freizeitaktivitäten raumprägend tätig werden".[3]

Speziell im Hinblick auf die "Innovation" ist die starke Hinwendung zum Freizeitverhalten deswegen reizvoll, weil diese Erscheinung im ganzen genommen eng mit dem gesellschaftlichen Wandel im weiteren Sinne zusammenhängt. Unter geographischen Aspekten betrachtet, verbirgt sich dahinter der Umstand, daß sich der Wandel von der "ständisch organisierten flächengebundenen Agrargesellschaft" über die "standortorientierte Industriegesellschaft" zur "postindustriellen Dienstleistungsgesellschaft" vollzogen hat.[4] Die Dominanz der Bodenschätze und des Selbstversorgungsprinzips in der früheren Phase wird nunmehr in

---

1) Näher zur Geographie des Freizeitverhaltens: Vgl. u.a. RUPPERT, K., Zur Stellung und Gliederung einer allgemeinen Geographie des Freizeitverhaltens, in: Geographische Rundschau, 1975, S.1-6. Als Sammelband über diese Thematik. Vgl. HOFMEISTER, B., STEINECKE, A. (Hrsg.), Geographie des Freizeit- und Fremdenverkehrs, Wege der Forschung Bd. 592, Darmstadt 1984.

2) Vgl. RUPPERT, K., Freizeitverhalten als Flächennutzung, unveröffentlichtes Manuskript, 1985, S.2.

3) RUPPERT, K., ebenda, S.1-2.

4) Ausführlich dazu: RUPPERT, K., Landentwicklung in der Krise: Bevölkerungsgeographische Aspekte als Planungsgrundlagen, in: Innere Kolonisation, Heft 1 (1976), S.3-5.

weitem Umfang durch "zentralörtliche Hierarchiemuster" zurückgedrängt, die notwendigerweise eine andere Raumorganisation mit ihren räumlichen Verflechtungen zur Folge haben. Mit dieser Trennung von Arbeits- und Wohnort wird eine Vereinheitlichung der Lebensbedingungen ermöglicht, die wiederum die Entwicklung eines "Kapazitäten-Reichweitensystems" mit zunehmender Reichweite begünstigt hat.[1] Freilich bietet diese neue Raumorganisation den Nährboden für das Wachstum der Freizeitaktivitäten.

An unmittelbarer Relevanz für die Innovationsforschung gewinnt das Freizeitverhalten auch dadurch, daß seine Entwicklung selbst vielfach den Charakter des Innovationsprozesses erkennen läßt. Dies zeigt sich mit aller Deutlichkeit dort, wo die Ansprüche und Erwartungen der Konsumenten gerade im Freizeitbereich ständig zunehmen, sich verändern und sich auch stark an "Neuheiten" orientieren. Folglich sollte man auch in diesem Bereich die Innovationsforschung vorantreiben, um dadurch sowohl die Freizeitaktivitäten in sinnvoller Weise zu fördern, als auch die dabei hervorgerufenen regionalen wirtschaftlichen Effekte zielkonform zu steuern.

Wenn die spezielle Aufgabe der Innovationsforschung im Bereich des Freizeitverhaltens darin zu sehen ist, als ein notwendiges Instrumentarium für die Planungsgrundlage zu dienen, so ist dieser Zusammenhang auch und gerade dort unabweisbar, wo verschiedene Freizeitformen wachsende Flächenansprüche erheben.[2] Die daraus resultierenden Konflikte haben sich nicht nur in den letzten Jahren deutlich bemerkbar gemacht. Vielmehr gaben die durch Freizeitaktivitäten ausgelösten Probleme der "Flächennutzungskonkurrenz" Anlaß genug zu einer öffentlichen Diskussion, an der alle Betroffenen wie z.B. Planer, Politiker, Wissenschaftler und Vertreter verschiedener Interessengruppen beteiligt sind.[3] Soweit ersichtlich, liegt die Vermutung nahe, daß sich solche Tendenzen wahrscheinlich in Zukunft noch verstärken werden. In geographischer Hinsicht wird dieses Phänomen nicht nur wegen der Veränderung der Raumorganisation interessant, vielmehr besteht hier die Aufgabe der Geographen darin, eine vernünftige Planungsbasis zur "idealen" Raumgestaltung zu schaffen. Dazu soll die Innovationsforschung einen wichtigen Beitrag leisten.

Ungeachtet all dieser Zusammenhänge zwischen Freizeitverhalten und Innovation wurde bislang noch keine bedeutende Innovationsuntersuchung innerhalb dieses Themenkreises durchgeführt.[4] Stattdessen hat man lediglich am Rande einzelne Pänomene im Kontext der Innovation dargelegt. Daher entsteht der Eindruck unweigerlich, daß "Innovation nur als Schlagwort in die entsprechenden Werke eingestreut wird."[5] Allerdings erklärt sich der mäßige Stand der Innovationsforschung in diesem Bereich daraus, daß die Schwierigkeiten

---

1) Vgl. dazu: RUPPERT, K., ebenda.

2) Vgl. RUPPERT, K., ebenda. Zur allgemeinen Entwicklungstendenz der freizeitfunktionalen Flächennutzung, vgl. LINTNER, P., Flächennutzung und Flächennutzungswandel in Bayern, MSSW Bd. 29, 1985, S.62 ff.

3) Hier sei nur an die Diskussion um den mehr oder weniger emotionalen Begriff "Landverbrauch" oder "Landschaftsverbrauch" erinnert. Ausführlich dazu: LINTNER, P., 1985 a.a.O., S.66 ff.

4) Näher zu Innovationsforschungen im Rahmen des Freizeitverhaltens, vgl. oben C II, 6. Beachtlich erscheint auch die Forschungslage in anglo-amerikanischer Geographie, weil man dort bezüglich der Freizeitinfrastruktur kaum nennenswerte Innovationsuntersuchungen finden kann.

5) NEUHAUS-HARDT, C., Innovationen im Bereich von Fremdenverkehr und Freizeit, in: Materialien zur Fremdenverkehrsgeographie, Trier 1980, S.27.

der Datenerhebung über Freizeitverhalten, geschweige denn bezüglich der Innovationsuntersuchung, besonders schwer zu überwinden sind. Wenn aber im folgenden empirische Beispiele
ganz bewußt aus dem Freizeitverhalten genommen werden, so ist damit beabsichtigt, diese
Defizite einigermaßen zu beheben.

II. Gegenstandsbestimmung

Unter sozialgeographischem Aspekt zeichnet sich der Innovationsprozeß im Rahmen des Freizeitverhaltens in zweierlei Hinsicht aus:
Zum einen bedeutet er im Hinblick auf die Angebotsseite die Einführung neuer Freizeitinfrastrukturen. Zum anderen steht in Bezug auf die Nachfrageseite die Ausübung neuer Freizeitaktivitäten im Mittelpunkt. In Anbetracht dieser beiden Seiten lassen Tennis- und
Reitanlagen besondere Merkmale erkennen, die eine große Rolle in Innovationsprozessen
spielen, indem sie neue Akzente in die Diskussion des "Kapazitäten-Rechweitensystems"
einbringen.

Man mag die Frage stellen, warum hier nicht eine, sondern zwei spezielle Freizeiteinrichtungen zum Forschungsgegenstand gemacht wurden.[1] Dazu ist zunächst zu erwähnen, daß die
beiden Einrichtungen trotz ihrer weitgehenden Gemeinsamkeiten in der Anfangsphase - z.B.
der sozialen Einstellung ihnen gegenüber und der relativ hohen Kosten bei der Ausübung
dieser Sportarten - doch im späteren Verlauf unterschiedliche Züge aufweisen. Darüber
hinaus beruht diese Auswahl auch darauf, daß man bei näherem Zusehen - wie gleich unten
deutlich wird - bereits von den Eigenschaften der beiden Innovationen her verschiedene
Gegenstandsmerkmale herauslesen kann, was sich wiederum auf die Ausbreitungsvorgänge von
Tennis- und Reitanlagen unterschiedlich auswirken kann. In unserem Zusammenhang heißt
dies, daß der Vergleich dieser beiden Innovationsprozesse Ansatzpunkte für eine differen-
ziertere Beobachtung der Innovation ermöglicht.

1. Die Nachfrageseite

Was die Nachfrageseite, d.h. die "Sportaktivitäten" angeht, ist zunächst zu beobachten,
daß die beiden Sportarten in den letzten Jahren nicht nur horizontale Diffusion in verschiedenen Räumen erfahren haben, vielmehr läßt sich auch vertikale Diffusion unter sozialen Schichten erkennen, was in sozialgeographischer Hinsicht von besonderer Bedeutung ist
(Siehe Tabelle 2, 3). So kann man heute generell behaupten, daß Tennis- und Reitsport fast
in alle sozialen Schichten Eingang gefunden haben, wobei allerdings anzumerken ist, daß
sie immer noch mit dem Vorbild von "höheren Schichten" verknüpft sind. In der Tat hat sich
diese soziale Einstellung gegenüber diesen beiden Sportarten auch auf ihre Übernahme
ausgewirkt. Neben der allgemeinen Tendenz zu ansteigenden Sportaktivitäten ist die Entwicklung der beiden Sportarten zum Teil auch darauf zurückzuführen, daß viele Eltern wegen
des ehemaligen "Prestigewertes" - wie er noch heute bei Golf und Polo besteht - ihre
Kinder frühzeitig in diese Sportaktivitäten drängen, um dadurch eine gewisse "soziale
Aufwertung" zu erfahren.[2] Daher ist anzunehmen, daß die Nachahmung des mit höheren sozia-

---

1) Zu den konkreten Gründen für die Auswahl beider Anlagen, siehe unten D II. 1 und 2
   (Nachfrageseite und Angebotsseite).

2) Vgl. dazu: RICHTER, M., Freizeitmuster im peripheren Raum, das Beispiel des Pferdesports in Oberfranken, in: Arbeitsmaterialien zur Raumordnung und Raumplanung, Univ.
   Bayreuth, Heft 10, 1981, S.98.

len Prestigen behafteten Vorbildes einen wichtigen Auftrieb des Innovationsprozesses darstellt. Freilich soll dabei der Hinweis nicht übersehen werden, daß in dieser Hinsicht ein Unterschied zwischen Tennis und Tiersport nach wie vor besteht. Gemeint ist, daß Tennis nach allgemeinem Verständnis allmählich als "Volksport" angesehen wird, während Reiten die Schwelle zur breiteren Öffentlichkeit noch nicht erreicht hat. Hier wären sicherlich psychologische und gesellschaftliche Hemmungen schwer abzubauen, so daß sich noch immer mittlere und untere Einkommensschichten an den Reitsport kaum heranwagen.

Tabelle 2: Aktive Tennisspieler[*] 1977 nach Stellung im
Beruf, Schulabschluß und Haushaltseinkommen

a. Stellung im Beruf

		in 1.000	in %
1.	Selbständige	195	15
2.	Höhere Angestellte/Beamte	96	7
3.	Übrige Angestellte/Beamte	288	22
4.	Arbeiter	127	10
5.	Schüler/Studenten	379	30
6.	Hausfrauen	138	11
7.	Rentner/Nichterwerbstätige	47	4
Insgesamt		1.270	100

b. Schulabschluß bei über 15-jährigen

		in 1.000	in %
1.	Volksschule	470	42
2.	Mittlere Reife/Fachschule	336	30
3.	Abitur/Hochschule	314	28
Insgesamt		1.120	100

c. Haushaltseinkommen

		in 1.000	in %
1.	0-1.200	70	5
2.	1.200-2.000	254	20
3.	2.000-3.000	279	22
4.	3.000-4.000	419	33
5.	4.000 und mehr	254	20
Insgesamt		1.270	100

Quelle: Institut für Freizeitwirtschaft und Freizeitinfrastruktur (Hrsg.), Wachstumsfelder im Freizeitbereich: Spezialstudie Tennis, Squash, München 1978, S.139.

* diejenigen, die zumindest während der Saison
durchschnittlich einmal pro Woche oder öfter spielen.

Immerhin spricht die zahlenmäßige Entwicklung im Tennis- und Reitsport dafür, daß sie beide als "Breitensport" einzustufen sind.[1] Den Beleg dafür liefert die Zahl der organisierten Sportler. Der Deutsche Tennisbund mit 1,5 Millionen Mitgliedern nimmt den dritten Rang nach dem Deutschen Fußball- und dem Deutschen Turnerbund ein, und die Landesverbände der Reit- und Fahrvereine mit 0,5 Millionen Mitgliedern rangieren an zehnter Stelle

---

1) Unter dem Begriff des "Breitensports" wird hier derjenige Sport verstanden, "der 1) von
einer zahlenmäßig großen Masse betrieben wird, und der 2) nicht durch irgendwelche
Zwänge einer Minderheit gleich welchen Kennzeichens vorbehalten ist". Vgl. RICHTER, M.,
ebenda, S.93-94.

Tabelle 3: Berufsständische Zusammensetzung der Mitglieder des Verbandes der Reit- und Fahrvereine Bayerns 1973

	Mitglieder	in %
1. Selbständige Landwirte	1.343	4,7
2. Selbständige Unternehmer	3.560	12,5
3. Freiberufliche (Ärzte, Künstler usw.)	1.668	5,8
4. Mithelfende Personen	1.265	4,4
5. Beamte	1.374	4,8
6. Angestellte, einschl. kaufm. Lehrlinge	5.843	19,2
7. Arbeiter, einschl. landw. Lehrlinge	1.546	5,4
8. Hausfrauen	2.743	9,6
9. Schüler und Studenten	9.600	33,6
Insgesamt	28.583	100,0

Quelle: Bayerns Pferdezucht und Pferdesport, Heft
11/12, München 1973, S.5.

unter den 33 erfaßten Sportarten innerhalb des Deutschen Sportbundes (Vgl. Tabelle 4). Im
übrigen sei auch erwähnt, daß es zur Zeit in Deutschland schätzungsweise über 3 Millionen
Tennisspieler und 1 Million Freizeitreiter gibt.[1]

Tabelle 4: Mitgliederzahl des Deutschen Sportbundes nach Spitzenverbänden

	Gesamtzahl	männlich	weiblich
1. Fußball	4.595.529	4.190.192	405.337
2. Turnen	3.192.232	1.064.445	2.126.787
3. Tennis	1.621.554	903.050	718.504
4. Schützen	1.177.363	968.917	208.446
5. Leichtathletik	769.595	426.201	343.394
6. Handball	734.569	499.284	235.285
7. Tischtennis	636.739	490.408	176.331
8. Skisport	598.804	351.229	247.525
9. Schwimmen	553.857	284.827	269.030
10. Reiten	500.120	212.472	287.648
11. Sportfischer	459.481	444.369	15.112
16. Segeln	150.299	119.879	30.429
17. Eis- und Rollsport	125.501	87.705	37.797
21. Radsport	91.070	69.766	21.304
22. Kanu	90.976	60.369	30.607
26. Rudern	67.815	51.894	15.921
27. Golf	56.881	31.556	25.325
32. Squash	16.441	11.356	5.085
33. Wasserski	8.473	5.395	3.078

Quelle: Statistisches Jahrbuch 1984 für die Bundesrepublik Deutschland,
Wiesbaden 1984.

Im Hinblick auf die allgemeine Tendenz ist eine unterschiedliche Entwicklung hinsichtlich
der Mitgliederzahlen dennoch erkennbar. Während Tennis seit den letzten Jahren die höchste
Zuwachsrate aufweist, bleibt die Mitgliederzahl im organisierten Reitsport bei einer
Progressionsrate zwischen ein und zwei Prozent pro Jahr ralativ konstant. Es zeigt sich

1) Vgl. dazu: BAYERISCHER TENNIS-VERBAND (Hrsg.), Bayern Tennis, Jg. 6, 1982, S.522; St.
Georg, Magazin für Pferdesport und Pferdezucht, Heft 11 (1979), S.32.

sogar u.U. örtlich eine stagnierende Tendenz im Reitsport. Insofern ist die Frage nicht abschließend zu beantworten, ob die Innovationsprozesse von den beiden Sportarten überhaupt das sog. "Sättigungsstadium" erreicht haben oder nicht.

2. Die Angebotsseite

Was die Angebotsseite, d.h. die Tennis- und Reitanlagen anbelangt, sind hier ebenfalls Gemeinsamkeiten und Unterschiede zu beobachten.

Zunächst fällt auf, daß sie beide den "rein freizeitbestimmten Freizeiteinrichtungen" zuzuordnen sind.[1] Daraus folgt, daß sie zu solchen Innovationen gehören, deren Übernahme mit direkten Flächenansprüchen verknüpft ist und somit auch sichtbare Veränderungen der Raumstruktur mit sich bringt. Unterschiede bestehen jedoch in dem Ausmaß der Flächeninanspruchnahme. Normalerweise erfordert die Errichtung von Reitanlagen erheblich mehr freien Raum - z.B. für Stallungen - als die der Tennisanlagen, auch wenn man von der Pferdezucht ganz absieht.[2]

Zum zweiten ist anzumerken, daß die Einführung der beiden Anlagen an sich keine strenge naturräumliche Gegebenheit voraussetzt, wie es beispielsweise bei Ski- und Wassersport (etwa Segeln) und Alpinismus der Fall ist. Daraus ergibt sich allerdings, daß jede Gemeinde, die in der folgenden Untersuchung als Adaptionseinheit betrachtet wird, im Prinzip in der Lage ist, diese Freizeiteinrichtungen zu schaffen, wenn sie nur zur Übernahme bereit ist. Überdies bietet der Hallenbau auch Möglichkeiten, die beiden Sportarten unabhängig von Saison oder Wetter zu betreiben. Andererseits ist aber festzustellen, daß man bei der Auswahl der Standorte immer die schöne landschaftliche Umgebung bevorzugt. Außerdem bleiben die Reitanlagen in hohem Maße "landschaftsgebunden" und ländlich ausgeprägt im Vergleich zu Tennisanlagen, weil diese mehr oder weniger "städtische Züge" tragen.[3]

Schließlich ist unverkennbar, daß die beiden Anlagen eigentlich in jedem Raumtyp für Freizeitaktivitäten geeignet sind. Unterteilt man Freizeiträume in "Wohnumfeld", "Naherholungsraum" und "Fremdenverkehrsraum"[4], so können die beiden Anlagen praktisch in all diesen Funktionsräumen gebaut werden. Daraus könnte man ableiten, daß die Innovationsprozesse von Tennis- und Reitanlagen allgemein nicht bestimmten Gebieten vorbehalten sind, was wiederum zur Diversifikation des Prozesses führen kann. Jedoch soll diese Aussage insofern eingeschränkt werden, soweit sich soziale Konflikte daraus ergeben können. Auch in dieser Hinsicht unterscheiden sich die beiden Anlagen erheblich, weil Reitanlagen der starken "Flächennutzungskonkurrenz" unterliegen, während bei Tennisanlagen meistens nur der Lärmschutz in Frage kommt.

---

1) Vgl. dazu: RUPPERT, K., 1985, a.a.O., S. 4; KÖHL, W., TUROWSKI, G., Systematik der Freizeitinfrastruktur, Schriftenreihe des Bundesministeriums für Jugend, Familie und Gesundheit, Bd. 105, Stuttgart 1976, S.127.

2) Im Durchschnitt nimmt ein Tennisplatz mit Zufuhr und Parkplätzen etwa einen Flächenbedarf von 835 m² in Anspruch. Vgl. dazu: DEUTSCHER TENNISBUND (Hrsg.), Tennisanlagen: Planung, Bau, Unterhaltung, Göttingen 1974, S.1 ff. Die durchschnittliche Größe einer Reitanlage beträgt dagegen ungefähr 3 ha. Vgl. DEUTSCHE REITERLICHE VEREINIGUNG (Hrsg.), Betriebswirtschaftslehre für Reitbetriebe, Warendorft 1982, S.14 ff. Siehe auch unten E, III.

3) Vgl. SCHLEYER, M., Erholungseinrichtungen in und am Rande von Verdichtungsräumen, Stuttgart 1972, S.139. Hier zitiert nach KÖHL, W., TUROWSKI, G., 1976, a.a.O., S.96.

4) Zu dieser Klassifizierung, vgl. u.a. RUPPERT, K., a.a.O., (Fn. 1), S.3 ff.

III. Anlage der Untersuchung

1. Zielsetzung und Methodik

Die folgende Untersuchung setzt sich als Hauptaufgabe, die beiden Innovationsprozesse von Tennis- und Reitanlagen in Bayern miteinander zu vergleichen. Sie zielt in erster Linie darauf ab, Gemeinsamkeiten und Unterschiede ihrer Entwicklung unter räumlichem Aspekt deutlich aufzuzeigen bzw. aufzuklären. Um dieses Ziel zu erreichen, sieht sie zwei Arbeitsschritte vor, nämlich eine "Analyse der Prozeßmuster" und eine "Analyse der Strukturmuster".

Bei der "Analyse der Prozeßmuster" steht die Erfassung der beiden Innovationsprozesse in ihren differenzierten Ausprägungen und Erscheinungsformen im Vordergrund. Insofern als es dabei um eine vergleichende Studie geht, wird die vollständige und reine Rekonstruktion des abgelaufenen Innovationsprozesses nur mittelbar beabsichtigt. So wird eine Rekonstruktion der räumlichen Entwicklung nur in dem Maße durchgeführt, als sie eine notwendige Voraussetzung zur klaren Aussage über Innovation darstellt (Teil E).

An die "Analyse der Prozeßmuster" schließt sich unmittelbar eine "Analyse der Strukturmuster" an. Dabei geht es hauptsächlich darum, die durch die Innovationsprozesse veränderte Raumsituation zu erklären. Dann wird letztlich eine Typisierung der Kreise nach dem Stand der Innovationsprozesse vorgenommen (Teil F).

Zusammenfassend läßt sich sagen: Die vorliegende Arbeit will durch die bereits erwähnten Analysen zu einer besseren Einsicht in die Strukturen des betreffenden Raumes gelangen, was nach wie vor ein zentrales Anliegen der Geographie darstellt. Dabei werden die beiden Innovationsprozesse als sozialgeographischer Indikator für die Entwicklung der Raumstrukturen aufgefaßt.

2. Untersuchungsraum

Als Untersuchungsraum für die empirische Arbeit wurde das Bundesland Bayern gewählt. Die Entscheidung für ein relativ großes Gebiet - was auch von der überregionalen bis zur nationalen Ebene reichen kann - ist durch die Eigenschaften der Untersuchungsgegenstände vorgezeichnet. Anders als bei Innovationsprozessen der Konsumgüter oder ähnlicher Dinge handelt es sich in unseren Beispielen nicht um die individuelle Entscheidungsebene, sondern um die kollektive. Dazu braucht kaum noch gesagt zu werden, daß bei der Übernahme der Tennis- und Reitanlagen nicht die privaten Haushalte, sondern die Gemeinde oder ähnlich organisierte Gruppen die Rolle der potentiellen Adaptoren übernehmen.

Ferner sollten für folgende Untersuchungen möglichst breite räumliche Differenzierungen - wie z.B. verschiedene zentrale Orte, Verdichtungsräume, Industriegebiete, strukturschwache Gebiete und sonstige ländliche Räume sowie vor allem bezüglich der Reitanlagen Pferdezuchtgebiete - in Betracht gezogen werden, denn man kann dadurch nützliche Schlüsse auf eine ebenso große Mannigfaltigkeit der Prozeßtypen ziehen.

Allerdings soll mit Nachdruck betont werden, daß die hier beabsichtigte "Übersichtsarbeit"

nicht selten "lokale Wesenszüge" und "regionale Sonderentwicklungen" verbergen kann.[1]
Insofern ist der Erkenntniswert der kleinräumlichen Untersuchung unverkennbar. Wenn aber
ein verhältnismäßig breiter Raum zum Gegenstand gemacht wird, so beruht dies darauf, daß
hier im Vordergrund steht, eine allgemeine Tendenz der beiden Innovationsprozesse deutlich
zu machen.

Andererseits ist die Größe des Untersuchungsraumes auch nach oben durch Umfang und Möglichkeit der Datenerhebung begrenzt, so daß die eigentlich interessante Wahl des gesamten
Bundesgebietes oder der Vergleich mit anderen Ländern ausgeschlossen werden muß.

3. Datenquellen

Die Grundlagen der Daten in dieser Arbeit basieren hauptsächlich auf der "Datenerhebung
zur Bestandsaufnahme Sport, Freizeit und Erholung des Landkreisverbandes Bayern, 1982",
die das Bayerische Staatsministerium für Landesentwicklung und Umweltfragen freundlicher-
weise in Form von Datenbankauszügen der Verfasserin zur Verfügung gestellt hat.

Diese Bestandsaufnahme besteht aus mehreren Teillieferungen amtlichen statistischen Daten-
materials sowie aus mehreren Erhebungen weiterer Daten durch die Landkreise und Gemeinden.
Auf der Basis der Gemeinde ist jede Einrichtung (Tennis- und Reitanlagen) mit folgenden
Angaben berücksichtigt:

1) Jahr der Inbetriebnahme
2) Träger der Anlage
3) Finanzierungsart
4) Vorhandensein eines Restaurationsbetriebes
5) Zugänglichkeit und Erreichbarkeit
6) Zahl der Öffnungsmonate im Jahr
7) Kapazität (für Tennisanlagen Anzahl der Spielfelder und für Reitanlagen nutzbare Fläche
   in m^2)

Allerdings sind die Angaben zum Teil lückenhaft und erfassen nicht alle Anlagen. So fehlt
es vor allem z.B. an Erhebungen der Reitanlagen in sämtlichen kreisfreien Städten. Daher
war es notwendig, die betreffenden Unterlagen zum Teil mit Hilfe der Daten des Bayerischen
Landesamtes für Statistik und Datenverarbeitung, des Fremdenverkehrsamtes Bayern, des
Bayerischen Tennisbundes und des Verbandes der Reit- und Fahrvereine Bayern, des Bayerischen Landes-Sportverbandes u.a.m. zu ergänzen. Außerdem wurden einige Expertenbefra-
gungen vorgenommen, die eine große Hilfe bei dieser Arbeit geleistet haben.

Abgesehen von der Unvollkommenheit und eventuellen Fehlerquellen, die bei derartig umfangreichen Erhebungen üblicherweise auftreten, sind die für die Innovationsforschung sehr
wichtigen Daten über das Jahr der Inbetriebnahme nicht unproblematisch. Da die vorhandenen
Daten nur die zum Zeitpunkt der Erhebung existierenden Einrichtungen erfassen, handelt es
sich dabei größtenteils um die erst nach dem zweiten Weltkrieg gebauten Anlagen von
jeweils denselben Trägerschaften. Deshalb fehlen beispielsweise die Angaben über die

---

1) Näher zu dieser Problematik; Vgl. u.a. RUPPERT, K., Die Bedeutung des Weinbaues und
   seiner Nachfolgekulturen für die sozialgeographische Differenzierung der Agrarlandschaft in Bayern, Münchener Geographische Hefte 19, Kallmünz 1960, S.27.

früher vorhandenen, aber nun verschwundenen Anlagen von bekannten alten Vereinen u.a.m., die wichtige Aufschlüsse für Innovationsprozesse geben können. Da der Zeitpunkt der ersten Übernahme und der damalige Zustand ausschlaggebend für die Rekonstruktion des Innovationsprozesses sind, wurden hier die weiteren Ergänzungen durch verschiedene Dokumentationen, vor allem die alten Jahrgänge der Fachzeitschriften, vorgenommen. Andererseits sind diese Schwierigkeiten der Datensammlung sehr verständlich, weil es hier um solche Innovationen geht, die langwierig und oft mit mehrmaligen Veränderungen verlaufen.

In dieser Arbeit werden insgesamt ca. 15000 Tennisanlagen und etwa 650 Reitanlagen - davon zum großen Teil mit Reithallen - in Bayern zum Stand des Jahres 1982 erfaßt.
Trotz aller Bemühungen, die Fehlerquoten möglichst gering zu halten, kann das Auftreten von Unstimmigkeiten nicht völlig ausgeschlossen werden. Dennoch scheinen die hier als Anlage der Untersuchung zugrunde gelegten Daten die allgemeine Analyse sowohl der Prozeß- als auch der Strukturmuster ohne große Abweichung von der Realität zu ermöglichen.

Schließlich sei auch hinzugefügt, daß die weiteren Datenquellen später im jeweiligen Zusammenhang noch ausführlicher dargelegt werden.

E. ANALYSE DER INNOVATIONSPROZESSE BEI TENNIS- UND REITANLAGEN IN BAYERN

I. Vorbemerkung

Wie bereits angedeutet, geht es in diesem Abschnitt darum, die Ausbreitungsvorgänge von Tennis- und Reitanlagen in Bayern bezüglich ihrer räumlichen Ausprägungen und Erscheinungsformen darzulegen, kurz: um die "Analyse der Prozeßmuster".

Dabei werden zunächst die beiden Innovationsprozesse voneinander isoliert betrachtet, um noch genauer feststellen zu können, in welcher Weise das örtlich u.U. recht unterschiedliche Voranschreiten der Ausbreitungsvorgänge erfolgt ist. Im Mittelpunkt steht daher, das Ausmaß der Veränderung zu ermitteln, ein früheres Entwicklungsstadium dem heutigen gegenüberzustellen und nicht zuletzt nach möglichen Ursachen des gesamten Wandlungsprozesses zu suchen (II.1-III.5). Im Anschluß an diese Analyse wird dann versucht, Gemeinsamkeiten und Unterschiede von diesen umfangreichen und langanhaltenden Entwicklungsprozessen deutlich aufzuzeigen, um somit aus diesem Vergleich zusätzliche Aussagen über die Innovation abzuleiten (IV.1-IV.3).

Im Grunde genommen handelt es sich bei diesen Rekonstruktionsversuchen letzten Endes um die Frage, ob und in welchem Maße unsere empirischen Beispiele Regelhaftigkeiten der Innovation erkennen lassen. Kann man überhaupt solche gemeinsamen Züge an den beiden Entwicklungsprozessen beobachten, die unabhängig von den Eigenschaften der Innovation selbst allgemein gelten? Oder sind Unterschiede und Abweichungen im räumlichen Verlauf so stark ausgeprägt, daß eine Verallgemeinerung der Ergebnisse zur Gesetzmäßigkeit nicht ohne weiteres erfolgen kann? Wiederum hängt mit all diesen Fragen ein weiterführendes Problem zusammen, nämlich die Frage, inwiefern man allein durch die Beobachtung räumlicher Vorgänge ohne Kenntnis jeglicher anderer Erscheinungen prinzipielle Erkenntnisse gewinnen kann. Oder ist es doch vielmehr so, daß sich räumliche Prozesse erst durch Rückgriff auf die gesamte soziale Entwicklung noch besser verständlich machen lassen - eine Frage, die sicherlich unter sozialgeographischem Aspekt von besonderem Interesse ist.

Vorangestellt seien noch einige Bemerkungen zur Anlage der Untersuchung und zu den Schwierigkeiten der Datenerhebung. Zugrunde gelegt waren kartographische Darstellungen der Ausbreitungsvorgänge von Reit- und Tennisanlagen in Bayern. Dabei wurde als Adaptionseinheit jede Gemeinde ausgewählt, weil die Beobachtung des räumlichen Verlaufs mittels kleiner Zähleinheiten noch detaillierter illustriert werden kann. In den Karten wurden zu verschiedenen Zeitpunkten - d.h. 1914,[1] 1939,[1] 1933,[2] 1955, 1965, 1973 und 1981 - sowohl die Gemeinden, die bis zur jeweils vorangegangenen Phase bereits die Innovation übernommen haben, als auch die neu hinzukommenden Adaptorgemeinden in verschiedenen Rastern registriert, um das Voranschreiten der Prozesse deutlich zu markieren (Siehe Karten 1, 3).

Gewiß wäre es viel besser - und auch nötig - gewesen, wenn hier in der kartographischen Umsetzung nicht nur die fortlaufende Ausbreitung, sondern darüber hinaus auch die innere Verdichtung, d.h. Kapazitätserweiterung auf der Gemeindebasis, mitberücksichtigt worden wäre. Jedoch mußte dieses Vorhaben unerfüllbare Wunschvorstellung bleiben, weil es einfach

---

1) nur Tennisanlagen; 2) nur Reitanlagen

an den betreffenden Daten mangelt, die sich wiederum nur schwer erheben lassen. Unabhängig davon ist auch zu beachten, daß es bislang kaum Literatur gibt, die sich ausführlich mit der Entwicklung der beiden Freizeiteinrichtungen befaßt. Allein in bezug auf die Pferdezucht sind einige Arbeiten über Reitsport zu finden, die aber für unsere Problematik nicht direkt relevant sind.[1]

Aus diesen Gründen konnte der Kapazitätsbestand der Tennis- und Reitanlagen nur bei der kartographischen Darstellung des gesamten Ausbreitungsvorgangs zum Zeitpunkt 1981 (Siehe Karte 2) mitberücksichtigt werden. Jedoch liegt die Vermutung nahe, daß abgesehen von einigen Großstädten Unterschiede der Kapazitäten nicht in hohem Maße bestanden haben. Andererseits hängt damit auch zusammen, daß sich die folgenden Ausführungen nur darauf beschränken müssen, den allgemeinen Trend und die wichtigen Besonderheiten der beiden Innovationsprozesse in knapper Form zusammenzufassen. Für einzelne Aspekte der jeweiligen Phasen sei ansonsten weitgehend auf die entsprechenden Karten oder die Tabellen verwiesen.

Um ein wichtiges Ergebnis vorwegzunehmen: In der Untersuchung hat sich immer wieder gezeigt, daß Tennis- und Reitvereine eine wesentliche Rolle bei der Entwicklung der behandelten Innovationsprozesse spielten. Als Innovationsträger haben diese Sportvereine die räumlichen Prozesse initiiert und damit auch zur Veränderung der Raumstruktur beigetragen. In diesem Sinne lassen sie sich als "soziale Gruppen" auffassen, deren Mitglieder "sich durch gleichartiges Agieren im Raum ähnlich sind und sich damit gleichzeitig von anderen Gruppen unterscheiden".[2] Allerdings soll die Rolle dieser Personengruppen an unseren Beispielen sowohl auf der Angebotsseite als auch auf der Nachfrageseite noch differenziert betrachtet werden. Nicht verschwiegen werden soll aber der allgemeine Hinweis, daß die steigende Mitgliederzahl von Sportvereinen zugleich die wachsende Beteiligung an Freizeitaktivitäten signalisiert. Wie dieser Prozeß räumlich vonstatten geht, darauf soll nun eingegangen werden.

II. Rekonstruktion des Innovationsprozesses von Tennisanlagen in Bayern

1. Über die Vorgeschichte des Tennissports

Über die Vorgeschichte des Tennissports haben wir eine nur lückenhafte Kenntnis. Sicher ist nur, daß sich die Entwicklung des Tennisspiels zu einer Wettkampfsportart bis etwa zum Jahre 1000 zurückverfolgen läßt. Der Ball wurde zunächst mit der Hand gespielt, später hat man eine Art Schläger "rachetta" dazu verwendet.[3] Überdies spielten die Leute zumeist nicht im Freien, sondern in den eigens dafür eingerichteten Ballhäusern, in denen auch andere sportliche und gesellschaftliche Veranstaltungen stattfanden. Erst im Jahre 1500 soll HEINRICH VIII diesen Vorläufer des heutigen Tennissports von Frankreich nach England übernommen haben. Dort dürfte sich der altfranzösische Spielruf "Tenez" - gleichbedeutend mit "Achtung, haltet den Ball" - in "Tennis" verwandelt haben.[4]

---

1) Vgl. u.a. GRÜNDL, A., Entwicklungen von Bayerns Pferdezucht und Pferdesport in der Zeit von 1938 bis 1978, in: Bayerns Pferdezucht und Pferdesport, Heft 2 (1978), S.1-65.

2) KERSTIENS-KOEBERLE, E., Freizeitverhalten im Wohnumfeld: Innerstädtische Fallstudien, Beispiel München, MSSW, Bd. 19.

3) Vgl. MENZEL, R., Weltmacht Tennis, München 1951, S.179.

4) Vgl. dazu: MENZEL, R., Deutsches Tennis, Gräfelfing b. München 1955, S.436.

Der moderne Tennissport entwickelte sich in England ab etwa 1870. Im Jahre 1872 entstand der erste Tennisverein, zwei Jahre später wurde das Spiel durch WINGFIELD endgültig ins Freie verlegt und kurz darauf die Spielregeln und das Platzmaß von MARSCHALL aufgestellt, die bis heute noch fast unverändert gültig sind. [1] Die erste englische Meisterschaft fand im Wimbledon 1877 statt und ab diesem Zeitpunkt begann sich der Tennissport in die ganze Welt auszubreiten. Insofern kann man behaupten, daß England als das Innovationszentrum des Tennissports in der modernen Form anzusehen ist.

Was den Ausbreitungsvorgang des Tennissports in Deutschland betrifft, wurde im Jahre 1881 der erste Tennisverein in Baden-Baden gegründet, wobei allerdings zu beachten ist, daß bereits 1877 die englischen Kurgäste in Bad Homburg den modernen Tennissport betrieben haben. [2] Darauf folgend entstanden in den 80er Jahren die privaten Tennisplätze und auch die Tennisclubs in der alten Reichsstadt Berlin. [3]

Die ersten Tennisvereine hatten durchaus einen internationalen Charakter in vielerlei Hinsicht, wobei die bedeutende Rolle von Engländern als Innovatoren unübersehbar ist. So wurde z.B. der Tennisclub in Heidelberg von Angehörigen der englischen Kolonie Heidelbergs initiiert und in Stuttgart haben ebenfalls einige englische Familien etwa um 1890 die ersten Tennisplätze errichtet. [4] Mit der Zunahme der Tennisanhänger wurde dann im Jahre 1892 die erste deutsche Meisterschaft in Hamburg organisiert und zehn Jahre später der Deutsche Tennisbund ins Leben gerufen. [5]

2. Bis 1914

Üblicherweise wird angenommen, daß der Innovationsprozeß meistens seinen Ausgang in den Großstädten findet. Dies liegt nicht so sehr an einem "mystischen Zusammenhang zwischen Größe und Rangordnung der Adapter" als vielmehr an der Tatsache, daß die größeren Städte relativ in enger Verbindung miteinander stehen, was wiederum in weitem Maße auf viele private Kontakte zurückgeht. [6] Die Bewohner in Großstädten haben daher eine verhältnismäßig breitere Reaktionsreichweite als die der kleineren Städte, so daß Innovationen jenen viel schneller als diesen zugänglich gemacht werden. In der Tat hat sich diese Vermutung auch im Ausbreitungsvorgang von Tennis in Bayern bestätigt.

Obwohl der genaue Zeitpunkt der Übernahme von Tennissport in Bayern nicht zu ermitteln ist - man vermutet etwa um 1880 - läßt sich doch mit älteren Quellen erschließen, daß die erste nachweisbare Tennisanlage im Jahre 1892 an der Hohenzollernstraße in München errichtet wurde. [7] Zwanzig junge Leute versammelten sich, gründeten den ebenfalls ersten Tennisverein in Bayern namens "Iphitos" und bauten die Anlagen in ihrem unmittelbaren Wohnumfeld. Da die Übernahme bis dahin stark vom Innovationszentrum abhängig war, bestellten sie

1) Vgl. MENZEL, R., ebenda.

2) Vgl. Bayern Tennis, Jg. 6 (1982), S.219

3) Vgl. MENZEL, R., 1955, a.a.O., S.464.

4) Vgl. MENZEL, R., ebenda, S.436; ders., Jubiläumsbuch des deutschen Tennis, Deutsches Tennis bd. 2, Gräfelfing 1961, S. 451.

5) Näher dazu: Bayern Tennis, Jg. 6 (1982), S.219.

6) Ausführlich dazu: BRINGÉUS, N.-A., Das Studium von Innovationen, in: Volkskunde, 64 Jg. (1968), S.173.

7) Vgl. Bayern Tennis, Jg. 6 (1982), S.218.

sogar alles Baumaterial in England. Bereits 1894 wurde ein internationales Turnier ausgetragen.[1]

Die weitere Übernahme bis zu Beginn des zwanzigsten Jahrhunderts vollzog sich innerhalb der Stadt München (oder deren Vororte); d.h. das erste feststellbare Innovationszentrum bildete sich in München. Interessant ist in diesem Zusammenhang, daß man in dieser Phase außer in der Stadtmitte auch im Naherholungsraum von München die weitere Adaption beobachten kann. Als Beispiel dafür ist Lochham zu nennen, wo die Tennisplätze bereits 1897 erbaut wurden, um den Vereinsmitgliedern praktisch als Erholungs- und Freizeitgelände für die ganze Familie am Wochenende zu dienen.[2] Daraus kann man ableiten, daß schon früher Anzeichen dafür vorhanden waren, Tennissport als Freizeitaktivität der Naherholung zu betrachten.

Für den Vorgang der Innovation ist bezeichnend - wie vorhin dargelegt -, daß er sich im zeitlichen Ablauf nicht von einem bestimmten Ort nach außen hin gleichmäßig vollzieht, sondern daß durch Initiativleistungen die Innovation auch an weit auseinanderliegenden Stellen beginnen kann. In dieser Weise wurden im Jahre 1895 in Bad Wörishofen als zweitem Innovationsort zwei Rasenplätze neben dem heutigen Kurkasino gebaut.[3]

Bemerkenswert ist dabei, daß diese Übernahme von vornherein einen anderen Charakter als die in München erkennen läßt. Wie aus dem Standort selbst hervorgeht, richteten sich die Tennisanlagen hier in erster Linie an Kurgäste, deren Herkunft sich auf ganz Europa erstreckte. Dies zeigt sich auch an verschiedenen Nationalitäten der Vereinsmitglieder, wobei meistens die Adeligen aus allen europäischen Ländern - z.B. Deutschland, Polen, Rußland, Österreich, Ungarn, Rumänien, England und Skandinavien - hier den Tennissport ausübten. Daraus folgt allerdings, daß der Tennissport hier eng mit den Urlaubsaktivitäten der gehobenen Sozialschichten verbunden war.[4]

Verfolgt man über die beiden Innovationsorte hinaus den weiteren Diffusionsvorgang, dann fällt gleich auf, daß die Innovation überwiegend zunächst in Orten höchster Zentralität in Erscheinung trat. (Siehe Karte 1a) Um einige Städte als Beispiele anzuführen:

Würzburg	1897
Landshut	1899
Kempten	1899
Nürnberg	1900
Schweinfurt	1900
Augsburg	1901

Darüber hinaus ist auch deutlich zu sehen, daß die traditionellen Kurorte - z.B. Bad Kissingen, Bad Reichenhall - eine bedeutende Rolle bei der Entwicklung des Prozesses in der Anfangsphase übernommen haben, indem sie die Initiative ergriffen. Ferner bleibt auch zu beachten, daß bereits in dieser sog. "Initialphase" einige Tennishallen für den Winter errichtet wurden,[5] woraus sich allerdings ergibt, daß anfangs mehr oder weniger nur An-

---

1) Vgl. ebenda.

2) Näher dazu: Bayern Tennis, Jg. 4 (1980), S.576.

3) Vgl. Bayern Tennis, Jg. 2 (1978), S.100.

4) Vgl. dazu: MENZEL, R., 1955, a.a.O., S.454.

5) Dadurch konnte 1913 eine überregionale Hallenmeisterschaft in Würzburg ausgetragen werden. Vgl. Bayern Tennis, Jg. 3 (1979), S.344.

gehörige der höheren sozialen Schichten diesen Sport ausübten.[1]

Die Entwicklung im ersten Zeitabschnitt, nämlich vom ersten Auftreten bis zum Jahre 1941, läßt sich folgendermaßen zusammenfassen:

1) Die "Initialphase" des Innovationsprozesses von Tennis ist wesentlich vom "Hierarchieprinzip" geprägt, demzufolge der räumliche Verlauf entlang einer hierarchischen Ordnung - wie z.B. zentralörtliche Gliederung oder Kompetenzabfolge von Kurorten - stattfindet. Den Beleg dafür liefert der Umstand, daß 22 Gemeinden, die in diesem Zeitabschnitt von dem Innovationsprozeß erfaßt wurden, nach jetziger zentralörtlicher Gliederung wie folgt zu verteilen sind:

Oberzentren	5
Mögliche Oberzentren	6
Mittelzentren	10
Mögliche Mittelzentren	1
	22

2) Der Ausbreitungsvorgang wird in dieser Periode in hohem Maße von denjenigen betrieben, die, aus höheren Schichten stammend, die Tennisvereine auf privater Ebene gegründet haben. Daher ist diese "soziale Gruppe" als "Innovator" zu betrachten. Außerdem hat das Vorhandensein der Sportvereine in einer Gemeinde auch eine mittelbare Bedeutung für diesen Prozeß, denn Tennisvereine sind oft als Abteilung von Vereinen entstanden.[2] Interessant ist dabei, daß die Einrichtungen in Kurorten meistens als eigenständige Tennisclubs errichtet wurden.

3) In dieser Phase sind die Angebots- und die Nachfrageseite insofern nicht getrennt, als Privatleute häufig aufgrund eigener Bedürfnisse mit Hilfe von Tennisvereinen Tennisanlagen errichteten.

3. Von 1919 bis 1939

Die Jahre des ersten Weltkrieges und die nachfolgenden Notzeiten führen - wie bei allen ähnlichen Ereignissen üblich - zu einem tiefen Einschnitt in der Entwicklung des Tennissports. Der Diffusionsprozeß ist generell zum Stillstand gekommen (Siehe Abb. 12). Daraus folgt - wie oben bereits dargelegt - daß sich der Krieg allgemein als "absorbierende Barriere" des räumlichen Prozesses darstellt, durch die die Diffusionswelle ausnahmslos unterbrochen wird.

Der Innovationsprozeß der Tennisanlagen nach dem ersten Weltkrieg ist vor allem dadurch gekennzeichnet, daß er relativ früh wieder in Gang gesetzt wurde. Der Zuwachs der Tennisanlagen vollzog sich nicht nur in den Gebieten, die schon vor dem Krieg die Innovation übernommen hatten. Hinzu traten bald auch die neuen Übernahmen z.B. in Marktredwitz (1921), in Selb (1921) und in Regensburg (1922).

Diese schnelle Fortsetzung findet ihre Erklärung zumeist in der Struktur der ehemaligen Mitgliederschaft. Das heißt konkret, daß die ortsansässigen Privatleute als Initiatoren

---

1) Diese Tatsache läßt sich zwar zahlenmäßig nicht exakt belegen, jedoch z.B. anhand der verschiedenen Vereinschroniken nachweislich feststellen.

2) Um hier einige Beispielstädte zu nennen: München, Nürnberg, Bamberg, Lauf, Neu-Ulm, Würzburg.

Abb. 12

Entwicklung der Tennisanlagen in Bayern 1900-1980

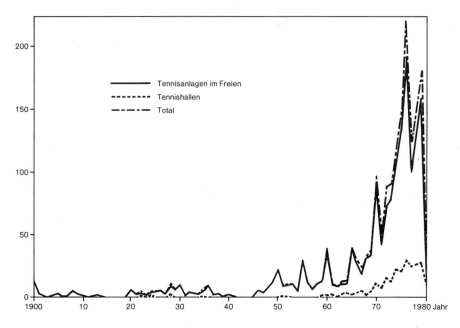

Quelle: Siehe Karte 2   Entwurf: Boo-Sung Kim
Institut für Wirtschaftsgeographie der Universität München, 1987 Vorstand: Prof. Dr. K. Ruppert

einen wesentlichen Teil zum Wiederaufbau der Tennisplätze beigetragen haben. Damals waren für die Errichtung der Tennisanlagen staatliche Unterstützung bzw. Zuschüsse kaum zu erwarten, weil der Tennissport, überwiegend von privilegierten Schichten ausgeübt, sehr weit vom "Volkssport" entfernt war.[1] Aus dem Grund erklärt sich aber auch, daß die Neugründung eines Tennisvereins beispielsweise in solchen Orten wie Bad Wörishofen erst um die dreißiger Jahre möglich war, weil die dortigen Tennisanlagen zunächst überwiegend auf ortsfremde Gäste ausgerichtet waren.[2]

Der Innovationsprozeß in der Folgezeit bis zum zweiten Weltkrieg läßt sich als räumliche Entwicklung in der Karte 1b gut ersehen. Im ganzen genommen scheinen nach wie vor keine großen Besonderheiten aufgetreten zu sein. Festzuhalten bleibt nur, daß bei der Diffusion

---

1) Man kann auch einige interessante Aufschlüsse darüber in den Satzungen von Landshuter Tennisclubs aus den Jahren 1927-1930 gewinnen, die solche Sätze vorsehen: "Der Verein Kasino-Tennisclub ist ein für die gebildeten Stände gegründeter Verein... Ordentliches Mitglied kann jeder in Landshut oder dessen Umgebung wohnende Herr werden, welcher gesellschaftliche Bildung, Unbescholtenheit und wirtschaftliche Selbständigkeit besitzt..." (Eigene Hervorhebung) Vgl. Bayern Tennis, Jg. 3 (1979), S.484.

2) Vgl. MENZEL, R., 1955, a.a.O., S.454.

der "Hierarchieeffekt" auch im weiteren Verlauf dominierend war.[1] So kann man gut erkennen, daß fast alle jetzigen Oberzentren und möglichen Oberzentren - außer Ansbach und
Straubing - allmählich von der Innovation erfaßt wurden. Überdies ist zu beachten, daß in
der gleichen Zeit der starke Zuwachs der Anlagen in München vonstatten ging, wodurch sich
die Stellung von München als Innovationszentrum noch verfestigte. Allerdings ist diese
Tatsache der Verdichtung bzw. Kapazität hier nur zu erwähnen, aber mit der hier gewählten
Darstellungsweise nicht plastisch zu zeigen.[2]

Ferner zeichnet sich in diesem Zeitabschnitt die Tendenz ab, daß die Diffusionswelle nach
und nach partiell in solche Gemeinden eindrang, die eigentlich keinen zentralörtlichen
Charakter besitzen. Kleine Umlandgemeinden der ersten Ansatzstellen wurden schrittweise
von dem fortschreitenden Ausbreitungsvorgang erfaßt. Einige deutliche Beispiele dafür
sind:

Pullach bei München	1925
Mantel bei Weiden	1928
Sennfeld bei Schweinfurt	1936
Haldenwang bei Kempten	1920

Generell betrachtet, machen sich auch in groben Umrissen regionale Unterschiede in der
Entwicklung des Prozesses bemerkbar. So sind Oberbayern, Schwaben und die Nürnberger
Umgebung noch mehr von der Innovation erfaßt als Ostbayern und Westfranken (Siehe Karte 1b
und Tab. 4a).

Diese Tatsache ist zum Teil darauf zurückzuführen, daß in dieser Phase Fremdenverkehrsorte
im Alpenbereich - wie Bad Wiessee, Bad Tölz, Bad Aibling, Schliersee, Garmisch, Berchtesgaden, Oberstaufen, Oberstdorf, Immenstadt, Lindau - stark in Erscheinung traten. Weitere
Badeorte in Franken sind auch Bad Brückenau und Bad Berneck. Ob die relativ hohe Konzentration um Nürnberg als ein Indiz für die Bildung eines Nebenzentrums zu interpretieren
ist, läßt sich hier nur vermuten, aber noch nicht abschließend beantworten.

Versucht man nun diese Periode vom ersten bis zum zweiten Weltkrieg zu charakterisieren,
so ist dazu folgendes zu konstatieren:

1) Der erste Weltkrieg bedeutet eine Zäsur in der Entwicklung des Innovationsprozesses.

2) Nach wie vor ist der räumliche Prozeß vom "hierarchischen Prinzip" geleitet. Nur in
   geringerem Maße kommt aber auch der "Nachbarschaftseffekt" zum Vorschein. Daraus ergibt
   sich allerdings, daß der mit dem Tennis verbundene Innovationsprozeß im Vergleich zu
   anderen Ausbreitungsvorgängen längere Anlaufzeit bis zur Expansion in Anspruch nimmt.
   Daher sollte diese Periode immer noch als "Initialphase" bezeichnet werden.

3) Fast ähnlich wie vor dem Krieg bleibt die Verbreitung der Innovation überwiegend von

---

1) Auf die 53 Großstädte entfielen im Jahre 1935 z.B. 44% aller Tennisspielfelder in
   Deutschland (8263) und 46% der Gesamtfläche aller Tennisfreiluftanlagen (7,43 Mill.
   qm). Vgl. STATISTISCHES REICHSAMT (Hrsg.), Die sportlichen Übungsstätten im Deutschen
   Reich: Ergebnisse der Reichserhebung nach dem Stande vom 1. Okt. 1938, S.18-19.

2) So verfügte z.B. der erste Tennisverein "Iphitos" allein im Jahre 1930 über 24 Plätze,
   die Tennisabteilung des MTV v. 1879 im Jahre 1928 über 12 Plätze. Daneben sind als
   damalige Tennisvereine die Tennisabteilung von MSC, TC Ausstellungspark München (1919),
   TV Großhesselohe (1925), TC Luitpoldpark (1931), TC Blutenburg (1933) u.a.m. zu erwähnen. Im Jahre 1935 gab es in München insg. über 100 Tennisplätze. Vgl. STATISTISCHES
   REICHSAMT (Hrsg.), 1938, a.a.O., S.19.

privaten Interessengruppen abhängig.[1] Dies kann ein Hauptgrund dafür sein, daß der Innovationsprozeß sich trotz der weltwirtschaftlichen und politischen Krise weiterhin fortsetzte. Dabei soll freilich auch nicht übersehen werden, daß die Gemeinden selbst oft die Rolle der Innovationsträger spielten. Dies zeigt sich besonders deutlich in Fremdenverkehrsorten wie z.B. in Berchtesgaden und in Schliersee, wo die Tennisplätze von den Gemeinden oder dortigen Fremdenverkehrsvereinen her, und zwar meistens in den Kuranlagen, geschaffen und verwaltet wurden.[2]

Tabelle 4a: Die Verteilung der Tennisfreiluftanlagen Bayerns 1935

	Zahl der Anlagen	Spiel- felder	Fläche qm	Fläche pro 1000 Einw.
Bayern	260	578	541.365	70,5
Gemeinden mit mindestens 2000 Einwohnern	204	596	483.595	124,0
Gemeinden mit weniger als 2000 Einwohnern	56	82	57.770	15,3
Regierungsbezirk Oberbayern	94	258	210.024	121,0
" " Niederbayern Oberpfalz	30	54	39.420	27,7
" " Pfalz	22	70	72.282	73,3
" " Ober- und Mittelfranken	59	178	122.434	
" " Unterfranken	21	47	36.555	45,9
" " Schwaben	34	71	55.650	63,4

Quelle: STATISTISCHES REICHSAMT (Hrsg.), Die sportlichen Übungsstätten im Deutschen Reich: Ergebnisse der Reichserhebung nach dem Stande vom 1. Okt. 1935, Statistik des Deutschen Reichs Bd. 518, Berlin 1938, S.330.

4) Als bemerkenswerte Erscheinung ist zu nennen, daß sich allmählich regionale Unterschiede hinsichtlich der Zahl der Adaptionsgemeinden abzeichnen. Dabei fällt auch auf, daß in dieser Periode Fremdenverkehrsorte in zunehmendem Maße vom Ausbreitungsvorgang erfaßt werden.

Zusammengerechnet bestehen heute noch über 70 Anlagen - in München beispielsweise elf im Freien und drei Hallen - die bereits vor dem zweiten Weltkrieg in Betrieb waren. Dieser Umstand verweist sehr deutlich auf einen persistierenden Charakter der Raumsituation.

4. Von 1946 bis 1965

a) Ähnlich wie nach dem ersten Weltkrieg blieben der zweite Weltkrieg und die sich daraus ergebende Wirtschaftskrise nicht ohne Spur im Innovationsprozeß des Tennis. Erneut

---

1) Nach der Reichserhebung im Jahre 1935 sieht das Eigentumsverhältnis der Tennisanlagen in Bayern wie folgt aus: Reich und Land 6,0%, Gemeinde und sonst. öffentl. rechtl. Körperschaften 24,8%, Vereine 41,8%, einzelne private Clubs 27,4%. Vgl. STATISTISCHES REICHSAMT (Hrsg.), a.a.O., S.44. Dies betrifft jedoch nur die Anlagen in den Gemeinden mit 2000 und mehr Einwohnern.

2) Vgl. SCHÖNER, H., Berchtesgadener Fremdenverkehrschronik 1923-1945, Berchtesgadener Schriftenreihe Nr. 12, Berchtesgaden 1974, S.50; MARKT SCHLIERSEE (Hrsg.), Schliersee 779-1979: Eine Chronik zum Jubiläum, 1978, S.368.

wurde der Ausbreitungsvorgang gestoppt, und somit benötigte seine Ausdehnung im eigentlichen Sinn wieder eine Vorbereitungsphase (Siehe oben Abb. 8). Dies ist nicht verwunderlich, weil eine solche Erscheinung wie Krieg sehr oft Unregelmäßigkeiten im räumlichen Prozeß zur Folge hat. Gerade in Gebieten, die hauptsächlich durch Freizeitverhalten geprägt werden, ist die erhebliche Verspätung der Wiederaufnahme umso verständli-
cher.

Der kräftige Impuls zur Wiederbelebung des Tennissports wurde in dieser Zeit ebenfalls
vorwiegend von den Gruppen vorgegeben, die sich durch persönlichen Einsatz, d.h. eigene
Finanzierung und Arbeitsleistung, darum bemüht hatten, die Tennisanlagen wieder aufzu-
bauen. Außerdem wirkten dabei oft ortsansässige Firmen und die amerikanische Besat-
zungsmacht mit. Um einige Beispiele dafür zu nennen[1]):

Friedberg	1948
Neugablonz in Schwaben	1949
Kaufbeuren	1950
Passau	1950

Wenn man den räumlichen Ausbreitungsvorgang in den folgenden zehn Jahren von 1946 bis
1955 allgemein betrachtet, ist zunächst zu bemerken, daß sich das gesamte Bild der
Diffusion nicht wesentlich verändert hat, obwohl inzwischen ungefähr 70 Gemeinden als
neue Adaptoren hinzukamen (Vgl. Karte 1c). Nur läßt die Karte 1c als Besonderheit in
diesem Zeitabschnitt erkennen, daß die relativ überdurchschnittliche Zunahme der neuen
Adaptorgemeinden während dieser Zeit wiederum in Oberbayern, in Schwaben und zum Teil
auch in Niederbayern erfolgt ist. Diese regionalen Unterschiede bezüglich der neuen
Adaptorgemeinden, die auch vor dem zweiten Weltkrieg erkennbar waren, scheinen in
dieser Periode noch verstärkt zu werden, wie man auch aus der Tabelle 5 entnehmen kann.
Überdies bleibt auch zu beachten, daß der größte Teil der neuen Adaptoren in diesem
Zeitraum - etwa 70% - entweder den Mittel- oder den Unterzentren nach der heutigen
Zentralörtlichkeit zuzuordnen ist. Die Fremdenverkehrsorte traten - diesmal anders als
früher - nicht so deutlich in Erscheinung, was sich freilich aus der damaligen gesamtgesellschaftlichen Situation ohne weiteres erklären läßt.

Tabelle 5: Tennisplätze und Sportfläche in Regierungsbezirken Bayerns 1956.

Gebiet	Tennisplätze			
	Zahl	Sportfläche in qm	darunter Vereinsanlagen	Fläche pro 100 Einwohner qm
1. Oberbayern	327	201.116	197	7,4
2. Niederbayern	61	45.083	40	4,6
3. Oberpfalz	46	25.548	36	2,7
4. Oberfranken	80	53.110	57	4,9
5. Mittelfranken	128	75.690	121	5,7
6. Unterfranken	60	35.280	41	3,3
7. Schwaben	136	79.551	88	6,0
Gesamt	838	514.378	580	5,5

Quelle: LOHBAUER, H., Turn- und Sportstätten in Bayern: Ergebnisse einer Erfassung des Bayerischen Statistischen Landesamtes nach dem Stande vom
1. Januar 1956, Schriftenreihe der Bayerischen Sportakademie Bd. 5,
Frankfurt a.M. 1957, S.169.

---

1) Vgl. Bayern Tennis, Jg. 3 (1979), S.72, 440; Jg. 4 (1980), S.280; Jg. 6 (1982), S.234.

- 72 -

b) Sowohl empirische Untersuchungen als auch mathematische Theoriebildung haben oft genug belegen können, daß die s-förmige logistische Kurve ("S-Kurve"), dazu geeignet ist, den zeitlichen Verlauf des Adaptionsprozesses zu beschreiben. Diese Kurve soll graphisch zum Ausdruck bringen, wie sich der Widerstand bzw. die Auflehnung gegen die Annahme und Anwendung einer Innovation in einer bestimmten Bevölkerung vollzieht (Vgl. oben Abb. 2). Normalerweise besteht sie als Summe der Adaptoren aus dem flachen Beginn, dem steilen Mittelteil und dem wieder flachen Auslauf.

Für unsere Untersuchung bedeutet dies:
Ab 1955 haben sich Tennisanlagen kontinuierlich in ganz Bayern ausgebreitet. Bezogen auf die S-Kurve begann von diesem Zeitpunkt an allmählich der steile Mittelteil (Siehe Abb. 13). Daraus kann man schließen, daß der Diffusionsprozeß nach und nach in die "Ausdehnungsphase" eintrat, sowohl bezüglich der zahlenmäßigen Entwicklung als auch im Hinblick auf die flächenmäßige Erweiterung. Der Innovationsprozeß drang in verstärktem Maße in bisher unerschlossene Gebiete ein und setzte sich anschließend oder gleichzeitig als ein Verdichtungsprozeß fort. Freilich dauerte es noch einige Zeit, bis dieser Ausbreitungsvorgang das "Verdichtungsstadium" erreichte (Siehe auch Abb. 9).

Abb. 13
„S-Kurve" von Tennisanlagen in Bayern
1900-1980

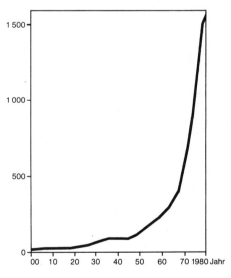

Quelle: Siehe Karte 2   Entwurf: Boo-Sung Kim
Institut für Wirtschaftsgeographie der Universität München, 1987
Vorstand: Prof. Dr. K. Ruppert

So zeigt ein Überblick über die Karte 1d, daß die Innovation bis zum Jahre 1965 fast in allen Landkreisen mit Ausnahme von Neumarkt (Oberpfalz) Eingang gefunden hat. Daneben läßt sich gut erkennen, daß vor allem die Alpenlandkreise, die Umgebung von München, Neu-Ulm und Memmingen in dieser Zeit gerade einen deutlichen Zuwachs der neuen Übernahme hinter sich hatten. Allerdings braucht kaum wiederholt zu werden, daß der wachsende Wohlstand allgemein in dieser Zeit eine positive Entwicklung der Freizeitaktivitäten mit sich brachte. Hiermit bestätigt sich, daß der Innovationsprozeß nicht isoliert, sondern aus dem Hintergrund der gesamtgesellschaftlichen Entwicklungen betrachtet werden muß.

Als eine nennenswerte Erscheinung in diesem Zeitabschnitt ist besonders die Konzentration um das Innovationszentrum München zu erwähnen, denn hier traten allmählich die "Nachbarschaftseffekte" der Innovation ans Licht (Siehe Karte 2). Damit ist gemeint, daß der Ausbreitungsvorgang nicht an den weit auseinanderliegenden Stellen ansetzt, sondern sich auch von Zentren aus nach außen hin vollzieht, mit anderen Worten, von der Distanz abhängig wird. Hervorzuheben bleibt, daß diese Effekte an unserem Beispiel relativ spät auftreten.

Die Verspätung der "Nachbarschaftseffekte" dürfte wohl auf verschiedene Gründe zurückgehen. Denkbar ist zunächst, daß die Eigenschaft der Innovation selbst hier eine große Rolle gespielt hat. Da die Übernahme der Tennisanlagen meistens durch eine kollektive Entscheidung möglich wird, muß prinzipiell vor der Einführung der Anlagen in die Gemeinde eine Menge von Interessenten bzw. Nachfragern vorhanden sein, was in kleineren Gemeinden schwierig ist. Das bedeutet, daß die Leute im Umland von Innovationszentren, obwohl sie frühzeitig über die Innovation informiert sind, relativ lang warten müssen, bis die Schwelle von der Innovation zur Verwirklichung der Adaption endlich überschritten wird. Ferner muß man auch mit einer gewissen zeitlichen Verzögerung rechnen, wenn es um die Übernahme solcher Innovationen geht, die sozialer Kontrolle in hohem Maße ausgesetzt sind. Die Errichtung der Tennisanlagen gehört hierzu, weil der Adaptor nicht die gleiche Handlungsfreiheit wie in seiner eigenen privaten Sphäre haben kann, sondern auf die anderen Rücksicht nehmen muß.[1]

Sehr interessant erscheint in diesem Zeitraum, daß man nun das Voranschreiten des Innovationsprozesses an der Diversifizierung der Trägerschaft ablesen kann. Entsprechend der wachsenden Nachfrage kamen in den Großstädten die rein kommerziellen Tennisanlagen zustande, die in der Folgezeit einen bedeutenden Beitrag zur Verbreitung des Tennissports leisteten. Damit zeigte sich zugleich die neue Tendenz in der Entwicklung, daß die Nachfrage- und Angebotsseite, die früher eng verknüpft waren, schrittweise getrennt wurden.

Als Musterbeispiel für die kommerziellen Anlagen ist das Haus "Sport-Scheck" in München zu erwähnen. Es begann 1956 mit 3 Tennisplätzen und schleuste in den letzten 25 Jahren mehr als 100.000 Anhänger durch seine Tenniskurse.[2] Allein in München hat dieser Unternehmer zur Zeit 99 Freiplätze und 12 Hallenplätze.[3] Die Frage, welche Bedeutung diesen privaten Anlagen im gesamten Innovationsprozeß zukommen soll, läßt sich damit allerdings nicht abschließend beantworten. Immerhin ist inzwischen deutlich genug geworden, daß diese kommerziellen Anlagen in erheblichem Maße bei der Entwicklung des Tennissports zum Volkssport mitgewirkt haben.[4]

---

1) Vgl. dazu: BRINGEUS, N.-A., 1968, a.a.O., S.117.

2) Vgl. SUTTNER, J., In München ist immer Starkspielzeit, in: Tennismagazin, Nr. 5, Hamburg 1982, S.191 ff.

3) Aus dem Katalog von "Sport-Scheck", Sommer 1985, S.60-61.

4) RUPPERT hat darauf hingewiesen, daß "die Raumwirksamkeit privatwirtschaftlicher Unternehmer und Organisationen von der Geographie noch keineswegs ausreichend erkannt ist." Vgl. ders., Grundtendenzen freizeitorientierter Raumstruktur, in: Geographische Rundschau, 1980, S.186.

Ferner bleibt auch diesbezüglich festzustellen, daß in dieser Phase die Gemeinden selbst neben den privaten Unternehmern als Förderer bzw. Träger des Innovationsprozesses zu fungieren begannen.[1] Besonders aufgrund des sog. "Goldenen Plans" für Gesundheit, Spiel, Erholung im Jahre 1960 wurden Bund, Länder und Gemeinden dazu aufgefordert, gemeinsam eine verstärkte Planung und Finanzierung der Erholungs- und Sportanlagen in Angriff zu nehmen.[2] Hinzu tritt auch die Repräsentations- bzw. Imagepolitik kommunaler Entscheidungsträger.[3] Hier kann man deutlich sehen, daß die planerische bzw. staatliche Maßnahme sehr oft ein wichtiges Moment zur Begünstigung des Innovationsprozesses darstellt. Um nur einige Beispiele für die neueren Adaptoren in dem Zusammenhang zu erwähnen:

Garching	1951
Haar	1955
Ochsenfurt	1955
Ebermannstadt	1959
Oberviechtach	1961
Fürsteneck	1965
Dürrlauingen	1967

Letztlich sei auch hinzugefügt, daß parallel zu den eben dargelegten Bewegungen auch die Organisationen wie z.B. Tennisvereine durchgehend den Ausbreitungsvorgang geleitet haben. Das kann man an der zahlenmäßigen Entwicklung der Vereine nachweisen (Siehe Abb. 14).

Wenn man nun den Innovationsprozeß von 1946 bis 1965 zusammenfaßt, sind folgende Punkte hervorzuheben:

1) Phasenmäßig betrachtet, ist dieser Zeitabschnitt noch differenziert zu beurteilen. Die dem Krieg folgenden zehn Jahre von 1946 bis 1955 markieren den Übergang von der "Initial-" zur "Ausdehnungsphase". Auch der Tennissport entwickelt sich in dieser Phase vom "Exklusiv-" zum "Breitensport". Dagegen sind die nächsten zehn Jahre, nämlich zwischen 1956 bis 1965, eher der "Ausdehnungsphase" zuzuordnen. Den Beleg liefert die "S-Kurve", in deren Verlauf sich dieser Zeitabschnitt auf dem allmählich ansteigenden Mittelteil befindet (Vgl. Abb. 13).

2) Ab diesem Zeitpunkt treten in zunehmendem Maße die "Nachbarschaftseffekte" in Erscheinung. Wie Karte 2 deutlich zeigt, läßt sich eine allmähliche Verdichtung um München deutlich beobachten. Dies legt die Vermutung nahe, daß sich die Stadt-Rand-Wanderung zum Teil darin widerspiegelt.

3) In dieser Periode gewinnt die Trägerschaft ein relativ breites Spektrum. Die privaten kommerziellen Anlagen übernehmen die Rolle des Innovators, woraus sich freilich ergibt, daß die Angebots- und die Nachfrageseite getrennt werden. Auch die Gemeinden selbst treten immer häufiger als Adaptoren auf. Nicht zuletzt ist zu beachten, daß die Tennisvereine oft durch die Zusammenarbeit mit Kommunen einen großen Beitrag dazu leisteten, Tennis zum "Volkssport" zu erheben.

---

1) Vgl. zu kommunalen Initiativen im Freizeitraum u.a. MAIER, J., RUPPERT, K., Geographische Aspekte kommunaler Initiativen im Freizeitraum: Der "Verein zur Sicherstellung überörtlicher Erholungsgebiete in den Landkreisen um München e.V." als Beispiel, MSSW, Bd. 9, 1974.

2) Ausführlich dazu: ABELBECK, G., Goldener Plan, in: Handwörterbuch der Raumforschung und Raumordnung, 2. Auf., Hannover 1970, S.1027 ff.

3) Vgl. HAHN, H., Raumwirksamkeit freizeitorientierter Infrastruktur: Beispiel Hallenbäder im östlichen Oberfranken, Arbeitsmaterialien zur Raumordnung und Raumplanung, Univ. Bayreuth, Heft 6, 1980, S.26 ff.

Abb. 14

**Entwicklung der Tennisvereine und deren Mitgliederzahl
in Bayern 1947 - 1984**

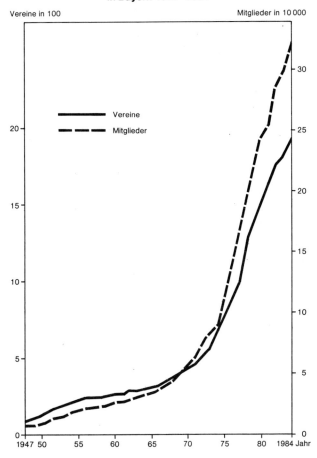

Quelle: Bayerischer Tennisverband e. V.   Entwurf: Boo-Sung Kim
Bearbeitung: Institut für Wirtschaftsgeographie der Universität München, 1987
Vorstand: Prof. Dr. K. Ruppert

5. Von 1966 bis 1981

In den sieben Jahren zwischen 1966 und 1973 hat sich der weitere Ausbreitungsvorgang in erheblichem Maße verändert. Ein Blick auf die Karte 1e läßt erkennen, daß in dieser Zeit die Zahl der Innovationsgebiete rapide zunimmt. Der überdurchschnittliche Zuwachs erfolgte vor allem im Alpenbereich und auch in relativ jungen Feriengebieten, wie z.B. im Bayerischen Wald. Wenn in der Weise Innovation nach und nach in vielen Verdichtungsräumen und auch in den Naherholungsgebieten eindringt, so ist diese Tatsache zu einem wesentlichen Teil auf die fortschreitende Urbanisierung und die damit verbundene Stadt-Rand-Wanderung zurückzuführen. Daraus ergibt sich, daß der Ausbreitungsvorgang in Großstädten und in der Nähe der Innovationszentren oder in Naherholungsräumen stärker verläuft, in den entfernteren Gegenden dagegen schwächer. Es ist also ein deutliches "Intensitätsgefälle" im Ausmaß der Erweiterung sichtbar.

Diese Tendenz zeigt sich noch klarer, wenn man die zahlenmäßige Verteilung der Tennisplätze im Jahre 1976 innerhalb der Planungsregionen noch genauer in Betracht zieht: Wie aus der Tabelle 6 zu entnehmen ist, steht die Planungsregion 16 (Allgäu) mit 0,249 qm an der Spitze und die Region 4 (Oberfranken West) mit 0,086 qm an der letzten Stelle (Näher dazu, Tab. 6). Wenn man weitere Mittelbereiche miteinander vergleicht, dann wird diese Diskrepanz noch krasser:

Tennisfläche/Einwohner

Tegernsee	0,596 qm
Füssen	0,393 qm
Bad Neustadt a.d.S.	0,043 qm
Forchheim	0,041 qm

Neben den regionalen Disparitäten verstärkten sich die Unterschiede der Kapazitäten zwischen Großstädten und kleinen Gemeinden zusätzlich, so daß beispielsweise auf München allein im Jahre 1973 12% der gesamten Plätze (268) in Bayern entfielen. Schließlich ist auch erwähnenswert, daß in dieser Zeit eine deutliche Vermehrung der Zahl der Tennishallen zu erkennen ist (Siehe Abb. 12).

In den folgenden Jahren zwischen 1974 und 1981 stieg die Gesamtzahl der Tennisanlagen weiter an. Schätzungsweise verdoppelten sich die Tennisplätze - über 6500 Plätze mit ca. 500 ha Sportflächen - was wiederum auf die weitere Übernahme der Innovation auch in den kleinen Gemeinden hindeutet. Die Vermutung liegt hier nahe, daß das wachsende Bewußtsein für die Gesundheit, der Trend zum aktiven Urlaub, sowie die Förderprogramme (z.B. Tennis-Pool)[1] gemeinsam dazu beigetragen haben, den Tennissport zu einer Art von "Breitensport zu entwickeln. Daraus versteht sich auch von selbst, daß der starke Zuwachs in Fremdenverkehrsorten und in den Verdichtungsräumen sich auch in dieser Zeit fortsetzte (Siehe Karte 1f).

Wenn der Tennissport nun zum "Volkssport" avanciert, so kann man dieses Phänomen auch daran beobachten, daß viele Schulen den Tennissport als reguläres Programm übernommen haben[2] - ein Zeichen dafür, daß der Innovationsprozeß nicht nur die räumlichen, sondern auch die sozialen Barrieren weitergehend überwunden hat. Allerdings sind in der Wirklichkeit die sozialen Hindernisse manchmal schwerer als die räumlichen zu überbrücken. Andererseits spiegelt sich das wachsende Interesse an Tennis genauso in Medien wider. So kommt es nicht von ungefähr, wenn die Tennisübertragungen die höchste Einschaltquote unter den Sportsendungen im Fernsehen erreicht haben.[3] Sehr beachtlich ist in diesem Zeitab-

---

1) Die 1975 gegründete Tennis-Pool Partner GmbH ist eine Tochtergesellschaft des Deutschen Tennisbundes, die sich zur Aufgabe gemacht hat, den Tennissport im allgemeinen und im besonderen zu fördern. Sie besteht aus Industrie- und Handelsfirmen, die Tennissportartikel und -bekleidung herstellen und/oder vertreiben. Vgl. Bayern Tennis, Jg. 6 (1982), S.140 ff. Als Förderungsprogramm ist auch das Stützpunktsystem im bayerischen Tennis zu nennen. Solche Stützpunkte sind: München, Ruhpolding/Traunreut, Garmisch-Partenkirchen, Straubing, Weiden, Amberg, Bamberg, Coburg, Nürnberg, Würzburg, Augsburg, Memmingen. Vgl. dazu: Bayern Tennis, Jg. 4 (1980), S.1 ff.

2) Tennissport hat in über 10000 Schulen in Deutschland Eingang gefunden. Vgl. BÖGEL, H., Tennis - ein Boom! Aber Volkssport?, in: Bayern Tennis, Jg. 3 (1972), S.176.

3) Nach den Einschaltquoten bei Sportübertragungen des ZDF: 1) Tennis, (22,2%), 2) Skilauf (18,9%), 3) Fußball (14,4%). Vgl. Bayern Tennis, Jg. 3 (1979), S.378.

Tabelle 6: Tennisplätze und Sportflächen in den 18 Planungsregionen
Bayerns 1976 (ohne Tennishallen)

| Planungsregionen | | Tennisplätze | | |
		Anzahl	qm	qm/Ew
Bayerischer Untermain	(1)	96	64.128	0,202
Würzburg	(2)	102	68.136	0,148
Main-Rhön	(3)	56	37.408	0,089
Oberfranken-West	(4)	71	47.428	0,086
Oberfranken-Ost	(5)	83	55.444	0,105
Oberpfalz-Nord	(6)	115	76.820	0,161
Industrieregion Mittelfranken	(7)	321	214.428	0,196
Westmittelfranken	(8)	56	37.408	0,102
Augsburg	(9)	188	125.584	0,176
Ingolstadt	(10)	118	78.824	0,237
Regensburg	(11)	85	65.780	0,103
Donau-Wald	(12)	150	100.200	0,175
Landshut	(13)	60	40.080	0,115
München	(14)	673	449.564	0,200
Donau-Iller	(15)	125	83.500	0,211
Allgäu	(16)	150	100.000	0,249
Oberland	(17)	127	84.836	0,240
Südostoberbayern	(18)	198	132.264	0,209
Bayern		2.774	1.858.032	0,171

Quelle: Bayerisches Staatsministerium für Unterricht und Kultus (Hrsg.)
Sportstättenentwicklungsplan (Entwurf), München 1978, S.127 ff.

schnitt, daß sich die Öffentlichkeit allmählich der Folgeprobleme der ansteigenden Zahl
der Tennisplätze bewußt wird. Gemeint ist, daß der rasche Ausbreitungsvorgang der Tennisanlagen zugleich zu hohen Flächenansprüchen geführt hat, woraus sich auch die Flächennutzungskonkurrenz ergibt. Viele Anlagen haben zwangsweise oder freiwillig ihren Standort
verlagert, zum Teil wegen der mangelnden Erweiterungsmöglichkeiten und zum Teil wegen der
sozialen Konflikte um die Flächennutzung. Von dieser Tendenz ist besonders das Kernstadt-
gebiet (und teilweise der Stadt-Umland-Bereich) betroffen, wobei freilich nicht zu übersehen ist, daß diese Problematik eigentlich schon in der Anfangsphase vorhanden war. Die
meisten Anlagen wurden damals zunächst mitten in der Stadt angelegt und mußten danach
mehrmals umziehen bzw. aufgegeben werden, wenn die Städte z.B. diese Fläche für den Bau
öffentlicher Gebäude in Anspruch nahmen.[1] In der jüngsten Gegenwart hat sich diese
Problematik verschärft.

Im ganzen genommen läßt sich feststellen, daß die Hälfte der gesamten Gemeinden in Bayern
bis jetzt noch nicht über Tennisanlagen verfügt; 85% davon haben keine zentralörtliche
Stufe, die übrigen sind den Kleinzentren zuzuordnen. Dadurch entsteht der Eindruck, daß
der Diffusionsprozeß der Tennisanlagen zu einem erheblichen Teil entsprechend der Urbani-
tät der Siedlungen verläuft (näher dazu unten IV,2). Auf die sonstigen regional differenzierten Verteilungen wird hier nicht eingegangen, sondern sie bleiben dem nächsten Kapitel
der "Strukturanalyse" vorbehalten. Jedoch soll hier nicht verschwiegen werden, daß das

---

1) Um ein gutes Beispiel dafür anzuführen: Der erste Tennisverein "Iphitos" mußte sich
bereits vor dem Krieg mehrmals örtlich verändern; Hohenzollernstr. (1892) - Kaiserstr.
(um 1900) - Karl-Theodor-Str. (1906) - Belgradstr. (1913) - Am Aumeister (1930) . Vgl.
Bayern Tennis, Jg. 1 (1977), S.66.

Süd-Nord-Gefälle bereits hier sehr auffällt (siehe Karte 2).

Nun drängt sich letztlich die Frage auf, in welchem Stadium sich der Innovationsprozeß in diesem Zeitabschnitt befindet. Sicher dürfte nur sein, daß der Ausbreitungsvorgang gerade die bislang größte Expansionsphase hinter sich hat. Ansonsten sollten die Nachfrage- und die Angebotsseite getrennt betrachtet werden, weil sie unterschiedliche Tendenzen aufweisen. Was die Nachfrageseite betrifft, ist zu behaupten, daß die heutige hohe Zuwachsrate und die damit verbundenen Umstände eher für die weitere Zunahme der Tennisspieler sprechen. [1] Insofern läßt sich feststellen, daß der Innovationsprozeß noch nicht das "Sättigungsstadium" erreicht hat, wo sich der Ausbreitungsprozeß der maximalen Zahl der potentiellen Adoptoren annähert.

Was die Angebotsseite angeht, ist zunächst zu erkennen, daß tendenziell in der Zukunft die Möglichkeiten der Ausweitung allgemein - vor allem in Großstädten - noch geringer werden, nicht wegen der mangelnden Nachfrage, sondern wegen der fehlenden Fläche und der sich daraus ergebenden Konflikte zwischen Ökologie und Freizeit. [2] So dürfte man damit rechnen, daß in den weiteren Jahren die langsamere Zunahme oder u.U. örtlich der Stillstand eintreten könnte, wenn auch momentan ein Nachfrageüberschuß besteht.[3]

III. Rekonstruktion des Innovationsprozesses der Reitanlagen in Bayern

Wenn wir uns nun dem Innovationsprozeß der Reitanlagen zuwenden und versuchen, diesen Ausbreitungsvorgang nach dem zeitlichen Ablauf zu erfassen, so sollen doch einige Bemerkungen vorausgeschickt werden. Im Gegensatz zu Tennis, was bei den Sportaktivitäten wie bei den Einrichtungen einen einheitlichen Charakter aufweist, bestehen zahlreiche Unklarheiten über Abgrenzungsprobleme, sowohl bezüglich der Angebotsseite, d.h. Reitanlagen, als auch über die Nachfrageseite, nämlich Reitsportaktivitäten.

Zunächst bereitet es Schwierigkeiten, wenn man konkreter nach einer Definition des Reitsports sucht. Wie bekannt, gibt es nicht nur eine Art des Reitsports, sondern mehrere. Darüber hinaus ist zu erkennen, daß Reitsport mit anderen Arten des Pferdesports - wie z.B. Rennsport, Fahrsport - in einem unauflösbaren Zusammenhang steht. Andererseits verweist diese breite Spannweite des Reitsports auch darauf, daß man, abgesehen von zusätzlichen Anlagen für Pferde wie Ställe usw., die jeweilige spezielle Einrichtung heranziehen muß. Mit anderen Worten: In Anbetracht der Vielfalt der Sportarten und der Mannigfaltigkeit der Einrichtungen fällt es nicht leicht, eine passende Begriffsbestimmung von "Reitanlagen" zu finden, zumal Geländeritte z.B. höchstens als Zusatzinfrastruktur markierte Reitwege in Anspruch nehmen.

Unter "Reitanlagen" werden daher im folgenden "direkt oder indirekt (z.B. Vereine) öffentlich zugängliche Einrichtungen zum Reiten" verstanden, "unabhängig von der Größe, der

---

1) Nach einer DSB-Studie stellt sich heraus, daß etwa 6 Millionen Deutsche gerne Tennis spielen würden. Vgl. BÖGEL, H., 1979, a.a.O., S.176.

2) In diesem Zusammenhang spielt der Lärm die wichtigste Rolle. Als weitere Streitpunkte sind Staubentwicklung und Beeinträchtigung der Landschaft zu nennen.

3) Fast jeder zweite Verein hat z.B. die Neuaufnahme eingestellt. Vgl. dazu: BÖGEL, H., a.a.O., (Fn. 1), S.176 ff.

Organisation, der Trägerschaft und der Bezeichnung".[1] In dieser Definition werden unter anderem folgende Einrichtungen erfaßt:

1) Reithallen
2) Reitplätze mit oder ohne Hindernisse
3) Reitbahn (Galoppbahn)
4) Dressurplätze (-vierecke)
5) Springplätze
6) Voltigierzirkel
7) Parcours

Allerdings soll mit Nachdruck betont werden, daß einzelne Reitanlagen hinsichtlich der Qualität und der Größe in hohem Maße unterschiedlich sind. Aus dem Grunde werden hier als Orientierungshilfe die Richtmaße eines Reitbetriebes vorgestellt, wie ihn die Richtlinie der Deutschen Reiterlichen Vereinigung vorsieht.[2]

1) Sportfläche

Reithalle	20 x 49m	800qm
Erweiterungs-möglichkeit auf	20 x 60m	1200qm
Viereck	20 x 60m	1200qm
Offene Zirkel	ca.	400qm
Voltigierfläche	ca.	400qm
Springplätze	40 x 60m	ca. 3500qm
	(Mindestmaß)	

2) Nebenfläche
z.B. Stallungen (für ca. 30 Pferde), Vorplätze und Stallplätze, Einrichtungen der notwendigen Ausläufe, Weiden und Paddocks.[3]

3) Reitwege
Für Ausritte im Gelände sollte eine Reitsportanlage Zugang zu Reitwegen haben.

Diese Richtmaße (insg. ca. 3ha) beziehen sich auf den Einzugsbereich einer Bevölkerung von etwa 25.000 Menschen, von denen ungefähr 1% Reitsport betreiben möchte. Diese Größenangabe entpricht dem Durchschnitt der gegenwärtigen Reitanlagen der Vereine.

1. Über die Vorgeschichte des Reitsports

Über die Anfänge des Reitsports haben wir ebenso wie bei Tennis eine sehr lückenhafte Kenntnis. Ein kursorischer Überblick lehrt, daß das Reiten ziemlich früh bei vielen Völkern verbreitet war, weil die vielseitige Ausbildung der Reiter und zugleich der Pferde im Kampf eine wichtige Rolle gespielt hat. Daraus ist unmittelbar zu verstehen, daß Reiterspiele im Mittelalter einen festen Bestandteil ritterlicher Kultur darstellten.[4] Freilich erscheint es mehr als in einer Hinsicht zweifelhaft, ob man diese Art und Weise des Umgangs mit Pferden überhaupt als Reitsport im heutigen Sinne betrachten kann.

Diese Lage verändert sich bald mit der Einführung der modernen, berittenen Einheiten in

---

1) Vgl. Beratungszentrum für Marketing, Planung, Organisation, Datenverarbeitung (Hrsg.), Freizeiteinrichtungen in der Bundesrepublik Deutschland 1980, Bd. 3: Sport und Spiel, München 1974.

2) Vgl. Deutsche Reiterliche Vereinigung (Hrsg.), Betriebswirtschaftslehre für Reiterbetriebe, Warendorf 1983, S.14 ff.

3) An den Stall anschließender, umzäunter Auslauf.

4) Vgl. dazu: BROCKHAUS; F.A. (Hrsg.), Der Sport Brockhaus, 3. Aufl., Wiesbaden 1982, S.9.

Armeen, wobei die Erprobung der Reitkunst bereits in der Form des Wettkampfes ausgetragen wurde, denn hier ist eine enge Verknüpfung des Reitens mit der Sportaktivität nicht zu übersehen. Insofern kann man behaupten, daß in dieser Zeit ein Vorläufer des Reitsports zu erkennen ist, wobei auch erwähnt werden soll, daß die heutigen Dressurprüfungen gerade davon stammen.[1] Hervorzuheben bleibt auch, daß viele Ausbildungsstätten in dieser Periode gegründet wurden; die Reitakademie in Neapel (1532), die spanische Hofreitschule in Wien (1735) und nicht zuletzt der erste Tattersall in London (1762).[2]

Der Turniersport ist weitgehend der intensiven Hinwendung zur Pferdezucht im 19. Jahrhundert zu verdanken. Fast gleichzeitig mit dem Beginn der organisierten Pferdezucht hat man systematische "Pferdeleistungsprüfungen (Turnier)" eingeführt und dann im Laufe eines halben Jahrhunderts dieses Programm bis zum heutigen Stand des Turniersports verfeinert.[3] Im Jahre 1912 wurde der Reitsport in die Olympischen Sommerspiele aufgenommen, wobei zu beachten bleibt, daß damals nur aktive Offiziere an diesem Wettbewerb teilnehmen durften. Die Entwicklung des Reitsports in Deutschland soll vor allem mit dem ersten "richtigen" Turnier in München eingesetzt haben, den die Bayerische Campagne Reitergesellschaft (1893 gegründet) veranstaltete.[4] Dabei waren Einflüsse von Wien stark ausgeprägt, wo sich solche Traditionen längst etabliert hatten. Nachfolgend kamen auch in anderen Großstädten - z.B. Berlin, Hamburg, Frankfurt - Reitervereine zustande, die regelmäßig Turniere ausgetragen haben.[5] Am Rande sei hinzugefügt, daß diese Turniere in dieser Zeitspanne nicht immer auf den dazu bestimmten ständigen Reitanlagen wie heute erfolgten, sondern öfters auf provisorisch eingerichteten Reitplätzen. Im Jahre 1910 wurde das Kartell für Reit- und Fahrsport in Deutschland ins Leben gerufen.

2. Bis 1914

Wie sich bereits aus der Vorgeschichte ergibt, war das Reiten vor dem ersten Weltkrieg zumeist mit dem Berufsleben eng verbunden. Im wesentlichen waren hier bestimmte Personengruppen wie adelige Offiziere oder Soldaten in den berittenen Truppen imstande, außerhalb des Dienstes, die Freizeit für die Reitsportbetätigung als Hobby zu verwenden.[6] Hier zeichnet sich beim Innovationsprozeß der Reitanlagen bereits in der frühen Phase eine andere Entwicklungslinie ab als beim Tennis, weil Tennis von vornherein als reine Freizeitaktivität ohne enge Verbindung mit bestimmten Berufskreisen betrieben wurde. Demzufolge hat der Ausbreitungsvorgang der Reitanlagen selbst seinen Eingang zunächst in den Städten gefunden, in denen die Regimente stationiert waren.[7] Wenn daher der Innovationsprozeß der Reitanlagen (besser: des Reitsports) in der Gründungsphase wiederum der hierarchischen Ordnung der Siedlung folgte, so läßt sich das hierarchische Prinzip aus dem Zusammenhang bestimmter Träger mit der schnellen Adaption des Reitsports verstehen.

---

1) Vgl. ERBE, H., Reitsport in Bayern, in: Bayerland, 81. Jg. Nr. 6, München 1979, S.9.
2) Vgl. BROCKHAUS, F. A. (Hrsg.), 1982, a.a.O., S.341.
3) Vgl. ERBE, H., 1979, a.a.O., S.9.
4) Vgl. PICHT, M., Die Entwicklung des Reitsports in Deutschland während der Regierungszeit Kaiser Wilhelms II, in: St. Georg, 13. Jg., Berlin 1912, S.1147 ff.
5) PICHT, M., ebenda.
6) Vgl. GRÜNDL, A., 1978, a.a.O., S.52.
7) Vgl. PICHT, M., a.a.O., (Fn. 4), S.1147 ff.

Der Rekonstruktionsversuch soll wiederum in München beginnen, wo die bayerische Equita-
tionsanstalt und die Militär-Reitschule als Ausbildungsstätte für die höhere Reitkunst
zuhause waren.[1] Dabei spielt auch eine bedeutende Rolle, daß hier 1893 die vorhin erwähn-
te Bayerische Campagne Reitergesellschaft und 1906 der Reit- und Fahrverein München gegründet wurden, die regelmäßig die Turnierveranstaltungen auf der Theresienwiese, Oberwie-
senfeld oder auf der Rennbahn in Riem organisierten.[2] Bemerkenswert erscheint, daß die
Reitanlagen bereits in dieser Zeit auch von privaten Unternehmern geleitet wurden - wie
z.B. der erste Münchener Tattersall an der Augustenstraße (1911) und die Leopold Reitbahn
an der Ungererstraße (1913).[3] Immerhin hat sich in dieser Weise das erste feststellbare
Innovationszentrum in München herausgebildet.

Die weiteren Standorte der Reitanlagen bis zum ersten Weltkrieg konnten nur in groben
Umrissen identifiziert werden. Wegen der fehlenden Daten kann man den genauen Zeitpunkt
und die Anzahl der weiteren Übernahmen nicht ermitteln, außer der Tatsache, daß Großstädte
wie Augsburg, Regensburg, Nürnberg und Bamberg in dieser Zeitspanne oft Turniere veran-
stalteten. Aus dem Grunde soll darauf hingewiesen werden, daß die Adaptoren in der Karte
3a nur die Standorte derjenigen Vereine und Offizierkorps darstellen, die im Jahre 1914
zum "Kartell für Reit- und Fahrsport" gehörten[4]. Neben den genannten Städten sind auch
Ansbach, Landshut, Bayreuth, Straubing, Erlangen, Fürth, Würzburg und Landau in dieser
Phase zu erwähnen.

Generell betrachtet, ist der Innovationsprozeß der Reitanlagen in der Anfangsphase dadurch
gekennzeichnet, daß staatliche Einflüsse eine relativ dominierende Rolle spielen, teils im
Hinblick auf die Förderung der Pferdezucht - erinnert sei nur an die Zusammenarbeit mit
dem Reichsverband für Deutsches Halbblut -, teils bezüglich der Ausbildung der Offiziere.[5] Insofern sind Unterschiede zu Tennis deutlich zu sehen, weil die Ausbreitung der
Tennisanlagen fast ausschließlich auf der privaten Ebene geschieht. Überdies hängt dies
auch damit zusammen, daß die Verteilung der Adaption von beiden Anlagen bis 1914 bzw. 1933
in Karten 1a, 3a zwar auf den ersten Blick eine ähnliche Tendenz aufweist, d.h. dem
Hierarchieprinzip folgt, doch verbirgt sich dahinter, daß dieser gemeinsame Trend auch auf
ganz verschiedenen Ursachen beruhen kann.

3. Von 1919 bis 1939

Es wurde bereits bei Tennis deutlich nachgewiesen, daß Krisen und die dadurch bedingten
Notsituationen eine unregelmäßige Entwicklung des Innovationsprozesses zur Folge haben.
Beim Ausbreitungsvorgang der Reitanlagen hat sich dieser Kausalzusammenhang nochmals
bestätigt, der Prozeß wurde zum Stillstand gebracht. Freilich wurde der Ausbreitungsprozeß
der Reitanlagen noch gravierender als der des Tennis davon betroffen, weil fast alle

---

1) Vgl. St. Georg, 3. Jg. (1902), S.315 ff.; 12 Jg. (1911), S.411.

2) Vgl. St. Georg, 7. Jg. (1906), S.21; 12. Jg. (1911), S.237 ff.

3) Vgl. St. Georg, 14. Jg. (1913), S.1106; 14. Jg. (1914), S.1281. Die Leopold Reitbahn
   soll damals die größte gedeckte und reitbare Privat-Reitbahn in Süddeutschland gewesen
   sein.

4) Vgl. St. Georg, 15. Jg. (1914), S.13 ff.

5) Vgl. St. Georg, 5. Jg. (1905), S.647 ff. An dieser Stelle sei darauf hingewiesen, daß
   man den Reitsport außer in Großstädten auch in Zuchtgebieten von Warmblütern betrieben
   haben soll. Aus Datengründen bleibt diese Tatsache hier unberücksichtigt.

Pferde im Krieg gebraucht wurden, was nicht ohne Auswirkungen auf die weitere Ausbreitung blieb. Für einen aufkeimenden Reitsport war also kein Platz mehr frei, außerdem hat man Pferde nach dem Krieg wieder verstärkt in der Landwirtschaft eingesetzt.

Erst in den zwanziger Jahren machten sich Bewegungen bemerkbar, in denen ausgeschiedene Offiziere der ländlichen Jugend einen sachgemäßen Umgang mit Pferden in den darauf einge- richteten Reit-, Fahr- und Pflegekursen vermittelten.[1] Damit begann zugleich die Neugrün- dung ländlicher Reitvereine, welche die Verbreitung des Reitsports in den folgenden Jahren maßgeblich mitbestimmte. Andererseits bestand aber auch die Notwendigkeit zu dieser Strömung, weil der mangelhafte Absatz der Züchter, der hauptsächlich auf die aufkommende Technisierung der Landwirtschaft zurückging, nur durch die Intensivierung der Reitsportak- tivitäten ausgeglichen werden konnte. Deshalb unterstützten damals verschiedene Interes- sengruppen wie Gutsbesitzer, Fachleute aus dem Zuchtkreis und den Fuhrgewerben, Behörden und nicht zuletzt landwirtschaftliche Organisationen diese Bewegung in hohem Maße,[2] wobei in Städten mit alter reiterlicher Tradition wieder reges reiterliches Leben zustande kam.

Der Diffusionsprozeß bis 1939 läßt im allgemeinen zwei verschiedene Richtungen deutlich erkennen: Auf der einen Seite erfolgte die weitere Übernahme sehr stark in Großstädten, wobei allerdings die zentralörtliche Hierarchie der Städte eine bedeutende Rolle spielte. Auf der anderen Seite wurden aber unabhänig davon die ländlichen Räume, in erster Linie die Pferdezuchtgebiete, relativ früh vom Innovationsprozeß erfaßt (Karte 3b). Hier ist nochmal zu unterstreichen, daß sich der Ausbreitungsvorgang erst mit Rückgriff auf lokale Besonderheiten und strukturelle Voraussetzungen besser erklären läßt, wobei diese Zusam- menhänge wegen der Eigenschaft der Innovation noch enger bei Reitanlagen als bei Tennis erscheinen.

Im folgenden differenziere ich unterschiedliche räumliche Entwicklungen auf der regionalen Ebene auch in Bezug auf die Pferdezuchtgebiete:

1) Der fränkische Raum hat in dieser Zeit einen deutlichen Vorsprung. 1925 wurde der Verband der ländlichen Reit- und Fahrvereine Franken gegründet, 1928 die Reit- und Fahrschule für die vertiefte Ausbildung am Landgestüt Ansbach (Siehe Tab. 7). Neben größeren Städten wie Bamberg, Coburg, Hof, Bayreuth und Fürth kann man vor allem in Unterfranken feststellen, daß sich die Reitervereine in dieser Phase ausgebreitet haben.[3] Dies beruht zu einem großen Teil darauf, daß hier die Zucht der rheinisch- deutschen Kaltblutpferde seit längerer Zeit betrieben wurde. In diesem Zusammenhang sind besonders Gebiete wie Ochsenfurt, Schweinfurt (z.B. Poppenhausen, Gerolzhofen, Grafenrheinfeld und Röthlein) hervorzuheben. Ferner seien die Gebiete Uffenheim, Ans- bach (Mittelfranken) und Kulmbach, Münchberg (Oberfranken) genannt, wo stellenweise Warmblutzucht durchgeführt wurde[4] (Vgl. Karte 3a).

---

1) Vgl. GRÜNDL, A., 1978 a.a.O., S.52 ff.

2) Vgl. o.V., Geschichte des Verbandes der ländl. Reit- und Fahrvereine Frankens, unveröf- fentlichtes Manuskript, aus den Akten des Verbandes der Reit- und Fahrvereine Franken, Ansbach, S.1 ff.

3) Vgl. GRÜNDL, A., a.a.O., (Fn. 1), S.52 ff.

4) Vgl. ebenda; GRÜNDL, A., a.a.O., (Fn. 1), S.4 ff; SETTELE, Bayern Pferdezucht, in: St. Georg, 30. Jg. (1929), Nr. 7, S.10 ff.

Tabelle 7: Entwicklung der Reitervereine in Franken von
1925 bis 1945

Jahre	Vereine	
1925		Gründung des Verbandes
1926	11	
1927	14	
1928	18	Gründung der Reitschule
1929	21	
1930	24	394 Aktive, 297 inaktive Mitglieder
1931	30	470 Aktive, 290 inaktive Mitglieder
1932	33	
1933		Auflösung des Verbandes
		Nur Städtische Vereine - wie Ansbach, Bamberg, Bayreuth, Coburg, Hof, Münchberg, Rothenburg o.T., Schweinfurt, Weißenburg, Würzburg - bleiben bestehen.
1942		Auflösung der Reitschule

Quelle: Verband der Reit- und Fahrvereine Franken e.V.
Ansbach.

2) Eine ähnliche Tendenz läßt sich weiter in Niederbayern und in der Oberpfalz verfolgen. Zunächst wurde die Innovation von größeren Städten wie Landshut, Regensburg und Amberg übernommen und breitete sich dann in dem überkommenen Warmblutzuchtgebiet Rottal (Pfarrkirchen, Rottalmünster und Pocking) aus.[1]

3) Auch in Schwaben waren die Reit- und Fahrvereine auf Nordschwaben konzentriert, wo vor allem rheinisch-deutsche Pferde gezüchtet wurden. Es gab im Jahre 1934 zwölf Vereine im LKR Donau-Ries, Dillingen, Augsburg, Neu-Ulm und Günzburg.[2]

4) Der Diffusionsprozeß in Oberbayern wurde ebenfalls in erheblichem Umfang durch den Zusammenhang mit der Pferdezucht beeinflußt, so daß sich der Reitsport außerhalb Münchens vorwiegend dort verbreitete, wo die Pferdezucht zuhause war. Beispiele dafür sind Ingolstadt, Neuburg, Rohrenfels, Geisenfeld und Pfaffenhofen - Gebiete, in denen sich damals sog. "Zuchtinseln" für edlere Reit- und Wagenpferde herausbildeten.[3] Darüber hinaus gab es auch Reitkurse im Stammgestüt Achselschwang bei Utting.[4] Was die südbayerische Seite betrifft, vor allem die Gebiete Oberland und Chiemgau, läßt sich über eine bloße Vermutung hinaus keine beweisbare Aussage darüber machen, ob die verhältnismäßig frühe Adaption des Innovationsprozesses ebenso von der Verbindung mit der Pferdezucht geleitet war oder nicht.

Abgesehen davon zeigt sich in dieser Zeitspanne, daß die privaten Tattersalls, dem wachsenden Interesse am Reitsport entsprechend, schrittweise in Orten wie Nürnberg (1924),

---

1) Vgl. St. Georg, 31. Jg. (1930), Nr. 9, S.25.

2) Aus den Akten des Verbandes der Reit- und Fahrvereine Schwaben, Augsburg.

3) Vgl. GRÜNDL, A., 1978 a.a.O., S.53 ff; SETTELE, 1929 a.a.O., S.10 ff. Im übrigen soll erwähnt werden, daß in Oberbayern die ländlichen Reitvereine im Vergleich zu anderen Bezirken nicht so verbreitet waren.

4) Im Jahre 1929 gab es in Bayern 3 Landgestüte (Landshut, Ansbach, Zweibrücken) und 3 Stammgestüte (Achselschwang bei Utting, Schwaiganger bei Murnau, Zweibrücken-Eichelscheid). Vgl. SETTELE, ebenda, S.14.

München(1926), Bad Kissingen und Garmisch (1929) errichtet wurden. Außerdem gründete man auch die akademischen Reitclubs in München, Erlangen und Würzburg.

Sehr interessant erscheint indes, daß einige Fremdenverkehrsorte die Reitanlagen übernommen haben, um den Gästen die Möglichkeit zum Reiten anzubieten und damit ihre Anziehungskraft zu vergrößern. Ein Musterbeispiel ist die 1931 gebaute Reitanlage in Oberstdorf im Allgäu, die sich dadurch auszeichnete, daß sie als einzige Reitgelegenheit für Touristen im Hochgebirge angeboten wurde.[1] Ferner haben Badeorte wie z.B. Bad Kissingen das Reitprogramm auch als Heilmittel - ganz ähnlich dem heutigen therapeutischen Reiten - angeboten.[2] Nicht zuletzt sei bemerkt, daß Kurorte wie Bad Reichenhall und Berchtesgaden Turnierveranstaltungen für ihre Kurgäste organisierten.[3] Allerdings soll nicht übersehen werden, daß der Innovationsprozeß der Reitanlagen von Fremdenverkehrsorten nicht so schnell und bereitwillig wie der von Tennis übernommen wurde. Insofern trat der Zusammenhang zwischen diesen Gebieten und Reitanlagen nicht deutlich in Erscheinung.

Noch ein letzter Hinweis auf die Datengrundlage in diesem Zeitabschnitt. Erwähnt werden soll, daß die Karte 3a meistens nur die Standorte der Reitervereine von 1933 erkennen läßt. Daher ist nicht auszuschließen, daß diese Darstellung das Bild der damals tatsächlich vorhandenen Reitanlagen verzerrt.[4]
Ungeachtet der Unvollständigkeit ist die kartographische Wiedergabe deshalb sehr wichtig, weil die alte Tradition dieser Gemeinden den weiteren Innovationsprozeß mitgestaltet hat, so daß man hier ein gewisses Kontinuum der Entwicklung sehen kann.

Im Dritten Reich nach 1933 wurden dann die meisten ländlichen Reit- und Fahrvereine wegen der Abneigung der ländlichen Reiter gegen die Ideologisierung des Reitsports aufgelöst.[5] Aus der Literatur läßt sich erschließen, daß sich der Reitsport bis zum zweiten Weltkrieg hauptsächlich in den Großstädten hielt, die durch eigene Reitpferdehaltungen im wesentlichen rein reitsportliche Interessen vertraten (Siehe Tab. 7a). Als repräsentative Anlage, die in dieser Zeit neu errichtet wurde, ist die Reitschule in München-Riem (1935/36) zu erwähnen[6]. Freilich ist unverkennbar, daß die meisten Reitanlagen vor dem Weltkrieg ähnlich wie die Tenniseinrichtungen nicht an das breite Publikum, sondern in erster Linie für geschlossene Personenkreise gedacht waren. Hier sieht man deutlich den Unterschied zu heutigen Reitanlagen, weil diese, weitgehend durch die Freizeitaktivitäten überformt, mehr oder weniger keine solchen Einschränkungen der Trägerschaft erlauben.

4. Von 1946 bis 1965

Die Jahre des zweiten Weltkrieges und die nachfolgenden Krisen führten nochmal zu einer

---

1) Vgl. St. Georg, 32. Jg. (1931), Nr. 24, S.33.

2) Vgl. St. Georg, 32. Jg. (1931), Nr. 4, S.19.

3) Vgl. SCHÖNER, H., 1974 a.a.O., S.124.

4) Um 1930 gab es in Bayern (inkl. Pfalz) ungefähr 65 Reitervereine. Vgl. SETTELE, a.a.O., (Fn. 55), S.16.

5) Aus den Akten von Verbänden Franken, Schwaben. Nach Reichserhebung im Jahre 1935 sieht das Eigentumsverhältnis der Reitbahnen im Freien (in Hallen) wie folgt aus: Reich und Land 36,2% (29,6%), Gemeinde und sonstige öffentl. rechtl. Körperschaft 23,5% (26,0%), Verein 1,4% (-), einzelne Private 38,9% (44,4%). Dies betrifft nur die Anlagen in den Gemeinden mit 2.000 und mehr Einwohnern (ohne Pfalz). Vgl. STATISTISCHES REICHSAMT (Hrsg.), 1938 a.a.O., S.44.

6) Vgl. GRÜNDL, A., a.a.O., S.53.

Zäsur in der Verbreitung des Reitsports. Hier lagen die Umstände ähnlich wie nach dem ersten Weltkrieg, der Ausbreitungsvorgang wurde ganz gestoppt.

Tabelle 7a: Die Verteilung der Reitsportanlagen Bayerns 1935

	Reitbahnen im Freien		Reithallen		Reitbahn-fläche in qm pro Einwohner
	Zahl d. Anlagen	Gesamtgröße d. Reitbahnen	Zahl d. Anlagen	Gesamtgröße d. Reitbahnen	
Bayern	63	627.456	30	20.117	0.08
Gemeinden mit mindestens 2.000 Einwohnern	33	425.928	29	19.417	0,11
Gemeinden mit weniger als 2.000 Einwohnern	30*	201.528	1	700	0,05
Regierungsbezirk					
Oberbayern	15	191.885	8	5.441	0,11
Niederbayern und Oberpfalz	7	111.720	4	4.635	0,08
Pfalz	14	237.258	3	2.025	0,24
Ober- und Mittelfranken	10	48.870	6	3.633	0,03
Unterfranken	10	15.900	3	1.348	0,02
Schwaben	7	21.823	6	3.035	0,03

* Davon sind 18 Anlagen behelfsmäßig.
Quelle: STATISTISCHES REICHSAMT (Hrsg.), Die sportlichen Übungsstätten im Deutschen Reich: Ergebnisse der Reichserhebung nach dem Stande vom 1.10.1935, Statistik des Deutschen Reichs Bd. 518, Berlin 1938, S.322-323.

Wenn sich danach der Innovationsprozeß allmählich fortsetzen konnte, so war diese Erneuerung den Initiativen derer zu verdanken, die ehemals - meistens beim Militär - den Reitsport ausgeübt hatten und dann in dieser Zeit mit eigenem persönlichen Einsatz um das Aufleben dieser Sportart bemüht waren.[1] So wurde 1948 kurz nach der Währungsreform der alte Verein für Reit- und Fahrsport in München wieder gegründet. Überdies veranstaltete man in den Jahren 1949 und 1950 viele Turniere in Orten wie München, Possenhofen, Garmisch, Landshut, Regensburg, Nürnberg, Würzburg und Nördlingen.[2] Hier sieht man deutlich die Wiederkehr der alten reiterlichen Tradition. Allerdings war der Innovationsprozeß nicht nur darauf beschränkt, so daß man in dieser Zeit auch den Neubau von Reitplätzen in Städten wie Bad Wiessee, Fürstenfeldbruck, Traunstein, Kempten und Rosenheim beobachten kann. (Siehe Karte 3b)

Eine sehr beachtliche Sondererscheinung ist, daß sich gerade in diesem Zeitabschnitt ein katastrophaler Niedergang der Pferdezucht anbahnte. (Siehe Tab. 8) Mit der zunehmenden Industrialisierung und Technisierung wurde die tierische Zugkraft in hohem Maße durch die

---

1) Vgl. dazu: GRÜNDL, A., ebenda, S.54.
2) Vgl. St. Georg, Jg. 49 (1949), Hg. 50 (1950), Jg. 51 (1950).

Zugmaschinen ersetzt.[1] Ferner ist auch zu konstatieren, daß heutzutage die Zugkraft der Pferde, wenn überhaupt, höchstens in der Waldarbeit eingesetzt wird, wohingegen sie auf dem landwirtschaftlichen Gebiet kaum noch eine Rolle spielt.[2]

Tabelle 8: Pferde und Pferdehalter in Bayern 1920-
1984

Jahre	Pferde	Pferdehalter
1920	333.905	
1930	354.420	
1938	322.157	127.000
1949	343.485	132.402
1955	239.012	128.144
1960	137.478	91.339
1965	54.825	37.900
1966	45.708	30.374
1967	40.220	25.249
1968	37.115	31.653
1969	35.475	19.262
1970	35.543	17.322
1975	47.989	17.311
1978	54.762	18.332
1980	57.365	*18.300
1982	56.650	16.677
1984	59.693	17.045

* Ende 1979
Quelle: Bayerland, Jg. 81, 1979, Nr. 6, Bayerisches
Landesamt für Statistik und Datenverar-
beitung; Bayerisches Staatsministerium für
Ernährung, Landwirtschaft und Forst.

Soweit ersichtlich, war die Zurückdrängung der Pferde durch die Maschine insofern für den Diffusionsprozeß relevant, als ein neuer Verwendungszweck der Pferdezucht gesucht werden sollte, mit anderen Worten: Die Umstellung der Pferdezucht von Kaltblütern auf Warmblüter wurde durch die technische Entwicklung bedingt, und dadurch veränderte sich der Charakter der Pferdezucht selbst.[3] Wenn daher staatliche Unterstützung im Auf- bzw. Ausbau der Reitervereine diesem Umstellungsprozeß nachkam, so war dies nur verständlich, weil die zahlenmäßige Zunahme der Reitervereine zugleich die gute Absatzmöglichkeit der Pferde gewährleisten konnte. Damit hängt auch zusammen, daß der Innovationsprozeß der Reitanlagen nach dem Krieg wiederum in Verbindung mit Reitervereinen gesetzt wurde. Am Rande sei angemerkt, daß die Kaltblutzucht in Gebieten außerhal Oberbayerns fast aufgegeben wurde.[4] Tabelle 9 macht deutlich, wie sich das Verhältnis zwischen Arbeits- und Reitpferden im zeitlichen Verlauf verändert hat.

1) Anfang der fünfziger Jahre gab es in landwirtschaftlichen Betrieben in Bayern rund 250.000 Pferde als Zugkraft. Dagegen hat man nur etwa 30.000 Schlepper benutzt. In zehn Jahren überholte die Gesamtzahl der Maschinen weit die der Arbeitspferde, und im letzten Jahr, 1984 betrug die Anzahl der Pferde weniger als 13% der gesamten Schlepper - ungefähr 56.500 Pferde im Verhältnis zu 458.000 Maschinen. Vgl. Bayerns Pferdezucht und Pferdesport, 20. Jg. (1984), Nr. 12, S.16.

2) Vgl. ebenda.

3) Der Aufbau der modernen Reitpferdezucht begann im Jahr 1956.

4) Vgl. STUTZER, D., Ein Begleiter bis ins Grab, in: Bayerland, 81. Jg., (1976), Nr. 6.

Tabelle 9: Die Entwicklung der Pferderassen in Bayern 1956-1983

Jahr	Zahl eingetragener Stuten	eingetragene Stuten nach Rassen (%)			
		Kaltblut	Warmblut	Haflinger	Kleinpferde
1956	10.963	90,9	4,7	4,4	
1960	6.673	86,0	4,4	9,5	
1965	3.906	59,7	14,6	17.1	8,6
1970	3.745	33,5	33,5	20,6	20,2
1975	5.223	12,8	42,8	25,7	18,7
1978	6.017	12,6	46,2	26,7	14,5
1980	7.395	10,4	47,6	28,3	13,7
1983	8.497	10,0	50,0	27,0	13,0

Quelle: Bayerns Pferdezucht und Pferdesport, Jg. 14, 1978, Nr. 2; Bayerisches Staatsministerium für Ernährung, Landwirtschaft und Forst.

Versucht man nun mit der Karte 3b die räumliche Verteilung der Adaptoren zu erfassen, zeigt sich, daß der Ausbreitungsvorgang der Reitanlagen in den Verbandsbezirken Franken und Niederbayern/Oberpfalz schon im Jahre 1955 den Bestand vor dem Krieg überholt hat. Ansonsten hat sich die Entwicklung hinsichtlich räumlicher Differenzierung nicht wesentlich verändert, so daß der fränkische Raum mit 49 Reitervereinen nach wie vor vorne lag[1] (Siehe Tab. 10). Daraus folgt unmittelbar, daß sich der Adaptionsprozeß auch in dieser Zeit im Rahmen der Pferdezuchtgebiete vollzog, auch wenn die Pferdezucht - wie bereits dargelegt - einen anderen Charakter angenommen hatte. Besonders in Niederbayern ist diese enge Verknüpfung deutlich erkennbar.

Tabelle 10: Reitanlagen in den Regierungsbezirken Bayerns 1956

Gebiet	Reitanlagen
Oberbayern	10
Niederbayern	4
Oberpfalz	5
Oberfranken	10
Mittelfranken	7
Unterfranken	13
Schwaben	6
Bayern	55

Quelle: LOHBAUER, H., siehe Tabelle 5, S.170.

Andererseits soll aber nicht übersehen werden, daß der Prozeß ansonsten nach dem Hierarchieprinzip vonstatten ging. Dies gilt in erster Linie für Räume ohne nennenswerte

----

1) Als Hinweise seien hier die Gründungsjahre einzelner Verbände der Reit- und Fahrvereine erwähnt:
Franken   1952
Niederbayern/Oberpfalz   1955
Schwaben   1959
Oberbayern   1961

Zuchtgebiete, z.B. in der Oberpfalz. Hier wurden zunächst Städte mit hoher Zentralität wie Regensburg, Ambe, Weiden, Neumarkt, Cham und Roding vom Ausbreitungsvorgang erfaßt. Dagegen lag die Zahl der Reitervereine in Nordschwaben und im Ingolstädter Raum erheblich niedriger als vor dem Krieg. Ein Hauptgrund dafür könnte darin bestehen, daß Schwaben erst im Jahre 1962 die Warmblutzucht eingeführt hat. Im Regierungsbezirk Oberbayern fällt in dieser Zeitspanne auf, daß die Pferdezuchtgebiete im Alpenvorland - besonders die in den LKR Rosenheim und Traunstein - allmählich in Erscheinung traten.

Ab 1955 weist die zahlenmäßige Entwicklung der Reitanlagen ebenso wie bei den Tennisanlagen eine stets ansteigende Tendenz auf (Siehe Abb. 15, 16). Anders ausgedrückt: Allmählich sind Anzeichen dafür zu beobachten, daß der Innovationsprozeß in dieser Periode die Schwelle zu einem breiten Freizeitsport überwunden hat.

Für diesen Übergang sind vielerlei Gründe von Bedeutung - u.a. die wirtschaftliche Entwicklung und der nachfolgende Wohlstand, vielseitige Maßnahmen auf der staatlichen Ebene und nicht zuletzt die Rolle der Vereine mit persönlichen Initiativen. All diese Faktoren haben gemeinsam die Verbreitung des Reitsports begünstigt, wobei auch unverkennbar ist, daß der große Erfolg der deutschen Reiter bei den Olympischen Spielen 1956 einen starken Anstoß zur Adaption der Reitsportaktivitäten gegeben hat.[1] Die Signalwirkung des Vorbilds einiger Persönlichkeiten spielte hier eine große Rolle.

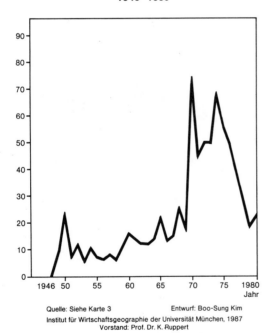

Abb. 15

Entwicklung der Reitanlagen in Bayern
1946-1980

Quelle: Siehe Karte 3   Entwurf: Boo-Sung Kim
Institut für Wirtschaftsgeographie der Universität München, 1987
Vorstand: Prof. Dr. K. Ruppert

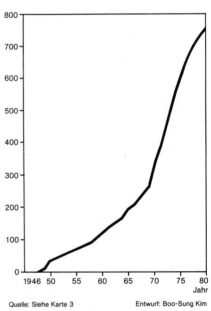

Abb. 16

„S- Kurve" von Reitanlagen in Bayern
1946-1980

Quelle: Siehe Karte 3   Entwurf: Boo-Sung Kim
Institut für Wirtschaftsgeographie der Universität München, 1987
Vorstand: Prof. Dr. K. Ruppert

---

1) Bei Expertengesprächen in allen Verbänden hat sich diese Auffassung bestätigt.

Mit der Aufwärtsentwicklung des Reitsports machte sich auch die Tendenz bemerkbar, daß neben Reitervereinen auch Privatleute, vor allem in landwirtschaftlichen Betrieben, ausschließlich aus kommerziellen Gründen Reitgelegenheiten in Form der Reitschule oder der Reitställe anboten. Dieses Phänomen trat besonders am Rande der Großstädte oder landwirtschaftlich reizvollen Erholungs- und Ausflugsgebieten auf,[1] zum Teil als selbständiger Betrieb oft zusammen mit der Restauration, zum Teil nur als Pferdevermietung im Rahmen des landwirtschaftlichen Betriebes. Dadurch entstand auch für die Städter die Möglichkeit, in derartigen Reitbetrieben ihre Pferde einzustellen oder pflegen zu lassen (sog. "Pensionspferde"). Im Grunde handelt es sich um eine Form tertiärer Fuktionen der Landwirtschaft, die als typischer Indikator für den Urbanisierungsprozeß im agrarischen Bereich anzusehen ist.[2] Diese Erscheinung ist insofern für den Innovationsprozeß von Bedeutung, als auch solche Gebiete, die eigentlich keine unmittelbare Beziehung zur Pferdezucht haben, vom Ausbreitungsvorgang erfaßt wurden. Das bedeutete zwar eine gewisse Trennung des Reitsports von der Pferdezucht, ihre ursprüngliche Verbundenheit überwog aber noch immer ganz erheblich.

Generell betrachtet, läßt die Karte 3c erkennen, daß die Reitanlagen selbst trotz des wachsenden Interesses an diesem Sport bis 1965 nicht so stark verbreitet waren. Das kann man auch mit der zahlenmäßigen Entwicklung der Pferde beweisen, die sich im Jahre 1965 immer noch in der Abwärtstendenz befindet (Siehe Tab. 8). Immerhin ist zu beachten, daß in dieser Zeit eine überdurchschnittliche Zunahme in Oberbayern und in Schwaben erfolgte. Dadurch verlagerte sich allmählich der Schwerpunkt des Prozesses vom Norden, d.h. vom fränkischen Raum auf Süd-Niederbayern. Allerdings ist das Süd-Nord-Gefälle nicht so stark wie bei den Tennisanlagen.

5. Von 1966 bis 1981

Indem sich der Reitsport nach und nach zu einem breiten Volkssport entwickelte, vollzog sich auch sein Ausbreitungsvorgang schwerpunktmäßig in drei Richtungen; zunächst erfolgte die weitere Übernahme immer noch in Anlehnung an die Pferdezuchtgebiete, zum anderen drang der Prozeß allmählich auch in die Ballungsgebiete bzw. Naherholungsräume und schließlich verlagerte sich das Hauptgewicht schrittweise in Feriengebiete (Vgl. Karte 3d, 3e).

Daraus folgt - wie man ohne weiteres annehmen kann - daß der Innovationsprozeß dort am raschesten vonstatten geht, wo sich die Pferdezucht und die Erholungsfunktion überschneiden. Somit ist verständlich, daß die Adoption in Gebieten wie z.B. Inntal, Chiemgau und Oberallgäu relativ häufig zustande kam, denn diese Räume sind gerade dafür charakteristisch, daß beide Merkmale, nämlich Fremdenverkehrsort und Pferdezucht - vor allem die traditionelle Haflingerzucht - im Mittelpunkt stehen.[3] Als weitere Gebiete, in denen sich Zucht und die Naherholungsfunktion überlagern, sind insbesondere das Fünfseenland, Ammersee-Lech und Altmühltal zu nennen.

---

1) Vgl. dazu: PAESLER, R., Urbanisierung als sozialgeographischer Prozeß - dargestellt am Beispiel südbayerischer Regionen, MSSW Bd. 12, 1976, S.146ff.

2) Vgl. PAESLER, R., ebenda.

3) In den Jahren zwischen 1936 und 1938 wurden zuerst 100 Originalhaflingerstuten aus Südtirol importiert. Die Stutenbesitzer breiteten sich danach neben der Eingangspforte "Inntal" auch über Chiemgau, besonders auch über Oberallgäu aus. Vgl. GOLD, M.. Ein Blick über den Koppelzaun: Die bayerischen Pferderassen, in: Bayerland, Jg. 81 (1979), Nr.6, S.25 ff.

Im räumlichen Vergleich des Diffusionsprozesses in Niederbayern/Oberpfalz ist auffallend, daß das relativ junge Feriengebiet Bayerischer Wald ganz nach vorne rückte. Überdies nahmen die Landkreise Rottal-Inn und Passau als traditionelle Warmblutzuchtgebiete nach wie vor eine dominierende Stellung ein.

Ferner soll erwähnt werden, daß sich die Reitanlagen in der Umgebung von München, Nürnberg-Erlangen, im Augsburger und Aschaffenburger Raum relativ verdichtet haben. Diese Konzentration in den angegebenen Orten läßt sich als Folgeerscheinung des Nachbarschaftseffekts interpretieren. Erklärungsbedürftig erscheint besonders die Situation im Umland von München, denn hier ist zwar schon eine Häufung der Reitanlagen - besonders in den südlichen Gemeinden mit Wald und Wiesengelände für Ausritte - unübersehbar, jedoch besteht diese Verdichtung nicht in dem Maße, wie man erwarten könnte. Auch hier zeigt sich der Unterschied von beiden Prozessen, weil der Ausbreitungsvorgang von Tennis in dieser Zeit sehr stark diese Räume erfaßt hatte.
Nicht zuletzt ist zu beobachten, daß in den fränkischen Räumen der Innovationsprozeß in Gegenden um Coburg, Hof (Oberfranken), Würzburg, Kitzingen (Unterfranken) relativ weit fortgeschritten ist. Überdies sei hinzugefügt, daß in den einzig noch bestehenden Zuchtgebieten für Kaltblut- und Arbeitspferde in Deutschland, nämlich im Oberland - in den Gebieten von Murnau, Rottenbuch, Königsdorf, Bichl und Bad Tölz - die Zahl der neuen Adaptoren sehr gering ausfällt.

Was die weitere Übernahme in Feriengebieten angeht, soll nun kurz auf den sogenannten "Urlaub auf dem Bauernhof" und dessen Hintergrund eingegangen werden. Die Zimmervermietung im Bauernhof wird häufig als eine Möglichkeit zur Einkommensverbesserung ansonsten unrentabler Höfe angesehen und deswegen auch von staatlicher Seite her bezuschußt[1]. Hier werden oft Reitgelegenheiten zusätzlich als Urlaubsprogramm angeboten. Den Statistiken des Bayerischen Bauernverbandes zufolge gibt es 1985/86 ungefähr 8.000 Bauernhöfe, die nicht nur Übernachtungsmöglichkeiten, sondern vor allem auch Reitprogramme anbieten.[2] Daraus folgt, daß fast 50% der Bauernhöfe mit Urlaubsangebot in Verbindung mit den Reitgelegenheiten stehen. (Karte 4) Freilich soll betont werden, daß es sich hier nicht um richtige Reiteinrichtungen handelt, sondern oft nur um Ausrittmöglichkeiten teilweise ohne spezielle Anlagen. Immerhin läßt sich nicht verkennen, daß diese Strömungen auch einen nicht zu unterschätzenden Einfluß auf die Aufnahme des Reitsports ausüben.

Wie die Karte 3d zeigt, hat der Innovationsprozeß der Reitanlagen bis zum Jahre 1973 fast ausnahmslos in allen Landkreisen seinen Niederschlag gefunden. Dies zeigt sich mittelbar auch an der zahlenmäßigen Verbreitung der Einrichtungen; nach dem Sportstättenentwicklungsplan beträgt im Jahre 1976 die Zahl der Reitanlagen im Freien 368, die der Reithallen 329[3] (Siehe Tab. 11). Der Vergleich der Anzahl der freien Anlagen mit der von Reithallen verweist darauf, daß die Hallen im Reitsport eine notwendige Voraussetzung für eine richtige Ausübung des Sports darstellt, was bei Tennis nicht der Fall ist.

---

1) In diesem Zusammenhang verweist RUPPERT darauf, daß insgesamt die finanzielle Bedeutung dieser Urlaubsform nicht überschätzt werden sollte. Vgl. ders., 1980 a.a.O., S.181.
2) Vgl. BAYERISCHER BAUERNVERBAND (Hrsg.), Urlaub auf dem Bauernhof in Bayern 1985/86, München 1985.
3) Diese Statistik scheint mir zumeist die Vereinsanlagen erfaßt zur haben, denn es gab im Jahre 1976 bereits über 400 Reitervereine in Bayern.

Karte 4

Urlaubsreitgelegenheit auf dem Bauernhof in Bayern 1985/86

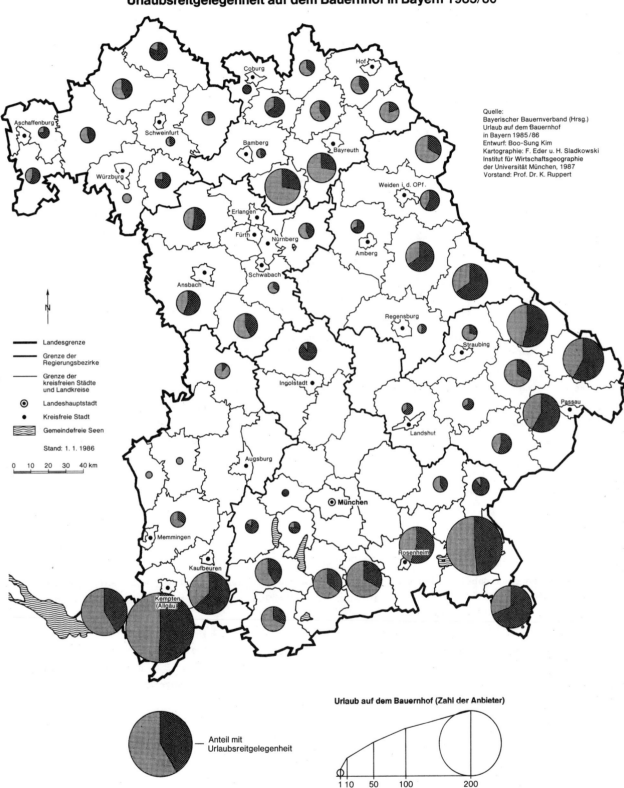

Quelle:
Bayerischer Bauernverband (Hrsg.)
Urlaub auf dem Bauernhof
in Bayern 1985/86
Entwurf: Boo-Sung Kim
Kartographie: F. Eder u. H. Sladkowski
Institut für Wirtschaftsgeographie
der Universität München, 1987
Vorstand: Prof. Dr. K. Ruppert

Landesgrenze

Grenze der
Regierungsbezirke

Grenze der
kreisfreien Städte
und Landkreise

Landeshauptstadt

Kreisfreie Stadt

Gemeindefreie Seen

Stand: 1. 1. 1986

0 10 20 30 40 km

Anteil mit
Urlaubsreitgelegenheit

Urlaub auf dem Bauernhof (Zahl der Anbieter)

1 10   50   100   200

Tabelle 11: Reitanlagen in den 18 Planungsregionen
Bayerns 1976

Planungsregion	Reitanlagen im Freien	in Hallen
Region 1	14	9
2	16	11
3	7	5
4	17	17
5	18	22
6	12	13
7	44	25
8	24	24
9	15	17
10	9	6
11	10	9
12	29	28
13	13	13
14	47	52
15	23	18
16	22	20
17	21	18
18	27	22
Bayern	368	329

Quelle: Bayerisches Staatsministerium für Unterricht und Kultus (Hrsg.), siehe Tab. 6,
S.131 ff.

Festzuhalten bleibt auch, daß der Diffusionsprozeß der Reitanlagen bezüglich der Kapazitä-
tenveränderung ein anderes Bild erkennen läßt als der von Tennis. Das Voranschreiten des
Prozesses bei Tennisanlagen hatte zugleich - allerdings mit Ausnahmen - die Erweiterung
der Kapazitäten auch innerhalb derselben Gemeinde zur Folge. Im Gegensatz dazu besteht bei
Reitanlagen kein allzu großer Unterschied der Kapazität zwischen Großstädten und kleinen
Gemeinden: 5 Anlagen sind der Extremwert pro Gemeinde.
Die nachfolgenden Beispiele von 1975 belegen diesen Sachverhalt:

5 Anlagen	München, Nürnberg
4 Anlagen	Ingolstadt, Neu-Ulm
3 Anlagen	Neufahrn bei Freising, Gräfelfing
	Utting am Ammersee, Weiden, Fürth
1-2 Anlagen	sonstige Gemeinden

Allerdings soll dabei mitberücksichtigt werden, daß sowohl die Qualität als auch spezielle
Einrichtungen - wie z.B. die Gesamtfläche oder die Stallkapazität - je nach den Anlagen
sehr unterschiedlich sind.

Von 1973 bis 1981 hat die Zahl der Reitanlagen fast um das Doppelte zugenommen (ca. 680).
Angenommen, daß die durchschnittliche Größe der Einrichtungen etwa 3ha ausmacht, beträgt
die Flächengröße der gesamten Anlagen in Bayern zusammengerechnet ungefähr 2040 ha.

Überblickt man den Innovationsprozeß im gesamten Zeitraum, so stellt sich heraus, daß nur
rund 25% der gesamten Gemeinden in Bayern davon erfaßt wurden. Außerdem haben nur 2/3 der
Ober- bis Unterzentren Reitanlagen, während Tennisanlagen nahezu in all diesen Zentren
verbreitet sind. Ferner zeigt sich auch, daß 2/3 aller Gemeinden, die Reitanlagen haben,

Kleinzentren sind oder Gemeinden ohne zentralörtliche Stufe zuzuordnen.

Daraus folgt allerdings, daß der Innovationsprozeß der Reitanlagen nicht nur vom Hierarchieprinzip, sondern ebenso in hohem Maße von lokalen Besonderheiten, d.h. enger Beziehung zur Pferdezucht, geleitet war, was wiederum einen ländlichen Charakter - im Gegensatz zum städtischen von Tennis - deutlich zum Ausdruck bringt.

Wie bei Tennis stellt sich nun die Frage, in welcher Phase sich der Innovationsprozeß der Reitanlagen befindet. Immerhin legt die gegenwärtige stagnierende Tendenz die Vermutung nahe, daß die Ausbreitung der Reitanlagen allmählich das Stättigungsstadium erreicht hätte.[1] Diese Aussage über die relativ schnelle Sättigung des Prozesses sollte nun noch, jeweils getrennt hinsichtlich Nachfrage- und Angebotsseite, differenziert werden.

Was die Nachfrageseite, d.h. Sportaktivitäten angeht, ist die frühere Sättigung darauf zurückzuführen, daß der Reitsport viel Zeit für die Ausbildung in Anspruch nimmt.[2] Überdies spielt die Kostenfrage eine enorme Rolle, weil man ab einem bestimmten Leistungsniveau eigene Pferde unterhalten muß, was mit hohen Kosten verbunden ist. Im Durchschnitt ist beispielsweise für Pensionspferdehaltung mit mindestens 500 DM pro Monat zu rechnen, so daß der Weg zur weiteren Ausbildung nicht einfach ist. Insofern ist die Entwicklung des Reitsports noch stärker als die von Tennis von der wirtschaftlichen Gesamtsituation abhängig. Dies gilt ebenfalls für die Pferdezucht, wie wir oben gesehen haben. Aus dem Grunde ist es nicht verwunderlich, wenn sich zur Zeit, allgemein betrachtet, eine stagnierende Tendenz abzeichnet, sowohl im Hinblick auf die Mitgliederzahl der Reitervereine als auch bezüglich der Pferdezucht (Siehe Tab. 8, Abb.17).

Auf der Angebotsseite, nämlich den Reitanlagen, liegt die Situation nicht viel anders. Hier können Flächennutzungskonflikte unüberwindbare Schranken für die Verbreitung des Reitsports sein. Davon ist besonders der Geländeritt stark betroffen, u.a. wegen den dadurch entstehenden Flurschäden oder wegen der Wegezerstörung.[3] Überdies stellt auch die Sicherheitsgefährdung der Fußgänger und die Ruhestörung ein großes Problem dar, obwohl inzwischen viele markierte Reitwege als Zusatzinfrastruktur der Reitanlagen angelegt wurden: 1982 gab es ca. 550km markierte Reitwege in Bayern.

Schwierig erscheint die Neuerrichtung der Reitanlagen auch deshalb, weil sie eine relativ große Fläche in Anspruch nehmen müssen. Daraus ergibt sich, daß in dicht besiedelten Städten und deren direkter Umgebung kaum noch Chancen zur Übernahme der Reitanlagen bestehen. Damit hängt auch die Schwierigkeit bei der Standortauswahl der Anlagen zusammen; einerseits soll die Verkehrslage günstig sein, d.h. nicht zu weit vom Wohngebiet entfernt. Faktoren wie Anbindung an das öffentliche Verkehrsnetz und an gut ausgebaute öffentliche Straßen sind vor allem für jene Unternehmer wichtig, die ihr Angebot weniger an einen kleinen Kreis von Pferdebesitzern als vielmehr an die breite Bevölkerung, besonders die Jungendlichen, richten.[4]

Andererseits soll aber ein möglichst ruhiger und gefahrloser Zugang vom Reitbetrieb zu

---

1) Beim Expertengespräch bestätigt sich diese Ansicht in weitem Maße.

2) Aus den Befragungen in verschiedenen Verbänden.

3) Vgl. RICHTER, M., Freizeitmuster im peripheren Raum - das Beispiel des Pferdesports in Oberfranken, Arbeitsmaterialien zur Raumordnung und Raumplanung, Univ. Bayreuth, Heft 10, 1981, S.106 ff.

Ausrittsgeländen vorhanden sein, was sich oft, wenn überhaupt, nicht mit den eben dargelegten Voraussetzungen kombinieren läßt. Hierzu kommen Auswirkungen der Umweltgesetzge-
bung, die Reiten in Feld und Wald und Bauen in der freien Landschaft einschränkt.[1] Daraus
erklärt sich, daß Reitanlagen allmählich in abgelegene und relativ geschlossene Gebiete
zurückgedrängt werden. All diese Faktoren belasten die weitere Übernahme der Reitanlagen,
und voraussichtlich wird es dabei bleiben.[2]

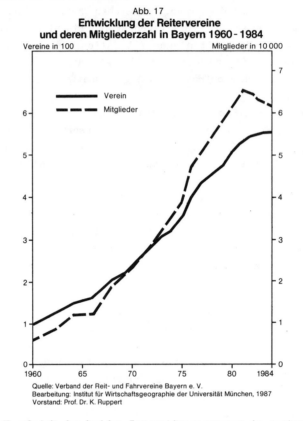

Abb. 17
**Entwicklung der Reitervereine
und deren Mitgliederzahl in Bayern 1960-1984**

Quelle: Verband der Reit- und Fahrvereine Bayern e. V.
Bearbeitung: Institut für Wirtschaftsgeographie der Universität München, 1987
Vorstand: Prof. Dr. K. Ruppert

IV. Zusammenfassung; Vergleich der beiden Innovationsprozesse in systematischer Hinsicht

Im Anschluß an die Rekonstruktionsversuche in den letzten beiden Abschnitten, in denen die
Innovationsprozesse von Tennis- und Reitanlagen nur in der zeitlichen Abfolge dargelegt
wurden, soll es im folgenden darum gehen, die beiden Vorgänge miteinander zu vergleichen,
um darauf systematische Aussagen über die Innovation hinsichtlich der zeitlichen (IV, 1),
der räumlichen (IV, 2) und der sozialen Dimension (IV, 3) abzuleiten.

1. Die zeitliche Dimension

Unter zeitlichem Aspekt beschäftigt sich die Innovationsforschung in erster Linie damit,

---

1) Deutsche Reiterliche Vereinigung (Hrsg.), ebenda.

2) Der Deutsche Sportbund (DSB) hat auch 1984 "Umweltpolitische Grundsätze" verabschiedet,
die besonders die sog. "Natursportarten" angehen. Dazu gehören u.a. Wassersport, Skilauf, Golf und nicht zuletzt Pferdesport. Außerdem hat der DSB in seiner ständigen
Kommission "Sport und Umwelt" sowohl Vertreter des Naturschutzes und der Landschafts-
planung als auch jeweils Mitarbeiter der o.g. Sportarten berufen. Vgl. dazu: Bayerns
Pferdezucht und Pferdesport, 20. Jg. (1984), Nr. 10, S.66.

in welcher Weise sich die zu untersuchende Innovation zahlenmäßig entwickelt hat. Mit anderen Worten: Die Feststellung der neuen Adaptoren und der Vergleich der Verteilung in der jeweiligen Phase stehen im Mittelpunkt der Untersuchung. Freilich bekommt diese Bestandsaufnahme erst dann ihren Sinn, wenn sie mit der räumlichen Dimension in Verbindung gebracht wird.

Vergleicht man nun die beiden Prozesse in zeitlicher Hinsicht, so stellt sich heraus, daß sie im ganzen genommen gemeinsame Züge tragen. Die "S-Kurve" und die zahlenmäßige Verteilung von beiden Anlagen zeigen deutlich, daß sie tendenziell weitgehend parallel abgelaufen sind, auch wenn die Gesamtzahl der Übernahmen selbst sehr unterschiedlich ausfällt (Tennis über 1500, Reiten über 650 Anlagen). Sie nahmen ihren Ausgang fast gleichzeitig etwa um 1900 und wurden dann bis zum zweiten Weltkrieg von einem relativ engen Kreis von Personengruppen übernommen. Ab 1960 läßt sich ein deutlich ansteigender Trend erkennen, der schließlich nach 1970 eine rapide Entwicklung nach sich zieht (Siehe Abb. 13, 16).

Diese sehr ähnliche zeitliche Entwicklung läßt sich mit dem begrifflichen Instrumentarium der Innovation in folgende verschiedenen Phasen gliedern und zusammenfassen. (Siehe Abb. 9, Tab. 12)

Tabelle 12: Phasengliederung der Innovationsprozesse von Tennis- und Reitanlagen

Phasen		Zeit	Anteil der Anlagen	
			Tennis	Reiten
Initialphase	Gründungsphase	bis 1914	ca. 1%	
	Anfangsphase	bis 1945	ca. 10%	ca. 7,5%
Ausdehnung-phase		bis 1955	ca. 15%	ca. 10%
		bis 1965	ca. 25%	ca. 25%
Verdichtungs-phase	Expansionsphase	bis 1973	ca. 50%	ca. 60%
	Verdichtungsph.	bis 1981	100%	100%
Sättigungs-phase		nach 1982		

Quelle: siehe Karte 2, 3
Entwurf: KIM, B.-S.

Freilich soll hier nicht übersehen werden, daß die vorgeschlagene Einordnung der jeweiligen Phasen nicht ohne Probleme ist. Schwierigkeiten bereitet vor allem die Frage, ab welchem Zeitpunkt die Sättigungsphase in beiden Prozessen begonnen hat. Wie bereits oben dargestellt, lassen sich darüber keine allgemein gültigen Aussagen machen. Außerdem hilft eine noch genauere Prüfung der "S-Kurven" nicht weiter, denn sie zeigen nur den flachen Anfang und den steilen Mittelteil, aber nicht den zu erwartenden Auslauf des Prozesses (Vgl. dazu, Abb. 2).

Von dem jetzigen Stand aus liegt dennoch eine Vermutung nahe, wie der weitere Verlauf der beiden Prozesse aussehen könnte. Nach dem vorhin Gesagten erscheint es sehr wahrscheinlich, daß die Tennisanlagen voraussichtlich weiterhin zunehmen werden. Überdies ist anzunehmen, daß die Zahl der Tennissportler noch ansteigen wird. Dagegen wird der Innovationsprozeß der Reitanlagen in absehbarer Zeit eine stagnierende Tendenz aufweisen, wofür bereits viele Symptome erkennbar sind. Im Grunde ist diese relativ frühe Sättigung mit Reitanlagen zu einem wesentlichen Teil auf die Eigenschaften der Innovation selbst zurückzuführen - wie z.B. lange Ausbildungszeit, hohe Kosten und nicht zuletzt die Inanspruchnahme einer großen Fläche.

Sieht man von diesen Besonderheiten und unterschiedlichen Tendenzen ab, dann ist zu behaupten, daß die beiden Prozesse, generell betrachtet, keine große Abweichung von der Gesetzmäßigkeit der Innovation erkennen lassen. Insofern ist die zahlenmäßige Entwicklung der beiden Prozesse als regelhaft anzusehen. Damit soll allerdings nicht verkannt werden, daß die beiden Innovationsprozesse eine verhältnismäßig lange Anlaufzeit beanspruchten und außerdem einen rapiden Zuwachs innerhalb eines kurzen Zeitraumes - vor allem Tennis - zeigten. (Abb. 13, 16)
Am Rande sei angemerkt, daß sich in ihnen ein allgemeiner gesellschaftlicher Prozeß zeigt, der sich in der zunehmenden Anteilnahme an Freizeit- bzw. Sportaktivitäten, widerspiegelt. (Vgl. Abb. 18)

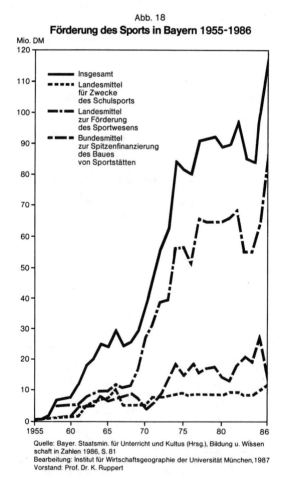

Abb. 18
Förderung des Sports in Bayern 1955-1986

Quelle: Bayer. Staatsmin. für Unterricht und Kultus (Hrsg.), Bildung u. Wissenschaft in Zahlen 1986, S. 81
Bearbeitung: Institut für Wirtschaftsgeographie der Universität München, 1987
Vorstand: Prof. Dr. K. Ruppert

2. Die räumliche Dimension

Wie bereits im theoretischen Teil ausführlich dargelegt, zeichnet sich die Innovationsforschung in der Geographie dadurch aus, daß ihre Betrachtungsweise und Analyse stets auf das Räumliche Bezug nimmt. Aus dem Grunde befaßt sie sich in erster Linie mit Fragen, in welcher Weise sich der Ausbreitungsvorgang räumlich differenziert ereignet und welche Regelhaftigkeiten dabei zu beobachten sind. Zieht man die beiden Innovationsprozesse von Tennis- und Reitanlagen in Bayern unter diesem Blickwinkel noch genauer in Betracht, dann lassen sich folgende Gemeinsamkeiten und Unterschiede feststellen.

Zur Erfassung bzw. Aufklärung der Innovationsprozesse bedient man sich sehr oft der Begriffe wie "Hierarchie-" und "Nachbarschaftseffekt".[1] Im Hinblick auf das Hierarchieprinzip stellt sich zunächst heraus, daß die beiden Ausbreitungsvorgänge in der Gründungsphase wesentlich davon geprägt sind. Das bedeutet, daß sie beide gemeinsam ihren Anfang überwiegend in den Großstädten mit höchster Zentralität finden. (Siehe Tab. 13)

Tabelle 13: Zentralörtliche Gliederung der neuen Adoptionsgemeinde in den jeweiligen Innovationsphasen. *

Innovations-phase		Oberzentren	Mögliche Ober-zentren	Mittel-zentren	Mögliche Mittel-zentren	Unter-zentren	Klein-zentren	Siedlungs-schwer-punkte	Sonstige	Total
Gründungsphase	T	23	27	45	5					100
(bis 1914)	R	47	33	20						100
Anfangsphase	T	6	16	41	8	14	4	2	8	100
(1915-1939)	R	2	10	27	14	16	14		20	100
Ausdehnung-	T		1	22	8	23	20	9	16	100
phase	R		4	24	8	14	23		23	100
(1946-1965)										
Expansion-	T			8	4	14	37	6	32	100
phase	R			9	2	14	27	6	42	100
(1965-1973)										
Verdichtungs-	T			2	1	7	38	2	50	100
phase	R			5	3	10	37	2	43	100
(1974-1981)										

Quelle: Siehe Karte 2, 3
Zusammenstellung: KIM, B.-S.
T: Tennisanlage
R: Reitanlage
*nach jetzigen zentralörtlichen Einstufungen

In den nachfolgenden Phasen zeigt sich dann im allgemeinen, daß die beiden Prozesse in Bezug auf den Hierarchieeffekt ein relativ unterschiedliches Bild erkennen lassen. Diese Unterschiede sind noch konkreter zu kennzeichnen:

Im Innovationsprozeß der Tennisanlagen bestätigt sich, daß das Hierarchieprinzip nach wie vor eine dominierende Rolle spielt. Wie die Tabelle 13 deutlich zeigt, hängt die räumliche

---

1) Vgl. dazu: oben C III, 3 und Abb. 7.

Verteilung bzw. Differenzierung der neuen Übernahmen in zeitlicher Abfolge durchgehend mit
der zentralörtlichen Stufe der betreffenden Gemeinden zusammen. Die Schwerpunktverlagerung
der neuen Adaptorgemeinden in der jeweiligen Phase läßt sich in Stichworten wie folgt
zusammenfassen:

1) Gründungsphase   Ober- und mögliche Oberzentren
2) Anfangsphase   Mittelzentren
3) Ausdehnungsphase   Unterzentren, Mittelzentren
4) Expansionsphase   Kleinzentren, Sonstige
5) Verdichtungsphase   Gemeinde ohne zentralörtliche
                           Stufe, Kleinzentren

Ferner kann man diese hierarchische Stufung im Innovationsprozeß der Tennisanlagen auch an
der zahlenmäßigen Verteilung der Plätze deutlich beobachten. (Siehe Tab. 14)

Tabelle 14: Die durchschnittliche Zahl derTennisplätze in den zentralen
            Orten Bayerns, 1982

zentralörtliche Einstufung	Tennisplätze pro Gemeinde (gesamt)	Tennisplätze pro Gemeinde mit Tennisanlagen
Oberzentren (ohne Würzburg)	ca. 200	200
Mögliche Oberzentren	39	29
Mittelzentren	11	11
Mögliche Mittelzentren	8	8
Unterzentren	5	5,5
Siedlungs-Schwerpunkte	11	12
Kleinzentren	2,4	3,5
Ohne zentralörtliche Einstufung	1	3,5

Quelle: Siehe Karte 2
Zuasammenstellung: KIM, B.-S.

Anders sieht das Bild des Innovationsprozesses von Reitanlagen aus. Wie oben immer wieder
betont, sind hier von vornherein zwei verschiedene Entwicklungslinien herauszulesen, die
zwar weitgehend miteinander einhergehen, jedoch an sich einen ganz verschiedenen Charakter
tragen. Anders gesagt: Neben dem Hierarchieprinzip kommt hier auch lokalen Besonderheiten
und strukturellen Voraussetzungen eine große Bedeutung zu, so daß die enge Beziehung zur
Pferdezucht - zunächst von Warmblut- oder Kaltblutzucht abgesehen - in wesentlichem Umfang
zu einer verhältnismäßig schnellen Übernahme führt.

In Bezug auf den Hierarchieeffekt hat dies konkret dreierlei Bedeutungen:

1) Wegen der engen Verbindung mit der Pferdezucht können auch Kleinzentren bzw. Gemeinden
   ohne zentralörtliche Stufe relativ frühzeitig Reitanlagen übernehmen. Dadurch verstärkt
   sich auch der ländliche Charakter der Reitanlagen im Gegensatz zum städtischen von
   Tennis.

2) Damit hängt auch zusammen, daß die Parallelität zwischen der hierarchischen Stufe der
   Adaptorgemeinden und der Schnelligkeit der Übernahme nicht so ausgeprägt erscheint wie
   bei Tennis. Dies zeigt sich besonders in der mittleren Periode, in der der Innovationsprozeß der Reitanlagen zwar weiterhin in die Mittel- bzw. Unterzentren eindringt, doch
   nicht so hierarchisch gestaffelt ist wie der bei Tennis. Am Rande sei erwähnt, daß
   bislang nur 75% der Mittelzentren und 60% der Unterzentren Reitanlagen adaptiert haben.

3) Der Innovationsprozeß der Reitanlagen liefert ein gutes Beispiel dafür, daß das Hierarchieprinzip nicht immer allgemein gelten kann, sondern je nach den Eigenschaften der Neuerung und der strukturellen Voraussetzungen der Adaptoren eine dementsprechende Einschränkung hinnehmen muß.

Versucht man nun aus dem Vergleich der beiden Prozesse zusätzlich allgemeine Aussagen über das Hierarchieprinzip zu formulieren, so sind folgende Punkte hervorzuheben:

1) Die beiden Ausbreitungsvorgänge machen ganz deutlich, daß die Zentren höchster Stufe bei allen Innovationen eine führende Position, sowohl hinsichtlich des Zeitpunktes der Übernahme als auch in der absoluten Zahl der Adaption einnehmen. Zugleich sind Großstädte hoher Zentralität sehr oft als Innovationszentren bzw. Nebenzentren anzusehen.

   Als solche Städte sind München und Nürnberg zu nennen, wofür viele Faktoren sprechen, nämlich die früheste Übernahme, die höchste Zahl der Anlagen mit großem Nachfragepotential (Mitgliederzahl) der Tennis- und Reitervereine, die relativ hohen Adaptionsquoten auch in Umlandgemeinden. Auf der Angebotsseite ist es freilich nicht unproblematisch, wenn man von einem Zentrum im Prozeß der Reitanlagen spricht, denn die Kapazitätsunterschiede einzelner Gemeinden sind nicht so groß wie bei Tennis. Dennoch zeigt sich auf der Nachfrageseite mit aller Deutlichkeit, daß immerhin ein klares Intensitätsgefälle zwischen Zentren und Umlandgemeinden besteht.

2) Anders als Zentren mit höchster Stufe scheinen Zentren von mittlerem bis unterem Rang je nach den Eigenschaften der Innovation unterschiedliche Bedeutung zu haben, wenngleich sie beim Zeitpunkt der Übernahme im allgemeinen den nicht zentralen Orten vorangehen. Daraus kann man schließen, daß in diesen Städten lokale Strukturvoraussetzungen auch ein wichtiges Element für die Übernahme darstellen. Ein treffendes Beispiel ist vor allem Rottalmünster, wo die enge Beziehung zur Pferdezucht in erheblichem Maße zur frühen Adaption der Reitanlagen beitrug, wohingegen die Übernahme der Tennisanlagen relativ spät erfolgt.

3) Dieser Zusammenhang zwischen lokalen Bedingungen und der Übernahme der Innovation verstärkt sich noch in Kleinzentren bzw. Gemeinden ohne zentralörtlichen Rang. Außerdem stellt sich heraus, daß hier die Entfernung von Innovationszentren - was man üblicherweise im Zusammenhang mit "Nachbarschaftseffekt" erörtert - auch als ein wichtiger Faktor für die Möglichkeit und Schnelligkeit der Übernahme zu betrachten ist.

Im Hinblick auf den Nachbarschaftseffekt von beiden Innovationsprozessen erscheint die Feststellung sehr wichtig, daß die beiden Vorgänge gleichermaßen einige außergewöhnliche Züge aufweisen.

Diese Besonderheiten sind mit dem späten Erscheinen des Nachbarschaftseffekts in beiden Prozessen erst nach den 60er Jahren zu begründen. Die Vermutung liegt nahe, daß die ungefähr in der selben Zeit einsetzende Stadt-Rand-Wanderung und der zunehmende Naherholungsverkehr eine erhebliche Rolle dabei spielten.

Zum zweiten läßt sich darüber hinaus feststellen, daß der Nachbarschaftseffekt, wenn er überhaupt auftritt, nicht der modellhaften Vorstellung entspricht. Daher kann man in beiden Innovationsprozessen nur selten beobachten, daß die zentrumsnahen viel früher als

die zentrumsfernen Gebiete von der Ausbreitung erfaßt werden. Statt der wellenförmigen Verbreitung, die sich von Zentren her nach außen hin vollzieht, ist vielmehr später häufig das Phänomen festzustellen, daß Tennis- und Reitanlagen innerhalb kurzer Zeit nur in bestimmten Ballungsgebieten - beispielsweise München, Nürnberg, Augsburg, Aschaffenburg - konzentriert entstehen.

Im Grunde genommen lassen sich die Seltenheit und zugleich die schwache Bedeutung des Nachbarschaftseffekts in den beiden Prozessen auf die Eigenschaften der Innovation selbst zurückführen. Gemeint ist - wie in dieser Arbeit wiederholt erwähnt - daß sich die Entscheidung für die Übernahme von Tennis- und Reitanlagen nicht auf der individuellen Ebene (wie z.B. im Haushalt) bewegt, sondern auf der kollektiven (auf der Basis der Gemeinden, Organisationen oder dergleichen). Dabei soll allerdings nicht übersehen werden, daß man je nach dem räumlichen Bezugsrahmen ein jeweils unterschiedliches Bild des Nachbarschaftseffekts erkennen kann.[1] Wenn z.B. der Diffusionsprozeß von der Nachfrageseite her auf einer noch kleineren räumlichen Basis verfolgt würde, dann wäre es durchaus möglich, daß dieser Effekt viel deutlicher in Erscheinung tritt.

Nicht zuletzt sei hier allgemein darauf hingewiesen, daß die klassische rein distanzabhängige Form der Diffusion immer mehr an Bedeutung verliert, indem das Raumsystem allmählich mit hochentwickelten Verkehrs- bzw. Informationsnetzen ausgestattet wird. Die Frage, ob und inwiefern dieser Faktor bei unseren Beispielen eine Rolle spielt, ist hier leider über vage Vermutungen hinaus nicht abschließend zu beantworten.

Im Anschluß an die Ausführungen über Hierarchie- und Nachbarschaftseffekte soll nun darauf eingegangen werden, wie sich die beiden Ausbreitungsvorgänge auf der regionalen Ebene unterschiedlich differenziert haben. Unter diesem Gesichtspunkt fällt zunächst auf, daß der Innovationsprozeß von Tennis im Vergleich zu dem der Reitanlagen nach wie vor einen konsistenten Charakter erkennen läßt. Damit ist gemeint, daß die Ausbreitung der Tennisanlagen von der Gründungsphase bis zur Verdichtungsphase im südbayerischen Gebiet (Regierungsbezirk Oberbayern bzw. Schwaben) durchgehend in überdurchschnittlichem Maße zustande kommt.

Anders ist die Lage wiederum beim Innovationsprozeß der Reitanlagen. Hier sieht man deutlich eine gewisse Schwerpunktverlagerung der Übernahme in zeitlicher Abfolge. Die Verlegung des Hauptgewichts läßt sich wie folgt charakterisieren:

1) Bis etwa 1955 rückt der fränkische Raum in Bezug auf ländliche Vereine weit nach vorne.

2) Danach zeichnet sich eine Tendenz ab, in der sich der Schwerpunkt der Adaptoren schrittweise vom fränkischen Raum auf Süd- bzw. Niederbayern verlagert.

Höchst interessant erscheint auch die Tatsache, daß sich ein ähnlicher Verlagerungsprozeß von Nord nach Süd innerhalb eines Regierungsbezirkes - z.B. Oberbayern, Schwaben und Franken - herauslesen läßt.

Sucht man genauer nach den Gründen für diese Verschiebung des Schwerpunkts, dann zeigt sich bald, daß die Erscheinung zum Teil mit dem Umstellungsprozeß von Kalt- auf Warmblut

---

1) Näher dazu: oben C III, 3.

zusammenhängt. Fast gleichzeitig entwickelt sich der Reitsport allmählich zu einer breiten Freizeitaktivität, was zusätzlich zur obengenannten Tendenz beiträgt.

In diesem Zusammenhang soll auch beachtet werden, in welcher Weise sich die räumliche Verteilung der Übernahmen in Fremdenverkehrsorten vollzieht. Generell betrachtet ist leicht anzunehmen, daß die Ausbreitung der Innovation in diesen Gebieten in relativ hohem Maße zu einer regionalen Differenzierung führen kann, weil sich schließlich die beiden Innovationsprozesse hauptsächlich im Rahmen des Freizeitverhaltens bewegen. Jedoch läßt eine genauere Überprüfung erkennen, daß dies nicht im gleichen Maße für die beiden Ausbreitungsvorgänge gilt, d.h. man kann hier eine unterschiedliche Entwicklung auch im Hinblick auf die Ausbreitung in Fremdenverkehrsorten beobachten. Wie bereits dargelegt, haben die Fremdenverkehrsorte im Innovationsprozeß der Tennisanlagen von Anfang an einen großen Anteil (besonders im Alpenbereich); die Gemeinden selbst oder die Fremdenverkehrsvereine unterstützen kräftig die Errichtung der Tennisanlagen. Dagegen stellt sich im Fall der Reitanlagen heraus, daß keine enge Verbindung von Urlaubsorten mit der Übernahme der Innovation, zumindest bis vor dem zweiten Weltkrieg, besteht. Erst später, nach den 60er Jahren, macht sich die allmähliche Konzentration der Adaoption in Feriengebieten bemerkbar.

Ferner ist auch innerhalb der Adaptorgemeinden der Unterschied nicht zu übersehen, daß die Reitanlagen relativ stark in mehr oder weniger bäuerlich geprägten Erholungsgebieten verbreitet sind, während die Tennisanlagen sich nach wie vor in traditionellen Fremdenverkehrsorten im Alpenbereich konzentrieren. Allgemein ist zu behaupten, daß das Süd-Nord-Gefälle in der Verteilung der Tennisanlagen noch deutlicher als bei Reitanlagen ins Auge fällt. (Vgl. auch Teil F)

Zusammenfassend ist zu sagen, daß der Innovationsprozeß der Reitanlagen viel mannigfaltiger als der von Tennis erscheint, was eine allgemeine Aussage über den Prozeß nur schwer zuläßt. Daneben sei auch hinzugefügt, daß sich ein paralleler Retraktionsprozeß oft im Laufe des Ausbreitungsvorgangs der Reitanlagen beobachten läßt. Man kann beispielsweise nicht selten Gemeinden finden, in denen die Anlagen früher vorhanden waren, aber inzwischen verschwunden sind. Diese Instabilität des Innovationsprozesses der Reitanlagen scheint vor allem darin begründet zu sein, daß er relativ empfindlich auf die gesamtwirtschaftliche Situation reagiert. Außerdem ist er in hohem Maße der Flächenkonkurrenz ausgesetzt, so daß die Reitanlagen für ihre Ausbreitung noch stärker als die Tenniseinrichtungen öffentlicher Unterstützung bzw. persönlicher Initiativen bedürfen.

3. Die soziale Dimension

Wie bereits im theoretischen Teil dargelegt, steht im Mittelpunkt sozialgeographischer Innovationsforschung nicht nur die Erfassung der Prozesse in Bezug auf ihre Raummuster. Vielmehr besteht die Aufgabe auch darin, diejenigen Personen oder Gruppen aufzuzeigen, die das Raumgefüge durch ihre Innovations- oder Adaptionsverhalten entscheidend mitgestalten.[1] In dieser Hinsicht sind in unseren Beispielen vor allem zwei verschiedene Personengruppen sehr wichtig, einerseits Privatleute und andererseits Unternehmer, auch wenn ihre Bedeutung und Rolle für den Ausbreitungsvorgang unterschiedlich ausfallen.

---

1) Vgl. HECKL, F.X., Standorte des Einzelhandels in Bayern: Raumstrukturen im Wandel, MSSW, Bd. 22, 1981, S.102.

Die in dieser Arbeit häufig bestätigte Tatsache einer maßgebenden Rolle der Sportvereine -
nämlich Tennis- und Reitervereine - braucht hier kaum noch wiederholt zu werden; sie haben
den räumlichen Prozeß durch die Übernahme der Innovationen initiiert und zugleich damit
einen großen Beitrag zur Gestaltung bzw. Änderung der Raumstruktur geleistet.[1] Beobachtet
man aber noch genauer die phasenmäßige Entwicklung von beiden Vereinstypen, dann lassen
sich über die allgemeine Bedeutung hinaus folgende Gemeinsamkeiten und Unterschiede herausfinden.

Gemeinsame Züge von beiden Vereinstypen zeigen sich zunächst darin, daß sie in Bezug auf
die Innovation einen doppelten Charakter haben. Das bedeutet, daß ihre Rolle nicht nur auf
die Angebotsseite beschränkt bleibt. Vielmehr ist auch die Nachfrageseite ganz wesentlich
von den Vereinen abhängig. Freilich läßt sich dieses Phänomen in der späteren Phase nicht
so stark konstatieren wie in der Initialphase, weil sich durch die Einführung der rein
kommerziellen Anlagen Angebots- und Nachfrageseite allmählich auseinanderbewegen.

Eine weitgehende Parallelität ist darüber hinaus auch in der zahlenmäßigen Entwicklung
beider Vereinsarten zu sehen. Dies zeigt sich besonders deutlich in der Phase nach dem
zweiten Weltkrieg bis 1980. Obwohl die absolute Zahl der Tennisvereine insgesamt 5-fach
höher ist als die der Reitervereine, nehmen beide von 1960 bis 1980 fast um den gleichen
Prozentanteil zu: in diesem Zeitraum vergrößerte sich die Zahl der beiden Arten von
Vereinen etwa um das 7-fache. Dies gilt ebenfalls für die Mitgliederzahl, bei der in
dieser Zeit jeweils ungefähr der 10-fache Zuwachs zu verzeichnen ist. Allerdings ist nach
den 80er Jahren eine unterschiedliche Tendenz spürbar. Die Zahl der Mitglieder der Tennisvereine steigt weiter, während die von Reitervereinen stagniert. (Siehe Abb. 14, 17)

Neben diesen Gemeinsamkeiten beider Vereine lassen sich folgende Unterschiede registrieren:

1) Während die Reitervereine hauptsächlich unter öffentlichem Einfluß initiiert werden,
   findet die Verbreitung der Tennisvereine mehr oder weniger spontan auf der privaten
   Ebene statt. Daraus erklärt sich, daß die Reitervereine empfindlicher gegenüber politischen Situationsveränderungen sind als die Tennisvereine. Ein gutes Beispiel dafür
   liefert die völlige Auflösung der Reitervereine im Dritten Reich.

2) Der unterschiedliche Charakter zeigt sich auch in der jeweiligen Zusammensetzung der
   Mitglieder beider Vereine. Wiewohl die beiden Sportarten in ihrer Frühphase zumeist von
   höheren Sozialschichten betrieben wurden, wiesen immerhin die Tennisvereine ein breite-
   res Spektrum der Mitgliederschaft auf als die Reitervereine.[2] Die Reitervereine waren
   zu einem großen Teil nur für einen geschlossenen Personenkreis zugänglich. Dies zeigt
   sich besonders deutlich in der Zeit vor dem ersten Weltkrieg, in der die Reitervereine
   entweder überwiegend aus adeligen Offizieren oder aus Bauern (z.B. in ländlichen Vereinen) bestanden.

3) Damit hängt auch zusammen, daß die Reitervereine zumeist als eigenständige Vereine

---

1) Dabei soll freilich nicht verkannt werden, daß die Daten von verschiedenen Ämtern
   selbst zu einem wesentlichen Teil solche Vereinsanlagen erfassen. Leider wurden in
   dieser Arbeit private Anlagen oft nicht in vollem Umfang berücksichtigt.

2) Dabei soll mitberücksichtigt werden, daß die Berufe der Tennismitglieder immerhin von
   gehobener Art waren wie z.B. Professoren, Ärzte, Geschäftsleute, Beamte und Studenten.

gegründet wurden, während die Tennisvereine als eine Abteilung der schon vorhandenen Sportvereine auftraten.

Das Beispiel von 1985 verdeutlicht diesen Sachverhalt: [1]

	Zahl	eigenständig	als Abteilung
Tennisvereine	1978	ca. 33%	ca. 67%
Reitvereine	589	ca. 93%	

Dabei scheint höchst interessant zu sein, daß sich jedoch viele Tennisvereine in den Fremdenverkehrsorten selbständig entwickelt haben. So besitzen beispielsweise 3/4 aller Tennisvereine (106) in prädikatisierten Bädern und Kurorten[2] einen eigenständigen Tennisclub.

4) Die Tennisvereine weisen überwiegend städtische Züge auf, was wiederum darauf hindeutet, daß der Innovationsprozeß selbst allgemein vom Hierarchieprinzip geleitet wird. Dies erklärt sich zum Teil daraus, daß die Ausbreitung der Sportvereine mit verschiedenen Abteilungen zunächst in Großstädten vonstatten geht. Im Gegensatz zu diesem mehr oder weniger einheitlichen städtischen Charakter der Tennisvereine sind die Reitervereine von zwei verschiedenen Merkmalen, nämlich städtischem und ländlichem geprägt, was sich auch im Innovationsprozeß sehr häufig beobachten läßt. Bis etwa 1960 waren die beiden streng voneinander getrennt, haben sie sich doch erst nach der Gründung des Verbandes der Reit- und Fahrvereine Bayern zusammengeschlossen.[3]

Zusammenfassend ist festzustellen, daß die räumlichen Ausbreitungsmuster der Tennis- und Reitanlagen und deren unterschiedliche Verteilung bzw. Entwicklung in vielerlei Hinsicht im unmittelbaren Zusammenhang mit den Eigenschaften der beiden Vereine stehen.

Tabelle 15: Trägerschaft von Tennis- und Reitanlagen in Bayern 1982

	Tennisanlagen im Freien	Tennishallen	Reitanlagen
* Privat (O)	25%	50%	66%
** Organisation (O)	48%	34%	25%
*** Gemeinden (G)	14%	4%	2%
P, O, G	12%	12%	7%

Quelle: Daten des Bayerischen Staatsministeriums für Landesentwicklung und Umweltfragen, 1982.
Zusammenstellung: KIM, B.-S.
* Hierher gehören oft auch Vereine
** Organisationen ohne Erwerbscharakter
*** P+O, P+G, O+G und P+O+G wurden darunter erfaßt.

---

1) Quelle: Daten aus dem Bayerischen Landessportverband.

2) Hierzu gehören Mineral- und Moorbäder, heilklimatische Kurorte, Kneippkurorte und Luftkurorte.

3) Vgl. GRÜNDL, A., 1978 a.a.O., S.5 ff.

Wie zuvor bereits ausgeführt, tritt die Rolle der privaten Personen bzw. Unternehmer für die Innovationsprozesse von beiden Anlagen relativ spät in Erscheinung. Erst mit dem zunehmenden Interesse an beiden Sportarten, was auch mit der allgemeinen Hinwendung zu Freizeitaktivitäten einhergeht, treten sie in verstärktem Maße als Innovationsträger auf, indem sie neben den Sportvereinen kommerzielle Anlagen errichten. Charakteristisch ist, daß im Prozeß der Reitanlagen die Landwirte einen großen Prozentanteil der privaten Trägerschaft ausmachen. Außerdem übernehmen die Gemeinden selbst hier die Rolle der Träger.

Wie die verschiedenen Trägerschaften - Private, Kommunen, Organisationen - in beiden Prozessen verteilt sind, kann man der Tabelle 15 entnehmen. Auffällig erscheint, daß die Trägerschaft der Reitanlagen relativ häufig privaten Charakter aufweist, während die der Tennisanlagen zu einem großen Teil aus Organisationen besteht, auch wenn hier immerhin ein ausgeglichenes Bild der Träger zu erkennen ist.

F. ANALYSE DER SPEZIELLEN RAUMSTRUKTUR ANHAND DER INNOVATION

Im Anschluß an die "Analyse der Prozeßmuster" soll im folgenden abschließend versucht werden, vom gegenwärtigen Stand der beiden Innovationsprozesse ausgehend, ihre räumlichen Ausprägungen kurz zusammenzufassen. Es geht, mit anderen Worten, um die "Analyse der Strukturmuster" in dem Sinne, daß man dadurch nach einer besseren Einsicht in die Strukturen des betreffenden Raumgefüges strebt. Daher steht im Vordergrund die Frage, ob und inwiefern die beiden Prozesse als ein Indikator für bestimmte Raumsituationen anzusehen sind, wobei allerdings der vergleichende Gesichtspunkt nach wie vor auch eine Rolle spielt.

Ähnlich wie bei der Prozeßanalyse werden auch die folgenden Untersuchungen zunächst in zwei Teile, d.h. die Angebots- und die Nachfrageseite, untergliedert. Auf der Angebotsseite handelt es sich vor allem um die Erfassung der räumlich differenzierten Verteilung der beiden Anlagen (unten I). Dagegen zielt die Betrachtung der Nachfrageseite darauf ab, anhand der organisierten Tennisspieler und Reiter ihre unterschiedlichen räumlichen Ausprägungen deutlich aufzuzeigen (II). Bei diesen Analysen wird auch die Bevölkerungszahl mitberücksichtigt, um dadurch die "Versorgungssituation" des jeweiligen Raumes zu erläutern.

Um diesen Zweck zu erfüllen, werden hier als Untersuchungseinheit statt der Gemeinde Landkreise und kreisfreie Städte gewählt. Die Auswahl beruht im wesentlichen darauf, daß sich der Einzugsbereich beider Anlagen meistens auf die Umlandgemeinden erstreckt, wie es später gezeigt wird.[1] Darüber hinaus hat diese Bezugsebene den Vorteil, daß man dadurch ein noch überschaubares Bild über die gesamte Raumsituation gewinnen kann.

Aufgrund der beiden "Analysen des Strukturmusters" wird letztlich eine Typisierung der Kreise vorgenommen (unten III). Dadurch will die vorliegende Arbeit einen kleinen Beitrag zur Planungsgrundlage leisten.

I. Die Angebotsseite

Wie oben bereits erwähnt, wurden in dieser Untersuchung zum Zeitpunkt 1982 über 1500 Tennisanlagen mit ca. 6900 Plätzen und etwa 690 Reiteinrichtungen im Bundesland Bayern erfaßt (Siehe Tab. 16, 17). Auf die gesamte Bevölkerungszahl umgerechnet bedeutet dies, daß ungefähr 6 Tennisplätze pro 10.000 Einwohner zur Verfügung stehen, dagegen 6 Reitanlagen für 100.000. Tabelle 16 und 17 belegen die räumliche Verteilung beider Anlagen zahlenmäßig.

Wie aus den beiden Tabellen hervorgeht, weist Schwaben bei Tennisanlagen die höchste Versorgungsquote auf, während bei Reitanlagen Niederbayern an der Spitze steht. Als das schwächste Gebiet bei Tennisanlagen stellt sich Oberfranken heraus, wohingegen man bei den Reitanlagen differenziert beurteilen muß; wenn man den gesamten Raum im jeweiligen Regierungsbezirk in Betracht zieht, hat Oberbayern die niedrigste Quote. Rechnet man jedoch nur Landkreise ohne kreisfreie Städte zusammen, steht die Oberpfalz an letzter Stelle.

_____

1) Vgl.unten Tab. 2

Tabelle 16: Die Verteilung der Tennisplätze in Bayern 1982

	Tennisanlagen im Freien		Tennishallen		Tennis-plätze / 10.000 Einwohner
	Zahl d. Anlagen	Zahl d. Plätze	Zahl d. Hallen	Zahl d. Plätze	
Oberbayern	515	2515	85	244	7,6
Niederbayern	175	570	21	46	6,2
Oberpfalz	147	461	24	46	5,3
Oberfranken	111	363	18	31	3,7
Mittelfranken	197	855	36	116	6,4
Unterfranken (ohne Würzburg)	139	408	16	28	4,1
Schwaben	283	1153	41	103	8,3
Bayern	1567	6325	241	614	6,4

Quelle: Siehe Karte 2
Zusammenstellung: KIM, B.-S.

Tabelle 17: Die Verteilung der Reitanlagen in Bayern 1982

	Zahl der Reitanlagen		Reitanlagen pro 100.000 Einwohner	
	Landkreise	kreisfreie Städte	Landkreise	Gesamt
Oberbayern	181	11	8,2	5,2
Niederbayern	92	5	10,8	9,5
Oberpfalz	52	8	7,0	6,2
Oberfranken	61	7	7,5	6,5
Mittelfranken	72	12	9,4	5,5
Unterfranken	69	4	7,2	6,0
Schwaben	109	6	9,5	7,5
Bayern	636	53	8,5	6,3

Quelle: Siehe Karte 3
Zusammenstellung: KIM, B.-S.

Dieser Unterschied gründet sich auf den zur Bevölkerungszahl wenig proportionalen Zuwachs der Reitanlagen, so daß kreisfreie Städte im allgemeinen die schlechteste Versorgungsquote erkennen lassen.[1]

---

1) So weist z.B. die Stadt München aufgrund ihrer hohen Einwohnerzahl die niedrigste Versorgungsquote (0,38 Anlagen pro 100.000 Einwohner) auf. Eine Ausnahme bildet unter den kreisfreien Städten die Stadt Weiden i.d. Opf. mit einer relativ guten Versorgungs- quote (6,8 Anlagen pro·100.000 Einwohner).

Wie die Versorgungsstruktur mit den beiden Anlagen ansonsten auf Kreisbasis aussieht, zeigen die Karten 5, 6, sehr deutlich.[3] Im Hinblick auf die räumliche Verteilung der Tennisanlagen ist das Süd-Nord-Gefälle - wie bereits dargelegt - beachtlich. Um einige extreme Beispiele dafür anzuführen:

höchste Versorgungsstufe (über 180 %)	niedrigste Versorgungsstufe (unter 45 %)
Oberallgäu	Amberg-Sulzbach
Starnberg	LKR Bayreuth
	LKR Coburg
Stadt Aschaffenburg	LKR Schweinfurt

Bei den Reitanlagen bleibt hervorzuheben ein krasser Kontrast zu beobachten, auch wenn dies mit dem Süd-Nord-Gefälle nichts zu tun hat. Wichtige Beispiele dafür sind:[2]

höchste Versorgungsquote (über 170 %)	niedrigste Versorgungsquote (unter 50 %)
Landsberg	Mühldorf am Inn
Freyung-Grafenau	LKR München
Regen	Neuburg-Schrobenhausen
	Neustadt a.d. Waldnaab

Zusammenfassend ist zu sagen:
1) Generell betrachtet, stellt sich die Versorgungsquote mit Tennisanlagen insofern als Indikator für die Raumstruktur dar, als die sog. "strukturschwachen Gebiete"[3] weitgehend eine niedrige Quote aufweisen. (Siehe Karte 5)
2) Dieser Zusammenhang gilt aber nicht für die räumliche Verteilung der Reitanlagen. Vielmehr zeigt sich eine hohe Versorgungsquote nicht selten auch in "strukturschwachen" Gebieten wie Landsberg, Neustadt a.d. Aisch - Bad Windsheim und Weißenburg-Gunzenhausen. Andererseits ist jedoch festzustellen, daß die gute Versorgungsquote zumeist in mehr oder weniger bäuerlich ausgeprägten Erholungsgebieten auftritt, die in relativ enger Verbindung mit der Pferdezucht stehen. (Vgl. Karte 4: Urlaub auf dem Bauernhof)

---

1) Die Berechnungsformel der Indexwerte lautet:
bei Tennis:
$$\frac{\text{Tennisplätze pro Einwohner eines Kreises x 100}}{\text{durchschnittliche Plätze pro Einwohner in Bayern}}$$
bei Reiten (hier werden nur die Landkreise in Betracht gezogen):
$$\frac{\text{Reitanlagen pro Einwohner eines Kreises x 100}}{\text{durchschnittliche Reitanlagen pro Einwohner in Bayern}}$$
Vgl. BODENSTEDT, W./MATTHES, U., Die materielle Freizeitinfrastruktur in der BRD, Schriftenreihe des Bundesministers für Jugend, Familie und Gesundheit, Bd. 106, Stuttgart 1976, S.52. Allerdings soll dabei der Hinweis nicht übersehen werden, daß bei den Reitanlagen die Errechnung derartiger Versorgungsquoten nicht unproblematisch ist, weil hier die Kapazität einzelner Anlagen wie z.B. Stallkapazität und Flächengröße unberücksichtigt bleiben müssen.

2) Nur unter den Landkreisen ohne kreisfreie Städte.

3) Vgl. Bayerische Staatsregierung (Hrsg.), Landesentwicklungsprogramm Bayern 1984, S.89 ff.

Karte 5

Tennisanlagen in Bayern 1982

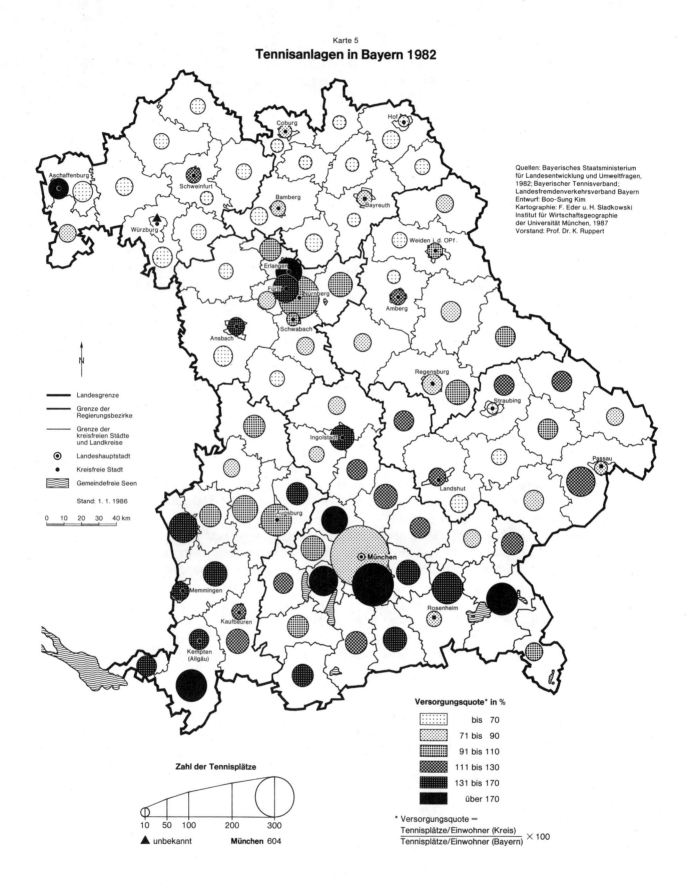

Quellen: Bayerisches Staatsministerium
für Landesentwicklung und Umweltfragen,
1982; Bayerischer Tennisverband;
Landesfremdenverkehrsverband Bayern
Entwurf: Boo-Sung Kim
Kartographie: F. Eder u. H. Sladkowski
Institut für Wirtschaftsgeographie
der Universität München, 1987
Vorstand: Prof. Dr. K. Ruppert

Landesgrenze

Grenze der
Regierungsbezirke

Grenze der
kreisfreien Städte
und Landkreise

⊙ Landeshauptstadt

● Kreisfreie Stadt

Gemeindefreie Seen

Stand: 1. 1. 1986

0   10   20   30   40 km

Zahl der Tennisplätze

10   50   100   200   300

▲ unbekannt   **München** 604

Versorgungsquote* in %

bis   70

71 bis   90

91 bis 110

111 bis 130

131 bis 170

über 170

* Versorgungsquote =
$$\frac{\text{Tennisplätze/Einwohner (Kreis)}}{\text{Tennisplätze/Einwohner (Bayern)}} \times 100$$

Karte 6
Reitanlagen in Bayern 1982

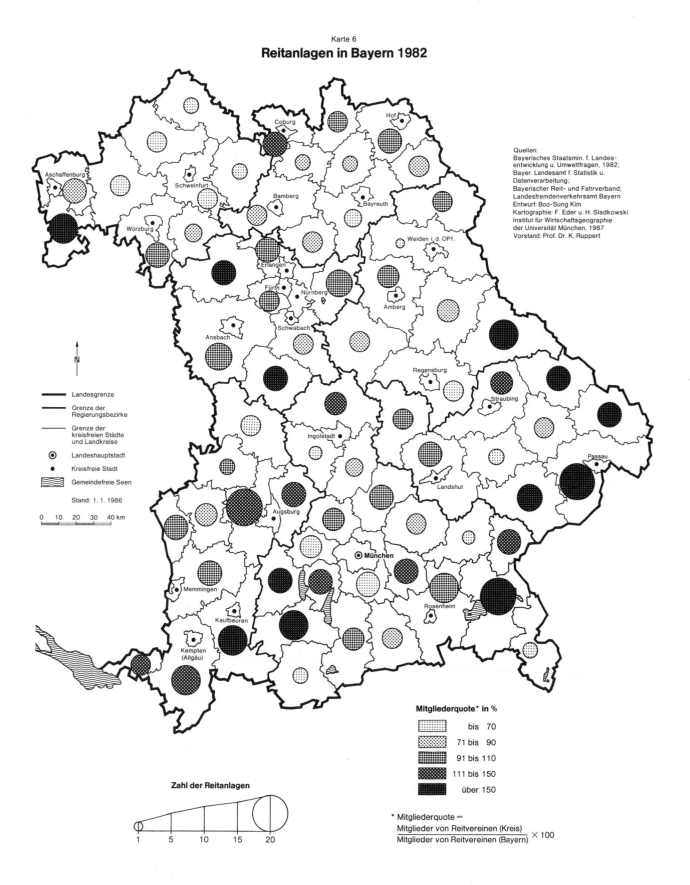

Quellen:
Bayerisches Staatsmin. f. Landes-
entwicklung u. Umweltfragen, 1982;
Bayer. Landesamt f. Statistik u.
Datenverarbeitung;
Bayerischer Reit- und Fahrverband;
Landesfremdenverkehrsamt Bayern
Entwurf: Boo-Sung Kim
Kartographie: F. Eder u. H. Sladkowski
Institut für Wirtschaftsgeographie
der Universität München, 1987
Vorstand: Prof. Dr. K. Ruppert

Landesgrenze

Grenze der
Regierungsbezirke

Grenze der
kreisfreien Städte
und Landkreise

Landeshauptstadt

Kreisfreie Stadt

Gemeindefreie Seen

Stand: 1. 1. 1986

0   10   20   30   40 km

N

Mitgliederquote* in %

bis   70

71 bis   90

91 bis 110

111 bis 150

über 150

Zahl der Reitanlagen

1   5   10   15   20

* Mitgliederquote =

$$\frac{\text{Mitglieder von Reitvereinen (Kreis)}}{\text{Mitglieder von Reitvereinen (Bayern)}} \times 100$$

II. Die Nachfrageseite

Im folgenden wird anhand der organisierten Sportler von Tennis- und Reitervereinen untersucht, wie die Nachfrageseite dieser beiden Sportaktivitäten bezüglich ihrer räumlichen Verteilung strukturiert ist.

Vergleicht man zunächst die Mitgliederzahl von beiden Vereinsarten miteinander, dann stellt sich heraus, daß im Jahre 1984 ca. 300.000 Tennisspieler und ca. 60.000 Reitsportler im Bayerischen Landessportverband registriert worden sind. Daraus folgt, daß die Durchschnittsmitgliederzahl des Tennisvereins 166 beträgt, dagegen die des Reitervereins 111.[1] Überdies scheint bemerkenswert, daß die Reitervereine im Vergleich zu Tennisvereinen einen großen Anteil der Frauen (Reiten 60 %, Tennis 40 %) und der Jugendlichen (Reiten 28 %, Tennis 19,9 %) erkennen lassen. Um die konkrete Zusammensetzung der Mitglieder zu verdeutlichen, wird auf die nachfolgende Tabelle verwiesen:

Tabelle 18: Mitgliederstruktur von Tennis- und Reitervereinen 1984

Alter/Geschlecht		Tennis	Reiten
Kinder unter 14 Jahren	m	7,2	2,2
	w	4,2	10,5
Jugendliche 14-18 Jahre	m	6,7	2,8
	w	5,7	15,6
18-21 Jahre	m	4,1	2,5
	w	3,4	7,8
21-25 Jahre	m	4,8	3,4
	w	3,9	7,2
über 25 J.	m	36,0	29,5
	w	34,0	18,55
Gesamt		100 % (310.572)	100 % (62.230)

Quelle: Bayerischer Landessportverband
Bearb.: KIM, B.-S.

Wenn man als nächstes die Mitgliederzahl von Tennis- und Reitervereinen im Hinblick auf ihre räumliche Differenzierung analysiert, ergibt sich daraus folgendes Verteilungsbild:

---

1) Um den größten Verein zu nennen:
   Bei Tennis: TC Bamberg mit 1162 Mitgliedern
   Bei Reiten: RuFV Taufkirchen/Vils mit 557 Mitgliedern

Tabelle 19: Die Verteilung der Mitglieder von Tennis- und Reitervereinen in Regierungsbezirken Bayerns 1984

	Räumliche Tennis	Verteilung Reiten	Mitglieder pro 1.000 Einwohner	
			Tennis	Reiten
Oberbayern	33,3 %	25,0 %	27	4
Niederbayern	10,0 %	12,3 %	29	7
Oberpfalz	7,8 %	8,3 %	24	5
Oberfranken	7,9 %	11,5 %	22	6,5
Mittelfranken	13,7 %	13,0 %	27	5
Unterfranken	10,4 %	11,4 %	20	5,6
Schwaben	16,9 %	18,5 %	32	7,1
Bayern	100,0 %	100,0 %	27	5,4

Quelle: Bayerischer Landessportverband
Zusammenstellung: KIM, B.-S.

Nach dieser Tabelle rückt die Mitgliederquote der Tennisvereine in Schwaben ebenfalls wie auf der Angebotsseite ganz nach vorne, außerdem ist Schwaben auch bei Reitervereinen an erster Stelle. Den niedrigsten Prozentanteil weist bei Tennis Unterfranken, bei Reiten Oberbayern auf. Im großen und ganzen läßt sich jedoch am Verteilungsbild der Nachfrageseite keine große Abweichung von der Entwicklungstendenz der Angebotsseite beobachten (Vgl. Karte 7, 8). Wie sich die Zusammensetzung der beiden Seiten auf der räumlichen Ebene darstellt, darauf wird erst in der Kreistypisierung eingegangen. Ansonsten seien hier nur noch typische Extremfälle für die Mitgliederquote pro Kreis genannt:

Tennis

höchste Mitgliederquote (über 170 %)	niedrigste Mitgliederquote (unter 50 %)
Dachau Stadt Aschaffenburg	Stadt München LKR Bayreuth

Reiten

höchste Mitgliederquote (über 220 %)	niedrigste Mitgliederquote (unter 30 %)
LKR Ansbach LKR Coburg Stadt Straubing	Berchtesgadener Land LKR München Stadt München Neustadt a.d. Waldnaab

Schließlich sei hier die Problematik der Einzugsbereiche von Mitgliedern anhand der ausgewählten Tennis- und Reitervereine noch erörtert. Da die mir verfügbaren Daten nur einen kleinen Teil der gesamten Vereine erfaßten, sind die folgenden Aussagen ergänzungsbedürftig. Immerhin veranschaulicht die Tabelle 20 die Reichweite von beiden Vereinsarten.

Karte 7

Mitglieder von Tennisvereinen in Bayern 1984

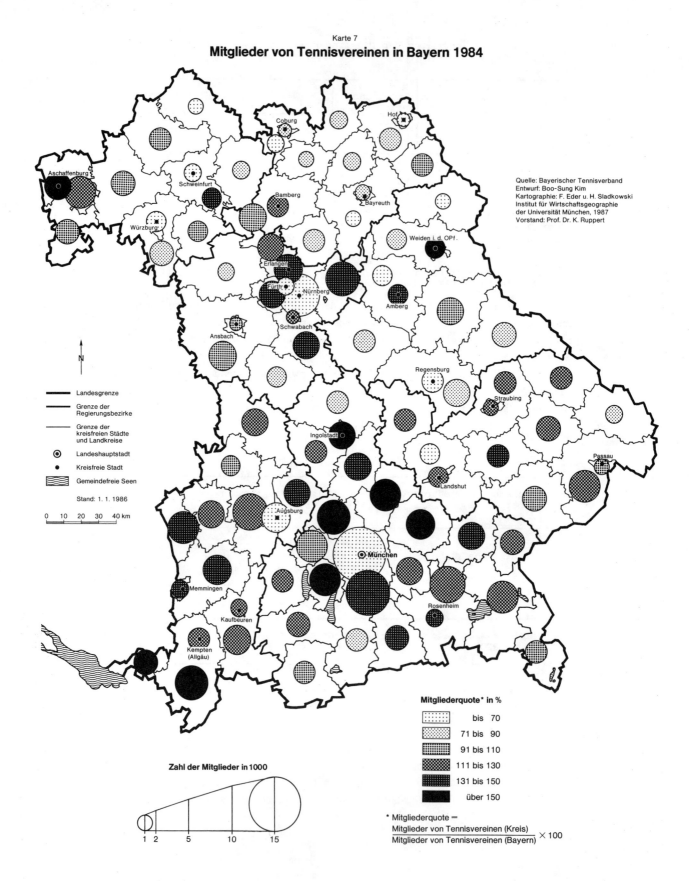

Quelle: Bayerischer Tennisverband
Entwurf: Boo-Sung Kim
Kartographie: F. Eder u. H. Sladkowski
Institut für Wirtschaftsgeographie
der Universität München, 1987
Vorstand: Prof. Dr. K. Ruppert

Landesgrenze

Grenze der
Regierungsbezirke

Grenze der
kreisfreien Städte
und Landkreise

Landeshauptstadt

Kreisfreie Stadt

Gemeindefreie Seen

Stand: 1. 1. 1986

0   10   20   30   40 km

Mitgliederquote* in %

	bis 70
	71 bis 90
	91 bis 110
	111 bis 130
	131 bis 150
	über 150

Zahl der Mitglieder in 1000

1 2   5   10   15

* Mitgliederquote =

$$\frac{\text{Mitglieder von Tennisvereinen (Kreis)}}{\text{Mitglieder von Tennisvereinen (Bayern)}} \times 100$$

Karte 8
Mitglieder von Reitvereinen in Bayern 1984

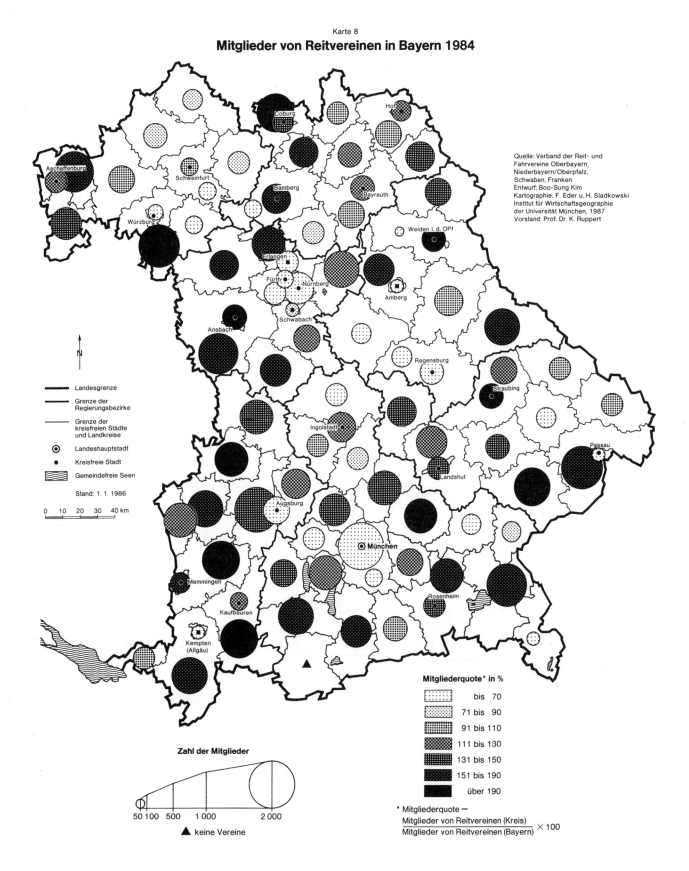

Quelle: Verband der Reit- und
Fahrvereine Oberbayern,
Niederbayern/Oberpfalz,
Schwaben, Franken
Entwurf: Boo-Sung Kim
Kartographie: F. Eder u. H. Sladkowski
Institut für Wirtschaftsgeographie
der Universität München, 1987
Vorstand: Prof. Dr. K. Ruppert

Landesgrenze
Grenze der
Regierungsbezirke
Grenze der
kreisfreien Städte
und Landkreise
Landeshauptstadt
Kreisfreie Stadt
Gemeindefreie Seen
Stand: 1. 1. 1986

0 10 20 30 40 km

Zahl der Mitglieder

50 100 500 1 000 2 000

▲ keine Vereine

Mitgliederquote* in %

	bis 70
	71 bis 90
	91 bis 110
	111 bis 130
	131 bis 150
	151 bis 190
	über 190

* Mitgliederquote =
$$\frac{\text{Mitglieder von Reitvereinen (Kreis)}}{\text{Mitglieder von Reitvereinen (Bayern)}} \times 100$$

Tabelle 20: Einzugsbereich der Mitglieder von ausgewählten Tennis- und Reitervereinen[1]

	Tennis	Reiten
Innerhalb der Gemeindegrenze	74 %	70 %
Umlandgemeinde	22 %	23 %
mehr als 10 km	4 %	7 %
Gesamt	100 %	100 %
	(3277)	(1299)

Quelle: Eigene Erhebung 1984, 1985

Als nennenswerte Erscheinung sind vor allem folgende Punkte hinsichtlich der Einzugsbereiche von Tennis- und Reitanlagen zu beachten:

1) Wie man der Tabelle leicht entnehmen kann, besteht kein großer Unterschied zwischen beiden Anlagen, auch wenn die Reitervereine noch größere Reichweiten als bei Tennis haben. Daraus kann man schließen, daß ungefähr 10 km als durchschnittlicher Einzugsbereich anzusehen sind.[2]

2) In der Untersuchung zeigt sich, daß der Einzugsbereich der Mitglieder in nur geringem Maße davon abhängt, welche zentralörtliche Rangordnung der Standort der Anlagen hat. Dieser Sachverhalt wird mit Tabelle 21 zahlenmäßig belegt:

Tabelle 21: Einzugsbereich der Mitglieder nach der zentralörtlichen Einstufung

	*OZ/MOZ	**MZ/MMZ/UZ	***KZ/ohne
Innerhalb der Gemeindegrenze	75 %	74 %	70 %
Umlandgemeinde innerhalb 10 km	21 %	22 %	21 %
mehr als 10 km	4 %	4 %	9 %
Gesamt	100 %	100 %	100 %
	(1614)	(2463)	(499)

Quelle: Eigene Erhebung 1984, 1985
*   Ober-/mögliche Oberzentren
**   Mittel-/mögliche Mittel-/Unterzentren
***   Kleinzentren/ohne zentralörtliche Einstufung

---

1) Diese Tabelle stellt sich als Ergebnis der Untersuchungen dar, die die Verfasserin mittels des brieflichen Umfragens durchgeführt hat. Dabei sind 9 Tennis- und 7 Reitervereine an folgenden Orten in Betracht gezogen:
Tennis: Altomünster, Erlangen, Friedberg, Grafenrheinfeld, Ingolstadt, Landau, München, Starnberg, Waldsassen;
Reiten: Bayrischzell, Fürstenfeldbruck, Hof, Ingolstadt, Kempten, Lindau, Selb.
Allerdings wurden insgesamt 150 Vereine mit unterschiedlichem Charakter an verschiedenen Orten gebeten, Mitgliederlisten für diese Analyse zur Verfügung zu stellen, wobei nur die o.g. Vereine geantwortet haben.

2) Ausführlich zu sportartenspezifischen Reaktionsweisen: Vgl. KERSTIENS-KOEBERLE, E., Freizeitverhalten im Wohnumfeld: Innerstädtische Fallstudien, Beispiel München, MSSW Bd. 19, 1979, S.166 ff.

Es scheint so zu sein, daß die unterschiedlichen Reichweiten der Einrichtungen eher darauf zurückgehen, in welcher Lage sie sich befinden bzw. wie günstig das Nachfragepotential aussieht - inwieweit beispielsweise konkurrenzfähige Anlagen sich in unmittelbarer Nähe befinden. Als gute Beispiele dafür sind die Reitervereine in Bayrischzell und Hof zu erwähnen:

Da relativ viele Reitervereine um Hof vorhanden sind, bleibt der Einzugsbereich dieses Vereins weitgehend auf Hof selbst beschränkt, während der Verein in Bayrischzell wegen seiner mehr oder weniger monopolistischen Lage eine große Reichweite aufzeigt.[1]

	innerhalb der Gemeinde	innerhalb 10 km	mehr als 10 km
Bayrischzell	13 %	43,5 %	43,5 %
Hof	90 %	7,5 %	2,5 %

3) Nicht zuletzt sei betont, daß man an unseren Beispielen das "Stadt-Umland-Kontinuum" deutlich herauslesen kann. So beispielsweise ist der Friedberger Tennisverein dafür bezeichnend, daß allein 35 % der Mitglieder aus Augsburg kommen (Stadt-Umland). Dagegen beziehen die Vereine München oder Erlangen jeweils 28 % der Mitglieder aus ihren Umgebungen. (Umland-Stadt) Außerdem zeigt sich dieses Phänomen nicht nur in Großstädten, sondern auch in Städten der mittleren Größe wie Fürstenfeldbruck, wo 40 % der Mitglieder aus dem Umland stammen und 12 % aus München.

III. Typisierung der Kreise anhand der Innovation

Aufgrund der vorangegangenen Untersuchungen zur Angebots- und Nachfrageseite soll schließlich eine Typisierung der Kreise vorgenommen werden. Dabei ist der leitende Gedanke, daß die Zusammensetzung von der Versorgungs- und der Mitgliederquote einen möglichen Beurteilungsmaßstab für die Raumstruktur der betreffenden Kreise ermöglichen kann. Kriterium für die Klassifizierung der verschiedenen Typen ist daher zunächst der jeweilige Stand sowohl der Anlagen- als auch der Mitgliederzahl von Tennis und Reiten, dann werden diese Zahlen nach dem Durchschnittswert in Bayern in drei Skalen - 1) überdurchschnittlich (+), 2) normal (0), 3) unterdurchschnittlich (-) - kategorisiert. Extreme Ausnahmeerscheinungen wurden bei dieser Analyse nur in geringem Maße festgestellt und einige Grenzfälle in das vorhin genannte Muster eingepaßt. In groben Umrissen kann man hier wiederum drei große Haupttypen herausstellen, die sich bezüglich der Innovationsprozesse von Reit- und Tennisanlagen als entweder positiv oder negativ oder einseitig erweisen. Als positive Typen wurden zunächst solche Kreise verstanden, deren Quote sowohl hinsichtlich der Versorgung als auch der Mitglieder über den Durchschnitt hinausgeht (Typ 1). Musterbeispiel ist der LKR Starnberg. An zweiter Stelle lassen sich hier auch diejenigen Kreise einbeziehen, in denen zwar eines von vier Kriterien, - Angebots- und Nachfrageseite von Tennis- und Reitsport - keinen überdurchschnittlichen Wert aufweist, die jedoch im großen und ganzen einen hohen Entwicklungsstand erkennen lassen. (Typ 2)

---

1) Freilich spielen dabei andere Faktoren eine Rolle wie z.B. Fremdenverkehr und Naherholung.

Karte 9

Typisierung der bayerischen Kreise 1982 anhand der Innovation

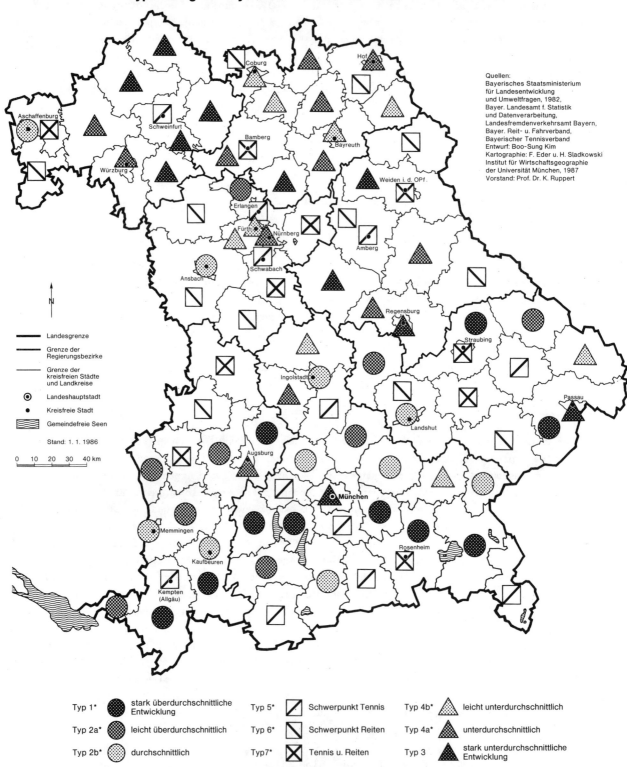

Quellen:
Bayerisches Staatsministerium
für Landesentwicklung
und Umweltfragen, 1982,
Bayer. Landesamt f. Statistik
und Datenverarbeitung,
Landesfremdenverkehrsamt Bayern,
Bayer. Reit- u. Fahrverband,
Bayerischer Tennisverband
Entwurf: Boo-Sung Kim
Kartographie: F. Eder u. H. Sladkowski
Institut für Wirtschaftsgeographie
der Universität München, 1987
Vorstand: Prof. Dr. K. Ruppert

Landesgrenze
Grenze der
Regierungsbezirke
Grenze der
kreisfreien Städte
und Landkreise
Landeshauptstadt
Kreisfreie Stadt
Gemeindefreie Seen

Stand: 1. 1. 1986

0 10 20 30 40 km

Typ 1*	● stark überdurchschnittliche Entwicklung	Typ 5*	◿ Schwerpunkt Tennis	Typ 4b*	△ leicht unterdurchschnittlich
Typ 2a*	◉ leicht überdurchschnittlich	Typ 6*	◻ Schwerpunkt Reiten	Typ 4a*	△ unterdurchschnittlich
Typ 2b*	○ durchschnittlich	Typ7*	⊠ Tennis u. Reiten	Typ 3	▲ stark unterdurchschnittliche Entwicklung

* siehe Tab. 22, 23, 24

Tabelle 22: Positive Kreistypen anhand der Innovationsprozesse bei Tennis und Reiten

		TA*	TN**	RA***	RN****	Musterbeispiele	Kreis-zahl
Typ 1		+	+	+	+	LKR Oberallgäu LKR Starnberg	10
Typ 2	a	+ + o	+ + +	+ o +	o + +	LKR Lindau LKR Kelheim LKR Weilheim-Schongau	9
	b	+ + +	+,0 + -	- + o	+ - +	Stadt Aschaffenb. LKR Altötting LKR Bad Tölz Wolfratshausen	10

Entwurf: KIM, B.-S.
*   TA: Tennis-Angebotsseite (Vgl. Karte 5)
**   TN: Tennis-Nachfrageseite (Vgl. Karte 6)
*** RA: Reiten-Angebotsseite (Vgl. Karte 7)
**** RN: Reiten-Nachfrageseite (Vgl. Karte 8)

Als Gegenstück positiver Typen sind die Kreise anzusehen, in denen Innovationsprozesse von Tennis und Reiten überhaupt unter den normalen Entwicklungsstand rücken, was wir im folgenden als negative Typen bezeichnen wollen. Hierher gehören auch solche Kreise, die entweder im allgemeinen eine ähnlich schlechte Tendenz aufweisen (3) oder wegen der lokalen Sondervoraussetzung nur eine Seite von vier Kriterien hervortreten lassen (4). Diese negativen Typen sind wie folgt darzustellen:

Tabelle 23: Negative Typen anhand der Innovationsprozesse bei Tennis und Reiten

		TA	TN	RA	RN	Musterbeispiele	Kreis-zahl
Typ 3		-	-	-	-	LKR Neustadt a.d. Waldnaab LKR Rhön-Grabfeld	11
Typ 4	a	- - - o	- - o -	- o - -	o - - -	Stadt Hof LKR Kronach LKR Neuburg-Schrobenhausen Stadt Augsburg	12
	b	- - - +	- - + -	- + - -	+ - - -	LKR Lichtenfels LKR Eichstätt LKR Mühldorf a. Inn Stadt Fürth	9

Quelle: KIM, B.-S.

Als die dritte Kategorie sind solche Kreise einzustufen, in denen beide Prozeßverläufe nicht ausgeglichen erfolgten, sondern durch einseitige Verstärkung bestimmter Aspekte gekennzeichnet sind. Diesen einseitigen Typen sind zunächst die Kreise zuzuordnen, wo entweder Tennis oder Reiten allein in hohem Maße verbreitet sind. (Typ 5, Typ 6) Überdies gehören hierher auch Kreise, in denen im allgemeinen Nachfrageüberschuß besteht (Typ 7).

Schließlich veranschaulicht Karte 9, wie verschiedene Typen räumlich verteilt sind.

Tabelle 24: Schwerpunkttypen der Kreise anhand der Innovationsprozesse bei Tennis und Reiten

	TA	TN	RA	RN	Musterbeispiele	Kreiszahl
Typ 5	+,0	+,0	-	-	LKR München Stadt Erlangen	12
Typ 6	-	-	0,+	0,+	LKR Weißenburg-Gunzenhausen	13
	-	0	+	+	LKR Rottal-Inn	
Typ 7	-	+	-	+	Stadt Bamberg	10
	0	+	0	+	Stadt Weiden	

Entwurf: KIM, B.-S.

G. ZUSAMMENFASSUNG

I. Die vorliegende Arbeit soll in sozialgeographischer Hinsicht einen Beitrag zur Erfassung und Aufklärung des Innovationsprozesses leisten; sie bemüht sich darum, den Innovationsprozeß über die bisherigen Denkansätze hinaus in einer Zusammenschau zu behandeln, und mit dem sich dabei herausbildenden Bezugsrahmen wird dann eine empirische Fallstudie an den speziellen Freizeiteinrichtungen - Tennis- und Reitanlagen - durchgeführt.

II. Der theoretische Teil besteht aus zwei Untersuchungen: einer Begriffsanalyse der Innovation und einem Rekonstruktionsversuch der bestehenden Forschungsansätze unter sozialgeographischem Aspekt.

Die Auseinandersetzung mit den Begriffsbestimmungen in verschiedenen Disziplinen führt dazu, daß als Abgrenzungskriterium der Innovation drei Begriffsmerkmale "Neuheit", "Anwendung" und "Veränderung" allgemein akzeptiert sind. Diese Merkmale liefern einen formalen Rahmen, in den der fachspezifische Inhalt überführt wird. Von diesen Erkenntnissen geleitet, sei folgende sozialgeographische Definition vorgeschlagen: "Innovation ist die raumwirksame Neuerung, die sich in Verbindung mit gruppenspezifischer Bewertung ausbreitet und dabei einen Wandel innerhalb der Grunddaseinsfunktion herbeiführt" (Siehe Tab. 1).

Daran schließt sich ein problemgeschichtlicher Abriß an, in dem einige wichtige Entwicklungsstationen der Geographie dargelegt werden. Dabei zeigt sich bald, daß die bisherigen Denkansätze als "Komplementärerscheinung" zu erfassen sind. Im Hinblick auf den gesamten Ablauf des Innovationsprozesses wird nun versucht, die Ergebnisse der verschiedenen Forschungsrichtungen im "sozialgeographischen Systemablauf" zu integrieren. Hier erweist sich der sozialgeographische Systemablauf als ein konvergierendes Modell, mit dem man den Innovationsprozeß in seinem Gesamtablauf treffend wiedergeben kann (Siehe Abb. 11).

III. Gegenstand der empirischen Untersuchung sind die Innovationsprozesse von Tennis- und Reitanlagen in Bayern; und zwar vom Ende des 19. Jh. bis zum heutigen Zeitpunkt. Bei der "Analyse des Prozeßmusters" geht es darum, die beiden Prozesse in zeitlicher Abfolge zu rekonstruieren und daraus systematische Aussagen hinsichtlich ihrer zeitlichen, räumlichen und sozialen Dimension abzuleiten. Dagegen zielt die "Analyse des Strukturmusters" darauf ab, durch die Bestandsaufnahme des jetzigen Entwicklungsstandes beider Innovationen zur besseren Einsicht in die Raumstruktur zu gelangen.

In zeitlicher Hinsicht stellt sich heraus, daß die beiden Prozesse tendenziell parallel abgelaufen sind: Initialphase bis etwa 1945, Ausdehnungsphase bis Ende der 60er Jahre und Verdichtungsphase ab den 70er Jahren (Siehe Tab. 12). Allerdings fällt die Gesamtzahl der Übernahmen selbst unterschiedlich aus: Tennis über 1500, Reiten über 650 Anlagen. Was den zukünftigen Verlauf der Prozesse betrifft, liegt die Vermutung nahe, daß die Zahl der Tennisanlagen weiter zunimmt. Dagegen deutet die gegenwärtig stagnierende Tendenz der Ausbreitung darauf hin, daß sich der Innovationsprozeß der Reitanlagen bereits in der Sättigungsphase befindet.

Hinsichtlich der räumlichen Dimension ist zunächst festzustellen, daß die Diffusion der Tennisanlagen mehr als die der Reitanlagen dem "Hierarchieprinzip" folgt. So verläuft der Ausbreitungsvorgang der Tennisanlagen in hohem Maße parallel zum Urbanisierungsgrad der Siedlungen. Dagegen spielt bei der Verbreitung der Reitanlagen die enge Verbindung mit der Pferdezucht auch eine entscheidende Rolle. Darüber hinaus weist der Innovationsprozeß der Tennisanlagen insofern einen einheitlichen Charakter auf, als sich Tennisanlagen im südbayerischen Gebiet - Oberbayern bzw. Schwaben - in überdurchschnittlichem Umfang ausbreiten, und zwar durchgehend von der Gründungsphase bis zur Verdichtungsphase. Im Gegensatz dazu ist beim Innovationsprozeß der Reitanlagen eine gewisse Schwerpunktsverlagerung der Übernahme unübersehbar. Nicht zuletzt sei angemerkt, daß in beiden Prozessen der "Nachbarschaftseffekt" relativ geringe Bedeutung erlangt. Er tritt intensiv erst nach den 60er Jahren in Erscheinung. Sowohl die Stadt-Rand-Wanderung als auch der zunehmende Naherholungsverkehr finden darin ihren Niederschlag.

Die Analyse der sozialen Dimension konzentriert sich hauptsächlich auf die Rolle der Tennis- und Reitervereine im Innovationsprozeß. Sie ergibt, daß als Innovationsträger diese Sozialgruppen den räumlichen Prozeß initiieren und zugleich damit zur Gestaltung und Veränderung der Raumstruktur beitragen. Dies gilt für die Angebots- sowie für die Nachfrageseite. Daraus kann man schließen, daß die unterschiedlichen räumlichen Entwicklungen der beiden Innovationen zu einem nicht geringen Teil von den Eigenschaften der beiden Vereine abhängen.

In der "Analyse des Strukturmusters" wird auf der Kreisbasis der gegenwärtige Stand der beiden Prozesse bezüglich der Angebots- sowie der Nachfrageseite zusammengefaßt. Die Kombination von all diesen Faktoren leitet schließlich zu einer Typisierung der Kreise über. Generell betrachtet läßt sich der Entwicklungsstand des Innovationsprozesses von Tennis insofern als Indikator zur Raumstruktur ansehen, als die sogenannten "strukturschwache Gebiete" weitgehend niedrige Versorgungsquoten aufweisen. Außerdem tritt bei der Verteilung der Tennisanlagen das Süd-Nord-Gefälle deutlich hervor. Anders ist es beim Reiten. Nicht selten zeigen auch strukturschwache Gebiete ein hohes Entwicklungsniveau. Im übrigen kann man die gute Versorgungsquote zumeist in mehr oder weniger bäuerlich geprägten Erholungsgebieten beobachten, die in engem Zusammenhang mit der Pferdezucht stehen.

IV. Stellt man sich nun die Frage, inwiefern die bisherigen Untersuchungen eine noch weiterzuführende Erkenntnis für die Innovationsforschung hervorgebracht haben, so lassen sich folgende Feststellungen treffen:

Zunächst bestätigt sich in der vorliegenden Arbeit die allgemeine These, daß die Differenziertheit und die Exaktheit der Aussagen über die Innovation zum größten Teil von der Zuverlässigkeit sowie vom Umfang der betreffenden Daten abhängen. Darüber hinaus ergibt sich, daß man mit rein statistisch erfaßten Daten allein nicht viel anfangen kann, selbst wenn solche Daten zu beschaffen wären. Insofern ist die Beschäftigung mit den jeweiligen lokalen Strukturvoraussetzungen und Besonderheiten unumgänglich, die je nach den Merkmalen der Innovation variieren. Erst duch diese materielle Betrachtung gewinnt nicht nur eine theoretische Verallgemeinerung konkreter Forschungsergebnisse ihr sachliches Substrat, sondern die Innovationsforschung kann damit auch als Planungsgrundlage dienen.

Die empirische Untersuchung belegt deutlich, daß je nach den Eigenschaften der Innovation bestimmte Sozialgruppen für deren Übernahme prädisponiert sind. Aus dieser engen Anbindung folgt, daß eine noch gründlichere Analyse dieses Phänomens im räumlichen Zusammenhang eine Prognose über die weiteren Prozeßabläufe ermöglicht. Hier ist eine Nahtstelle zwischen der Innovationsforschung und dem sozialgeographischen Denkansatz unübersehbar.

Höchst interessant erscheint auch, daß man an den Innovationsprozessen einen Rückkopplungsmechanismus zwischen gesellschaftlichem und räumlichem Wandel ablesen kann. Einerseits stehen ihre räumlichen Ausprägungen unter dem Einfluß der gesamtgesellschaftlichen Situation. Andererseits schlägt sich auch die gesellschaftliche Entwicklung wiederum in den durch Innovationen veränderten Raumstrukturen nieder, woraus der Indikatorcharakter der Innovation resultiert.

Summary

I.   The purpose of this study is to contribute, from the point of view of the social-geographical conception, to the comprehension and clarification of the process of innovation; it endeavours to deal with the process of innovation by means of a synopsis which goes beyond the existing approaches. The thus developed framework is taken as the basis for an empirical case study based on the examples of recreational facilities, specifically tennis and riding facilities.

II. The theoretical part consists of an analysis of the term innovation and tries to reconstruct the existing approaches from a social-geographical point of view. When analysing the term innovation, three definitions - "newness", "application" and "change" - are generally accepted; in each case the definition itself embodies the particular specific content, quasi as a formal concept.
     Starting out from there, innovation is defined as a "novelty with spatial effects, which spreads in combination with a group-specific valuation, thereby leading to a change within the basic functions" (see tab. 1).
     A problem-oriented outline of some important stages of development in the history of geography shows that the existing approaches have to be understood as "complementary facts". Therefore, with reference to the entire course of the process of innovation, the existing research results are to be integrated into the "social-geographical system". Here the social-geographical system also proves to be a "convergent model" (see fig. 11).

III. The empirical examination focuses on the "analysis of the process pattern" as well as on the "analysis of the structural pattern".
     The "analysis of the process pattern" mainly aims at reconstructing the process of innovation of tennis and riding facilities in a chronological order, and deriving systematic statements as to their temporal, spatial and social dimension.
     Regarding the time factor the two processes tended to coincide: an initial phase which lasted until about 1945, a phase of expansion until the end of the 60's and a phase of consolidation from the 70's onward (see tab. 12).
     With regards to the spatial dimension, it first has to be noted that the spreading of the tennis facilities follows the "hierarchy principle" more than that of the riding facilities. The close connection of horse-breeding and the expansion of riding facilities cannot be overseen. Furthermore, the process of innovation of tennis facilities shows an uniform character insofar as the scope of their expansion in Southern Bavaria - Upper Bavaria and Swabia respectively - is above average, in fact continuously so from the initial phase through the phase of consolidation.
     By contrast the spreading of the riding facilities unmistakably shows a certain shifting of the focus of acceptance. Not least, it has to be mentioned that in each process the "neighbourhood effect" is of relatively little importance.
     The analysis of the social dimension centres on the role tennis and riding clubs play in the course of the process of innovation. It clearly turns out that these social groups, as supporters of innovation, initiate the spatial process, thereby contributing to the formation and transformation of the spatial structure.

By summarizing the present stage of development, the "analysis of the structural pattern" tries to give a better understanding of the spatial structure. The supply-and-demand-side of each process are examined on a district-basis, which eventually leads to a constitution of types. In general, the stage of development of tennis can be taken as an indicator for the spatial structure, whereas with regards to riding, structurally weak regions, not seldom also show a high supply rate.

Résumé

I. Le but du travail présenté ici est de fournir, dans une optique de géographie so-
    ciale, une contribution à la recherche pour la compréhension et l'explication du
    processus innovatif. D'une étude synthétique du processus innovatif allant au delà
    des conceptions actuelles sera dégagé un cadre conceptuel, à partir duquel, une étude
    empirique portant sur des installations spécialement destinées aux loisirs - courts
    de tennis et terrains d'équitation - sera réalisée.

II. La partie théorique de l'étude consiste en une analyse conceptuelle du phénomène
    innovatif ainsi qu'en un essai d'adaptation aux besoins de la géographie sociale des
    différentes voies de recherche existantes à l'heure acuelle.
    L'analyse du concept d'innovation rélève que trois de ses éléments constituants -
    "nouveauté", "application" et "changement" - sont généralement acceptés pour le
    délimiter et que ces trois éléments, formant quasiment un cadre conceptuel formel,
    absorbent à chaque fois le contenu des différentes analyses quelqu'en soit la spécia-
    lisation. Partant de cette constatation, le concept d'innovation a été défini en tant
    que nouveauté effective dans l'espace, qui s'y propage en fonction des évaluations
    spécifiques que les différentes groupes en font et qui provoque ce faisant une
    évolution à l'intérieur des fonctions existentielles de base. (voir tableau nr.1)
    En passant en revue quelques-unes des plus importantes phases dans l'evolution de la
    discipline géographique, l'on s'apercoit que seuls des phénomènes dérivés de
    processus innovatifs ont été traités. Il aura cependant été tenté dans cette étude
    d'intégrer ces éléments dans un schéma systématique d'ensemble traitant du dé-
    roulement du processus innovatif dans une optique de géographie sociale. Ce faisant,
    le schéma systématique ainsi obtenu se révèle être un "modèle convergent". (voir
    schéma nr. 1)

III. L'étude empirique porte principalement sur une analyse dynamique du processus
    innovatif ainsi que sur celle - structurelle - de la distribution des innovations
    dans l'espace.
    Le but principal de l'analyse dynamique est de reconstituer dans le temps les dif-
    férentes phases du processus innovatif concernant l'expansion des courts de tennis et
    des terrains d'équitation et d'en tirer des conclusions systématiques quand aux
    dimensions sociales, spaciales et temporelles de ces installations destinées aux
    loisirs. L'analyse temporelle montre bien que ces deux processus innovatifs ont eu
    tendance à se dérouler paralèllement l'un à l'autre: phase initiale jusque'en 1945
    environ, phase d'expansion jusque'à la fin des années 1960 et phase de concentration
    à partir des années 1970. (voir tableau nr. 12)
    Concernant la dimension spaciale, il convient tout d'abord de remarquer que la dif-
    fusion des courts de tennis à davantage été influencée par le principe hiérarchique
    existant dans l'espace considéré que celle des terrains d'équitation. Cela s'explique
    évidemment par les liens étroits existants entre les écoles d'équitation et les lieux
    d'élevage de chevaux. Le processus innovatif concernant les courts de tennis, s'étant
    développé d'une facon constante de sa période initiale jusque'à sa période de con-
    centration, en particulier dans les régions du sud de la Bavière (en Haute-Bavière et
    en Souabe), possède un caractère assez homogène. Cela est beaucoup moins le cas pour

les terrains d'équitation dont la diffusion a été plus concentrée en certains points de léspace. Il convient également de signaler que "l'éffet de voisinage" (soit: la tentation d'imiter les voisins) n'a joué qu'un faible rôle dans le déroulement des deux processus étudiés.

L'analyse de la dimension sociale porte sur le rôle joué par les clubs de tennis et d'équitation dans le processus innovatif et montre clairement que ces groupes sociaux inovateurs ont été les initiateurs du processus innovatif dans l'espace et ont, en tant que tels, contribués à la formation et à la modification de la structure de l'espace.

L'analyse structurelle de la distribution dans l'espace, en faisant le point sur l'état actuel du développement des installations étudiées a pour but d'arriver à une meilleure compréhension de la structure de l'espace. Pour cela, une étude comparée de l'offre et de la demande a été éffectuée sur la base des arrondissements afin d'établir un classement du tennis dans l'espace peut servir d'indicateur pour en expliquer la structure, alors que le développement de l'équitation est beaucoup moins fiable en tant qu'indicateur, car il peut atteindre de hauts niveaux dans des régions faiblement structurées.

Г. РЕЗЮМЕ

1. ЭТОИ РАБОТОИ ХОЧЕТСЯ В СОЦИАЛЬНО-ГЕОГРАФИЧЕСКОМ ОТНОШЕНИИ ВНЕСТИ ВКЛАД В ПОНЯТИЕ И РАЗЪЯСНЕНИЕ ПРОЦЕССА ИННОВАЦИИ; ОНА СТАРАЕТСЯ ИЗЛОЖИТЬ ИННОВАЦИОННЫИ ПРОЦЕСС СВЕРХ ПРЕЖНИХ МЫШЛЕННЫХ ПОДХОДОВ К РЕШЕНИЮ ЭТОИ ЗАДАЧИ ОДНИМ ОБОЗРЕНИЕМ, И С ПРИ ЭТОМ ОБРАЗОВЫВАЮЩЕИСЯ РАМОИ ОТНОШЕНИЯ БЫЛО ПОТОМ ПЕРЕВЕДЕНО ЕМПИРИЧНОЕ СЛУЧАИ-ИССЛЕДОВАНИЕ СПЕЦИАЛЬНОИ ИНФРА-СТРУКТУРЫ СВОБОДНОГО ВРЕМЕНИ, ТЕННИС- И КОННЫХ УСТРОИСТВ.

2. ТЕОРЕТИЧНАЯ ЧАСТЬ СОСТОИТ ИЗ ТЕРМИН-АНАЛИЗА ИННОВАЦИИ И ИЗ ПОПЫТКИ РЕКОНСТРУКЦИИ СУЩЕСТВУЮЩИХ ИССЛЕДОВАТЕЛЬНЫХ ПОДХОДОВ К РЕШЕНИЮ ЗАДАЧИ ПРИ СОЦИАЛЬНО-ГЕОГРАФИЧЕСКОМ АСПЕКТЕ.

ПРИ ТЕРМИН-АНАЛИЗЕ ВЫШЛО, ЧТО КРИТЕРИЕИ ОГРАНИЧЕНИЯ ИННОВАЦИИ В ОБЩЕМ ПРИНЯТЫ ТРИ ТЕРМИН-ПРИМЕТЫ: "НОВИНКА", "ПРИМЕНЕНИЕ" И "ИЗМЕНЕНИЕ"; КОТОРЫЕ ТАК СКАЗАТЬ КАК ФОРМАЛЬНАЯ ТЕРМИН-РАМА ПРИНИМАЮТ В СЕБЕ ПО НАДОБНОСТИ ОТРАСЛЬУДЕЛЬНОЕ СОДЕРЖАНИЕ. ИЗ ЭТОГО ИСХОДЯ, ОПРЕДЕЛИ-ЛИ ИННОВАЦИЮ "МЕСТО-ДЕИСТВУЮЩИМ НОВОВВЕДЕНИЕМ", "КОТОРОЕ РАСПРОСТРАНЯЕТСЯ В СВЯЗИ С ГРУП-ПО-СПЕЦИФИЧНОИ ОЦЕНКОИ И ПРИ ЭТОМ ВЕДЕТ К ИЗМЕНЕНИЮ В ФУНКЦИЯХ СУЩЕСТВОВАНИЯ" (ТАБ. 1).

ПРОБЛЕМО-ИСТОРИЧЕСКИЙ СПИСОК НЕКОТОРЫХ ВАЖНЫХ СТАДИИ РАЗВИТИЯ В ГЕОГРАФИИ ПОКАЗАЛ, ЧТО ПРЕЖНИЕ ПОДХОДЫ К РЕЩЕНИЮ ЗАДАЧИ НУЖНО ПОНИМАТЬ В ВИДЕ "ДОПОЛНИТЕЛЬНОГО ЯВЛЕНИЯ". ИЗ-ЗА ЭТОГО ПРОБОВАЛИ ССЫЛАЯСЬ НА ВЕСЬ ХОД ИННОВАЦИОННОГО ПРОЦЕССА ОБЪЕДИНИТЬ ПРЕЖНИЕ РЕЗУЛЬТАТЫ ИССЛЕДОВАНИЯ В "СОЦИАЛГЕОГРАФИЧЕСКОМ СИСТЕМО-ТЕЧЕНИИ". ЗДЕСЬ ОКАЗАЛОСЬ И СОЦИАЛГЕОГРАФИ-ЧЕСКОЕ СИСТЕМО-ТЕЧЕНИЕ КАК "СХОДЯЩАЯСЯ МОДЕЛЬ" (РИСУНОК 11).

3. ЦЕНТРАЛЬНАЯ ТОЧКА ЕМПИРИЧНОГО ИССЛЕДОВАНИЯ НЕ ТОЛЬКО "АНАЛИЗ ПРОЦЕСС-ОБРАЗЦА" НО И "АНАЛИЗ ОБРАЗЦА СТРУКТУРЫ".

ОСНОВНАЯ ТОЧКА "АНАЛИЗА ПРОЦЕСС-ОБРАЗЦА" ЭТО РЕКОНСТРУКЦИЯ ИННОВАЦИОННЫХ ПРОЦЕССОВ ТЕННИС-И КОННЫХ УСТРОИСТВ В ТЕЧЕНИИ ВРЕМЕНИ И НАХОД ИЗ НЕЕ СИСТЕМАТИЧНОГО ВЫСКАЗЫВАНИЯ ВВИДУ ЕЕ ВРЕМЕННОГО, ТЕРРИТОРИАЛЬНОГО И СОЦИАЛЬНОГО РАЗМЕРА.

ВО ВРЕМЕННОМ ОТНОШЕНИИ ПОКАЗАЛОСЬ, ЧТО ОБА ПРОЦЕССА ПРОШЛИ ТЕНДЕНЦИАЛЬНО ПАРАЛЛЕЛЬНО: ИНИЦИАЛЬНАЯ ФАЗА ДО 1945-ГО ГОДА, ФАЗА РАСПРОСТРАНЕНИЯ ДО КОНЦА 60-ЫХ ГОДОВ И ФАЗА СГУ-ЩЕНИЯ С 70-ЫХ ГОДОВ (ТАБ. 12).

НАСЧЕТ ТЕРРИТОРИАЛЬНОГО РАЗМЕРА МОЖНО БЫЛО ПРЕЖДЕ ВСЕГО ОПРЕДЕЛИТЬ, ЧТО ДИФФУЗИЯ ТЕННИС-УСТРОИСТВ БОЛЬШЕ ЧЕМ ДИФФУЗИЯ КОННЫХ УСТРОИСТВ СЛЕДИТ "ИЕРАРХИЧНОМУ ПРИНЦИПУ". УЗКОЕ СПЛЕТЕНИЕ С КОННЫМ РАЗВЕДЕНИЕМ ПРИ РАСПРОСТРАНЕНИИ КОННЫХ УСТРОИСТВ НЕЛЬЗЯ НЕ ЗАМЕТИТЬ. СВЕРХ ЭТОГО ПРОЦЕСС ИННОВАЦИИ ТЕННИСНЫХ УСТРОИСТВ ПОКАЗЫВАЕТ ПОСТОЛЬКУ ЕДИННЫЙ ХАРАКТЕР, КАК ОНИ В ЮЖНОИ БАВАРИИ - ВЕРХНЕИ БАВАРИИ ИЛИ ШВАБЕН - РАСПРОСТРАНЯЮТСЯ В НЕДЮЖИННОМ ОБЪЕМЕ, ИМЕННО ПРОХОДЯ С ФАЗЫ ОСНОВАНИЯ ДО ФАЗЫ СГУЩЕНИЯ. ПРОТИВ ЭТОГО ПРИ ДИФФУЗИИ КОННЫХ УСТРОИСТВ НЕЛЬЗЯ НЕ ОТРИЦАТЬ НЕКОЕ ПЕРЕМЕЩЕНИЕ ТЕРРИТОРИАЛЬНОГО ЦЕНТРА ТЯЖЕСТИ ПРИНЯТИЯ ИННОВАЦИИ. НЕ В КОНЦЕ КОНЦОВ НУЖНО ЗАМЕТИТЬ, ЧТО ПРИ ОБОИХ ПРОЦЕССАХ "ЕФФЕКТ СОСЕДСТВА" ДОСТИГ ТОЛЬКО ОТНОСИТЕЛЬНО МАЛОЕ ЗНАЧЕНИЕ.

АНАЛИЗ СОЦИАЛЬНОГО РАЗМЕРА КОНЦЕНТРИРУЕТСЯ НА РОЛЬ ТЕННИС- И КОННЫХ КЛУБОВ В ИННОВАЦИОННОМ ПРОЦЕССЕ. ОН ЯСНО ПОКАЗЫВАЕТ, ЧТО КАК НОСИТЕЛИ ИННОВАЦИИ ЭТИ СОЦИАЛГРУППЫ ИНИЦИИРУЮТ ТЕРРИТОРИАЛЬНЫЕ ПРОЦЕССЫ И В ТО ЖЕ ВРЕМЯ ВЕДУТ К ОФОРМЛЕНИЮ И ИЗМЕНЕНИЮ ТЕРРИТОРИАЛЬНОИ СТРУКТУРЫ.

ПРИ "АНАЛИЗЕ ОБРАЗЦА СТРУКТУРЫ" ХОТЕЛОСЬ ПОЛУЧИТЬ С ПОМОЩЬЮ ОТЧЕТА АКТУАЛЬНОИ СТАДИИ РАЗВИТИЯ БОЛЕЕ ХОРОШЕЕ РАЗЪЯСНЕНИЕ ТЕРРИТОРИАЛЬНОИ СТРУКТУРЫ. ПРИ ЭТОМ ОХВАТИЛИ НА БАЗЕ КРАЕВ СТОРОНУ СПРОСА И ТАК-ЖЕ СТОРОНУ ПРЕДЛОЖЕНИЯ ОБОИХ ПРОЦЕССОВ, ЧТО ПЕРЕВЕЛО В КОНЦЕ КОНЦОВ К ТИПИЗАЦИИ. В ОБЩЕМ РАССМАТРИВАЯ, МОЖНО СЧИТАТЬ УРОВЕНЬ РАЗВИТИЯ ТЕННИСА КАК ИНДИКАТОР СТРУКТУРЫ ТЕРРИТОРИИ, ТОГДА КАК У КОННОГО СПОРТА И В СТРУКТУРНО-СЛАБЫХ РАИОНАХ ЧАСТО МОЖНО ВСТРЕТИТЬ ВЫСОКУЮ КВОТУ ОБЕСПЕЧЕНИЯ.

한 글 요 약

I. 본 논문은 사회지리학적 관점에서 쇄신과정 (Innovationsprozeβ)의 파악과 설명에 조그마한 기여를 하고자 한다. 이러한 목적을 위해, 우선 이론적으로 쇄신과정에 관한 지금까지의 여러 학설들을 종합적으로 고찰해 보았으며 더 나아가 그를 바탕으로 경험적인 사례연구를 행하였다.

II. 이론적인 연구는 두가지 부분으로 나누어진다. 첫째는 쇄신의 개념분석이고 둘째는 현존하고 있는 여러가지 연구방향들을 사회지리학적 관점에서 재조명해 보려는 시도이다.

"쇄신"이란 개념은 여러학문—인류학, 경제학, 사회학, 지리학등—에서 논란되었는데, 이 개념에 관한 논쟁을 추적한 결과, 쇄신을 규정하는 기준으로는 세가지 특성 —"새로운 것 (Neuheit)," "적용 (Anwendung)," "변화 (Veränderung)"— 이 일반적으로 인정된다는 점이 발견되었다. 물론 이 특성들은 단지 형식적인 개념의 틀만을 제공하며 구체적인 내용은 개개학문의 성향에 맞게 정해진다. 이러한 인식에 기초해서, 본 논문에서는 쇄신의 개념을 사회지리학적인 입장에서 다음과 같이 정의하고자 한다. 즉 쇄신은 "공간에 영향력을 주는 새로운 것으로서, 사회집단 특유의 평가체계를 통해 공간적으로 확산되며 그 결과 기본생존기능(Grund-daseinsfunktion)의 변화를 초래한다."

쇄신의 개념을 고찰한 데 이어서, 공간확산에 관한 지리학에서의 중요한 연구발달과정—문화지리학적 전통, Hägerstrand의 모델, 시장과 하부시설론, 개발지향적인 방향, 시간지리학적인 접근, 독일 사회지리학적인 연구—을 문제사적으로 다루었다. 그 결과 여태까지의 여러 착상들은 개개가 완벽한 것이 아니고서로 "보충되어야 할 현상(Komplementärerscheinung)"임이 밝혀졌다. 그러므로 쇄신과정의 전체적인 진행에 착안하여, 이 다양한 연구방향들을 "사회지리학적인 체제경과(der sozialgeographische Systemablauf)"즉 "정보—평가—행동— 과정—공간구조"안에 통합하려고 시도했다.

III. 경험적인 연구는 두가지 여가시설—정구장과 승마장—을 대상으로 해서 이 시설들이 19세기말서 부터 현재까지 독일 바이에른 지방에서 어떻게 공간적으로 확산되었는가를 그 내용으로 한다. 우선 "과정형태의 분석 (Analyse des pro-zeβmusters) "에서는 Gemeinde를 단위로 해서 이 두 과정이 어떻게 시대순으로 진행되었는가를 재현하고자 시도했고, 그것을 통해서 체계적인 명제들을 유출하고자 노력했다. 두번째 "구조형태의 분석 (Analyse des Strukturmusters) "에서는 쇄신의 현재진행상태를 종합적으로 파악해서 그를 통해 해당공간구조를 보다 더 잘 이해하는 것이 그 목적이 된다.

시간적인 차원에서 두가지의 쇄신과정은 대략 비슷한 경향을 갖고 진행되었다.

"초기단계(Initialphase)"는 거의 1945년까지로 볼 수 있고 "확장단계(Aus-dehnungsphase)"는 60년대 말까지 그리고 "심화단계(Verdichtungsphase)"는 70년대 초반부터로 볼 수 있다. 그러나 두가지 쇄신의 채택은 숫자적으로는 차이가 있다.(정구장 1500개 이상, 승마장 650개 이상) 또한 미래의 진행과정에 관련해서도 정구장의 수는 계속 증가될 것으로 추측되는 반면, 현재의 침체적인 승마장의 확산경향은 승마장의 쇄신과정이 이미 "포화단계(Sättigungsphase)"에 도달했음을 시사해 준다.

공간적인 차원에서는, 우선 정구장의 확산이 승마장의 확산보다 "계층원리(Hier-archieprinzip)"를 따른다는 점이 확인된다. 다시말해서 정구장의 확산과정은 상당한 정도 중심지체제를 따라서 진행된 반면 승마장의 분포과정은 계층원리 이외에도 말사육과 밀접한 관련을 갖고있음이 밝혀 졌다. 둘째로 정구장은 "설립단계(Gründungsphase)에서 부터 현재에 이르기까지 한결같이 남부 바이에른 — Oberbayern과 Schwaben —에서 평균이상으로 전파되어 갔는데, 이 점은 정구장의 쇄신과정이 일관적이라는 성격을 잘 보여준다. 그와는 반대로 승마장의 쇄신과정에서는 시대별로 다소 채택중심지역이 이동되고 있다. 세째로 이 두 과정에서 "이웃효과(Nachbarschaftseffekt)"는 그다지 중요한 의미를 갖지 못했다는 점을 부연해 둔다. 즉 이웃효과는 60년대 이후에야 집중적으로 부각되었는데, 이 현상 배후에는 도시주변부로의 인구이동(Stadt-Rand-Wanderung)과 또한 점차 증가되어가는 "근접휴양(Naherholung)"의 추세가 반영되어 있다.

사회적인 차원은 주로 정구클럽과 승마클럽의 역할에 촛점을 맞추어 분석했다. 그 결과 이 사회집단들이 쇄신의 전달자로서 공간적인 과정을 주도하였고 동시에 그것을 통해 공간구조의 형성과 변화에 기여했음이 밝혀졌다. 따라서 우리는 이 두 가지 쇄신의 상이한 공간적 발달이 상당한 정도 이 두 단체의 성격 및 분포에 의존되어 있다는 것을 유추할 수 있다.

구조형태의 분석에서는 Kreis를 단위로 해서 공급측면과 수요측면에서 이 두가지 쇄신과정의 현상태를 조망하였다. 그리고 이와같은 네가지 요소—정구장의 공급·수요측면, 승마장의 공급·수요측면—를 통해 크라이스의 유형화(Typisierung)를 시도하였다. 그 결과 테니스의 경우 쇄신과정의 진행상태는 일반적으로 공간구조를 밝히는 하나의 지표(Indikator)로 간주될 수 있는데, 왜냐하면 소위 "구조적 낙후지역(Strukturschwaches Gebiet)이 전반적으로 낮은 수급지수(Ver-sorgungsquote)를 보여주기 때문이다. 그 이외에도 정구장의 분포에서는 남북간의 격차가 뚜렷이 부각된다. 승마의 경우에는 이와 다르다. 구조적 낙후지역도 적지 않이 높은 발달수준을 보여주는가 하면 더 나아가서 높은 수급지수는 말사육과 관련이 있는 농가적 색채를 띤 휴양지역에서 많이 관찰할 수 있다.

Ⅳ. 마지막으로 본 논문에서 밝혀진 쇄신에 관한 몇가지 중요한 결론을 종합해 보면 다음과 같다.

우선 본 논문에서도 쇄신연구에 관한 일반적인 논의─즉 쇄신에 대한 개개진술의 세분도 및 정확성이 대부분 해당자료의 신뢰도나 수집범위에 의존된다는 사실─가 입증되었다. 더 나아가서 쇄신과정의 파악을 위해서는 통계자료를 넘어서 쇄신의 성격에 따라 달라지는 개개지역의 국지적인 구조여건과 특수성의 분석이 필수불가결이다. 이러한 내용적인 접근방법을 통해서만이 쇄신연구의 결과가 지역계획에 관한 기초를 제공할 수 가 있을 것이다.

둘째로 본 논문에서 행한 경험적인 사례조사에 따르면 쇄신의 성격에 따라 이미 특정사회집단이 쇄신의 수용을 미리 시사해 주고 있다는 점이 밝혀졌다. 그러므로 쇄신과 특정사회집단간의 연관성을 공간적인 측면에서 분석한다면 쇄신의 진행과정을 예측하는데 많은 도움이 될 것이다. 그리고 이점에서 사회지리학적 접근방식의 중요성이 부각된다.

마지막으로 흥미있게 나타나는 점은 쇄신 과정을 통해 사회변천과 공간변화간의 재결합(Rückkopplung)을 읽을 수 있다는 점이다. 한편으로 쇄신의 출현이나 공간적인 발달과정은 전체사회의 영향력 없이는 생각할 수 없는 것이고 다른 한편 사회변화는 쇄신을 통해 달라진 공간구조속에 다시금 반영된다는 것이다. 그리고 이러한 것으로 부터 쇄신의 지표적인 성격이 연유된다.

Literaturverzeichnis

Abkürzungen

AAAG	Annals of Association of American Geographers
ASR	American Sociological Review
BRD	Bundesrepublik Deutschland
GR	Geographische Rundschau
GZ	Geographische Zeitschrift
MSSW	Münchener Studien zur Sozial- und Wirtschaftsgeographie
O.V.	Ohne Verfasserangabe
WGI	Wirtschaftsgeographisches Institut der Universität München

ABELBECK, G., Goldener Plan, in: Handwörterbuch der Raumforschung und Raumordnung, 2. Aufl. Hannover, 1970, S.1027-1045.

AGNEW, J.A., Realism and Research on the Diffusion of Innovation, in: Professional Geographer, 1979, S.364-370.

ALBRECHT, H., Zum heutigen Stand der Adoption-Forschung in den Vereinigten Staaten, in: Berichte über Landwirtschaft, 1963, S.233-282.

DERS., Innovationsprozesse in der Landwirtschaft, Saarbrücken 1969.

DERS., Die Verbreitung von Neuerungen: Der Diffusionsprozeß, in: Förderungsdienst 22, Sonderheft 2, Wien 1974, S.30-40.

AREGGER, K., Innovationen im sozialen System, 2 Bde., Berlin/Stuttgart 1976.

AUBIN, H.,/FRINGS, TH./MÜLLER, J., Kulturströmungen und Kulturprovinzen in den Rheinlanden: Geschichte, Sprache, Volkskunde, Veröffentlichung des Inst. f. geschichtliche Landeskunde an der Univ. Bonn, Bonn 1926.

BACH, P., Wirtschaftliche Kenndaten der Pferdehaltung, Arbeiten der Bayerischen Landesanstalt f. Betriebswirtschaft und Agrarstruktur 16, München 1981.

BAHRENBERG, G., Die Ausbreitung von Informationen: Ein Beispiel zur Simulation von Diffusion in der 8. Klasse, Unterricht, Beihefte z. GR Heft 3, 1975, S.38-43.

BAHRENBERG, G./LOBODA, J., Einige raumzeitliche Aspekte der Diffusion von Innovationen am Beispiel der Ausbreitung des Fernsehens in Polen, in: GZ 61 (1973), S.165-194.

BAIN, A.D., The Growth of Television Ownership in the United Kingdom, in: International Economic Review, 3 (1962), S.145-167.

BARKER, D., The Paracme of Innovations: The Neglected Aftermath of Diffusion or a Wave Goodbye to an idea, in: Area, 1977, S.259-264.

BARNETT, H.G., Innovation: The Basis of Cultural Change, New York 1953.

BARTELS, D., Türkische Gastarbeiter aus der Region Izmir: Zur raumzeitlichen Differenzierung der Bestimmungsgründe ihrer Aufbruchsentschlüsse, in: Erdkunde, 1968, S.313-324.

DERS., Geographische Aspekte sozialwissenschaftlicher Innovationsforschung, in: Vhd. Dtsch. Geographentag Kiel 1969, Wiesbaden 1970, S.283-298.

DERS. (Hrsg.), Wirtschafts- und Sozialgeographie, Neue Wissenschaftliche Bibliothek 35, Köln/Berlin 1970.

BAUMBERGER, J./GMÜR, U./KÄSER, H., Ausbreitung und Übernahme von Neuerungen, Bern/Stuttgart 1973.

BAYERISCHER BAUERNVERBAND (Hrsg.), Urlaub auf dem Bauernhof in Bayern 1985/1986, München 1985.

BAYERISCHES LANDESAMT FÜR STATISTIK UND DATENVERARBEITUNG, Statistische Berichte: Die Viehbestände in Bayern am 3.12.1984, München 1985.

DERS. (Hrsg.), Statistisches Jahrbuch für Bayern, 1974, 1982, 1984.

BAYERISCHER REIT- UND FAHRVERBAND (Hrsg.), Handbuch des bayerischen Reitsports, 1981, 1982, 1983, 1984, 1985.

BAYERISCHES STAATSMINISTERIUM FÜR UNTERRICHT UND KULTUS (Hrsg.), Sportstättenentwicklungsplan (Entwurf), München 1978.

BAYERISCHE STAATSREGIERUNG (Hrsg.), Landesentwicklungsprogramm Bayern, 1984.

BAYERISCHER TENNISVERBAND (Hrsg.), Bayern Tennis (Zeitschrift), von 1977 bis 1984.

DERS. (Hrsg), Satzung, Wettspiel-Bestimmungen, Spielregeln und Anschriftenverzeichnis, 1985.

BECKER, S.W./WHISLER, T.L., The Innovative Organisation: A Selective View on Current Theory and Research, in: Journal of Business, Vol. 40, 1967 (hier zitiert nach der dtsch. Übersetzung, in: WITTE, E., /THIMM, A.L. (Hrsg.), Entscheidungstheorie, Wiesbaden 1977, S.180-189.

BECKMANN, D., Die Hausindustrie der Bandwirkerei im westmärkischen Raum um Schwelm. Innovation, Diffusion und Regression der bergischen Hausbandwirkerei im Ostteil ihres Verbreitungsgebietes. In: Beitr. z. Heimatkunde der Stadt Schwelm und ihre Umgebung 30 (1980), S.78-117.

BERATUNSZENTRUM FÜR MARKETING, PLANUNG, ORGANISATION, DATENVERARBEITUNG (Hrsg.), Freizeiteinrichtungen in der BRD 1980, Bd. 3: Sport und Spiel, München 1974.

BERRY, B.J.L., Hierarchical Diffusion: The Basis of Development Filtering and Spread in a System of Growth Centers in Regional Economic Development, New York/London 1972, S.108-138.

BLAUT, J.M., Two Views of Diffusion, in: AAAG 1977, S.343-349.

BOBEK, H., Stellung und Bedeutung der Sozialgeographie, in: Erdkunde, 2 (1948), S.118-125.

DERS., Die Hauptstufen der Gesellschafts- und Wirtschaftsentfaltung in geographischer Sicht, in: Erde, 1959, S.259-298.

BODENSTEDT, W.,/MATTES, U., Die materielle Freizeitstruktur in der BRD, Schriftenreihe des Bundesministers für Jugend, Familie und Gesundheit Bd. 106, Stuttgart/Berlin/Köln/ Mainz, 1976.

BÖGEL, H., Tennis ein Boom! Aber Volkssport? in: Bayern Tennis, Jg. 3 (1979), S.176-177.

BONUS, H., Die Ausbreitung des Fernsehens, Ökometrische Studien Bd. 1, Meisenheim am Glan 1968.

DERS., Die Diffusion von Innovationen als räumlicher Prozeß: Zu dem Buch von TORSTEN HÄGERSTRAND, in: Ztschr. f. die gesamte Staatswissenschaft, 1970, S.336-243.

BORCHERDT, CH., Die Innovation als agrargeographische Regelerscheinung, Arbeiten aus Geogr. Inst. des Saarlandes, Bd. 6, Saarbrücken 1961.

BOWDEN, L.W., Diffusion of the Decision to Irrigate, Uni. of Chicago, Research Paper Ser. 97, Chicago 1965.

BREUER, T., Der Hopfenanbau in der Provinz León (Spanien): Eine Diffusionsanalyse, in: Erdkunde, 1979, S.23-35.

DERS., Untersuchungen zur Adoption des Sonnenblumenanbaus in Niederandalusien (Spanien), in: Düsseldorfer Geogr. Schriften 15, 1980, S. 69-87.

BRINGÉUS, N.-A., Das Studium von Innovationen, in: Ztschr. f. Volkskunde, 64 (1968), S.161-185.

BROCKHAUS, F.A. (Hrsg.), Der Sport-Brockhaus, 3. Aufl., Wiesbaden 1982.

BRONGER, D., Der wirtschaftende Mensch in den Entwicklungsländern: Innovationsbereitschaft als Problem der Entwicklungsländerforschung, Entwicklungsplanung und Entwicklungspolitik, in: GR, 1975, S.449-459.

BROWN, L.A., Diffusion processes and location: A Conceptual Framework and Bibliography, Regional Science Research Inst., Bibliography Ser. 4, Philadelphia 1968.

DERS., The Market and Infrastructure Context of Adoption: A Spatial Perspective on the Diffusion of Innovations, in: Economic Geography, 1975, S.185-216.

DERS., Innovation Diffusion: A New Perspective, London/New York 1981.

BROWN, L.A./COX, K.R., Empirical Regularities in the Diffusion of Innovation, in: AAAG, 1971, S.551-559.

BROWN, L.A./LENTNEK, B., Innovation Diffusion in a Developping Economy: A Mesoscale View, in: Economic Development and Cultural Change, 1973, S.274-292.

BROWN, L.A./MALECKI, E.J./SPECTOR, A.N., Adoptor Categories in Spatial Context: Alternative Explanations for an Empirical Regularity, in: Rural Sociology, 41 (1976), S.99-118.

BROWN, M.A., The Role of Diffusion Agencies in Innovation Adoption: A Behavioral Approach, in: Studies in the Diffusion of Innovation, Discussion Paper 50, Ohio State Uni., Columbus 1977.

BROWN, M.A./MAXSON, G.E./BROWN, L.A., Diffusion Agency of the Eastern Ohio Resource Development Center, Regional Science Perspectives 7, 1977, S.1-26.

BRUGGER, E.A., Innovationsorientierte Regionalpolitik: Notizen zu einer neuen Strategie, in: GZ, 1980, S.172-198.

DERS. (Hrsg.), Regionale Innovationsprozesse und Innovationspolitik, Diessenhofen (Schweiz), 1984.

BUCHHOLZ, R., Die Diffusionstheorie als theoretischer Bezugsrahmen für Nachfrageanalysen im Nahrungsmittelbereich: Ergebnisse einer empirischen Untersuchung zur Identifizierung und zu den Merkmalen von Innovatoren, in: Agrarwirtschaft, Heft 2 (1985), S.46-50.

BURTON, I., The Quantitative Revolution and Theoretical Geography, in: The Canadian Geographer, 1963, S.151-162.

CARLSTEIN, T., Innovation, Time Allocation and Time-Spacepacking, in: CARLSTEIN, T./PARKERS, D./THRIFT, N. (Hrsg.), Time Space and Spacing Time, Vol. 2: Human Activity and Time Geography, London 1978, S.146-161.

CHAPPARRO, A., Soziale Aspekte des kulturellen Wandels: Die Diffusion neuer Techniken in der Landwirtschaft, in: Kölner Ztschr. f. Soziologie und Sozialpsychologie, 8 (1956), S.569-594.

COHEN, Y.S., Diffusion of an Innovation in an Urban System: United States 1949-1968, Uni. of Chicago, Research Paper 140, Chicago 1972.

COHRS, H., Der Spargelanbau im Landkreis Schrobenhausen, Zulassungsarbeit (unter Leitung von RUPPERT, K.,), TU München 1963.

DAHLMANN, H., Alpinistische Stützpunkte in den deutschen und österreichischen Alpen: Eine geographische Untersuchung, München (Diss.) 1983.

DEUTSCHE REITERLICHE VEREINIGUNG (Hrsg.), Betriebswirtschaftslehre für Reitbetriebe, Warendorf 1983.

DERS. (Hrsg.), Jahresbericht 1984.

DERS. (Hrsg.), Report, Nr. 39, 40, Warendorf 1985.

DEUTSCHER TENNISBUND (Hrsg.), Tennisanlagen: Planung, Bau, Unterhaltung, Göttingen 1974.

DE VRIES-REILINGH, H.D., Gedanken über die Konsistenz in der Sozialgeographie, in: RUPPERT, K. (Hrsg.), Zum Standort der Sozialgeograpahie, MSSW, Bd. 4, 1968, S.109-117.

ECHTERHAGEN, K., Die Diffusion sozialer Innovationen: Eine Strukturanalyse, 1983.

ERBE, H., Reitsport in Bayern, in: Bayernland 81. Jg., Nr. 6, München 1979, S.9-12.

FLIEGEL, C.F./KIVLIN, J.E., Attributes of Innovations as Factors in Diffusion, in: The American Journal of Sociology, 72 (1966), S.235-248.

FREIST, R., Sozialgeographische Gruppen und ihre Aktivitätsräume - dargestellt am Beispiel Moosburg a.d. Isar, Dissertation München 1977.

FRIEDMANN, J., Urbanization, Planning, and National Development, Beverly Hills 1973.

GARST, R.D., Spatial Diffusion in Rural Kenya: The Impact of Infrastructure and Centralized Decision Making, Studies in the Diffusion of Innovation, Ohio State Uni., Columbus 1974.

DE GEER, S., On the Definition, Methode and Classification of Geography, in: Geografiska Annaler, 1923, S.1-37.

GIESE, E., Räumliche Diffusion ausländischer Arbeitnehmer in der BRD, in: Die Erde, 1978, S.92-110.

DERS., Entwicklung und Forschungsstand der "Quantitativen Geographie" im deutschsprachigen Bereich, in: GZ, 1980, S.256-283.

GIESE, E./NIPPER, J., Zeitliche und räumliche Persistenzeffekte bei räumlichen Ausbreitungsprozessen: Analysiert am Beispiel der Ausbreitung ausländischer Arbeitnehmer in d. BRD, Karlsruher Manuskript z. Mathematischen und Theoretischen Wirtschafts- und Sozialgeographie, Heft 34, 1979.

DIES., Die Bedeutung von Innovation und Diffusion neuer Technologien für die Regionalpolitik, in: Erdkunde, 1984, S. 202-215.

GOLD, M., Ein Blick über den Koppelzaun: Die bayerischen Pferderassen, in: Bayernland, Jg. 81, Nr. 6, 1979.

GOULD, P.R., Spatial Diffusion, Commission on College Geography, Resource Paper No. 4, Washington, D.C., 1969.

GRAEBNER, F., Methode der Ethnologie, Heidelberg 1911.

GRÄF, P., Zur Raumrelevanz infrastrukutureller Maßnahmen: Kleinräumliche Struktur und Prozeßanalyse im Landkreis Miesbach, ein Beitrag zur sozialgeographischen Infrastrukturforschung, MSSW, Bd. 18, 1978.

DERS., Freizeitverhalten und Freizeitinfrastrukturen im deutschen Alpenraum, in: RUPPERT, K. (Hrsg.), Geographische Strukturen und Prozeßabläufe im Alpenraum, MSSW, Bd. 26, 1984, S.91-108.

GRILICHES, Z., Hybrid Corn and the Economics of Innovation, in: Science, 1960, S.275-280.

DERS., Profitability versus Interaction: Another False Dichotomy, in: Rural Sociology, 1960, S.327-330.

GROCHLA, E./WITTMANN, W., (Hrsg.), Enzyklopädie der Betriebswirtschaftslehre, 4. Aufl., Stuttgart 1975.

GRÜNDL, A., Entwicklung von Bayerns Pferdezucht und Pferdesport in der Zeit von 1938 bis 1978, in: Bayerns Pferdezucht und Pferdesport, Heft 2 (1978), S.1-65.

GSCHAIDER, P., Bildung von räumlichen Diffusionszentren am Beispiel einer Investitionsgüterinnovation, in: Frankfurter Wirtschafts- u. Sozialgeographische Schriften, Heft 40, 1981.

HAAS, H.-D., Junge Industrieansiedlungen im nordöstlichen Baden-Württemberg, in: Tübinger Geographische Studien, Heft 35, 1970.

DERS., Die wirtschaftliche Entwicklung unter dem Einfluß neuer Technologien, in: MICHLER, G./PAESLER, R. u.a. (Hrsg.), Der Fischer Weltalmanach 1983, Frankfurt a.M. 1983, S.123-130.

HAAS, H.-D./HESS, G./SCHERM, G., Industrielle Monostrukturen an Mikrostandorten: Ansätze zur Arbeitsplatzsicherung im Rahmen der Stadtentwicklungsplanung, dargestellt am Beispiel Albstadt, MSSW, Bd. 24, 1983.

HAAS, H.-D./SCHERM, G., Heimarbeit in der industriellen Produktion, in: Mitteilungen der Geographischen Gesellschaft in München, Bd. 69, 1984, S.69-84.

HÄGERSTRAND, T., The Propagation of Innovation Waves, in: Lund studies in Geography, Ser. B, Nr. 4, Lund 1952.

DERS., Innovationsförloppert ur Korologisk Synpunkt, Lund 1953. Hier zitiert nach der englischen Übersetzung von PRED, A., Innovation Diffusion as a Spatial Process, Chicago 1967.

DERS., Aspects of the spatial structure of Social Communication and the Diffusion of Innovation, in: Papers and Proceedings of the Regional Science Assoc., 1965 (a), S.27-42.

DERS., On Monte Carlo Approach to Diffusion, in: Archives Européennes de Sociologie 1965, S. 43-47.

DERS., What about People in Regional Science? in: Papers of Regional Science Assoc., 1970, S.7-21.

DERS., On socio-technical Ecology and the Study of Innovations, in: Ethnologia Europea, 7 (1974), S.17-34.

HAGGETT, P., Geography: A Modern Synthesis, New York 1979. (Hier zitiert nach der dtsch. Ausgabe, Geographie: Eine moderne Synthese, 1983).

HAHN, H., Raumwirksamkeit freizeitorientierter Infrastruktur: Das Beispiel der Hallenbäder im östlichen Oberfranken, Arbeitsmaterialien z. Raumordnung und Raumplanung, Univ. Bayreuth Heft 6, 1980.

HAMBLOCH, H., Allgemeine Anthropogeographie, Erdkundliches Wissen Heft 31, Wiesbaden 1972.

HANHAM, R.Q., Diffusion of Innovation from a Supply Perspective: An Application to the Artificial Insemination of Cattle in Southern Sweden, Diss. Ohio State Uni., Columbus 1973.

HANNEMANN, M., The Diffusion of the Reformation in Southwestern Germany 1518-1534, Diss. Chicago 1973.

HARTKE, W., Die Sozialbrache als Phänomen der geographischen Differenzierung der Landwirtschaft, in: Erdkunde, 1956, S.257-269.

DERS., Gedanken über die Bestimmung von Räumen gleichen sozialen geographischen Verhaltens, in: Erdkunde, 1959, S.226-263.

HARTON, L.M./PARKINSON, C.L./BROWN, L.A., Annotated Bibliography of Geographic Diffusion Studies, in: Studies in the Diffusion of Innovation, Discussion Paper 11, Ohio State Uni., Columbus 1974.

HAUBNER, K., Innovation, in: Handwörterbuch der Raumforschung und Raumordnung, Bd. 2, Hannover 1970, S.1335-1336.

HAVELOCK, R.G., Planning for Innovation through Dissemination and Utilization of Knowledge, Ann Arbor 1971.

HECKEL, F.X., Standorte des Einzelhandels in Bayern: Raumstruktur im Wandel, MSSW, 22, 1981.

HEINRITZ, G., Wildparks und Märchenwälder: Zur Ausbreitung und Differenzierung neuer Freizeitparks in Bayern, in: Natur und Landschaft, 1976, S.15-19.

HEINRITZ, G./POPP, H., Sommerkeller in Franken, in: Jb. f. Fränkische Landesforschung, Erlangen 1975, S.121-144.

HETTNER, A., Der Gang der Kultur über die Erde, Leipzig 1929.

HOFMEISTER, B./STEINECKE, A. (Hrsg.), Geographie des Freizeit- und Fremdenverkehrs, Wege der Forschung Bd. 592, Darmstadt 1984.

HUDSON, J.C., Geographical Diffusion Theory, in: Northwestern Uni.: Studies in Geography 19, Evanston 1972.

HÜLSEN, R., u.a., Freizeitaktivitäten und Freizeitplanung im ländlichen Raum: Eine Literatur- und Forschungsdokumentation, Göttingen 1973.

HUFF, D.L./LUTZ, J.M., The Contagion of Political Unrest in Independent Black Africa, in: Economic Geography, 1974, S.352-367.

HUNTER, J.C./YOUNG, J.C., Diffusion of Influenza in England and Wales, in: AAAG, 1971, S.637-653.

INSTITUT FÜR FREIZEITWIRTSCHAFT UND FREIZEITINFRASTRUKTUR, Wachstumsfelder im Freizeitbereich: Spezialstudie Tennis, Squash, München 1978.

JENSCH, G., Das ländliche Jahr in deutschen Agrarlandschaften, Abhandlungen des Geogr. Inst. d. Freien Univ. Berlin Bd. 3, Berlin 1957.

KATZ, E., The Two-Step Flow of Communication: An up-to-date Report on an Hypothesis, in: Public Opinion Quarterly, 21 (1957), S.61-78.

KATZ, E./LEVIN, M.L./HAMILTON, H., Traditions of Research on the Diffusion of Innovation, in: ASR, 1963, S.237-252.

KERSTIENS-KOEBERLE, E., Freizeitverhalten im Wohnumfeld: Innerstädtische Fallstudien. Beispiel München, MSSW, Bd. 19, 1979.

KIEFER, K., Die Diffusion von Neuerungen, Heidelberger Sociologica 4, Tübingen 1967.

KING, L.J, Alternatives to a Positive Economic Geography, in: AAAG, 1976, S.293-308.

KLINGBEIL, D., Zur sozialgeographischen Theorie und Erfassung des täglichen Berufspendelns, in: GZ 1969, S.108-131.

DERS., Aktionsräume im Verdichtungsraum: Zeitpotentiale und ihre räumliche Nutzung, Münchener Geographische Hefte 41, Kallmünz 1978.

DERS., Mikrogeographie, in: Der Erdkundeunterricht, Heft 31, 1979, S.51-80.

DERS., Zeit als Prozeß und Ressource in der sozialwissenschaftlichen Humangeographie, in: GZ, 1980, S.1-32.

KLÖPPER, R., Die räumliche Struktur des Angebots von "Urlaub auf dem Bauernhof": Entwicklungschancen im Rahmen des gesamten Beherbergungsangebots in Landgemeinden, Forschungsbericht der Akademie f. Raumforschung und Landesplanung, Hannover 1974.

KNIFFEN, F., The American Covered Bridge, in: Geographical Review, 1951, S.114-123.

DERS., Folk Housing: Key to Diffusion, in: AAAG, 55 (1965), S.549-577.

KÖHL, W./TUROWSKI, G., Systematik der Freizeitinfrastruktur, Schriftenreihe des Bundesministeriums f. Jugend, Familie und Gesundheit, Bd. 195, Stuttgart 1976.

KROEBER, A.L., Anthropology, s. Aufl., New York 1948. (1. Aufl. 1923)

KULS, W./TISOWSKY, K., Standortfragen einiger Spezialkulturen im Rhein-Main-Gebiet, Rhein-Mainische Forschungen 50, Frankfurt a.M. 1961.

LANDESFREMDENVERKEHRSVERBAND BAYERN (Hrsg.), Tennis, Golf: Hobby in Bayern, München 1979.

DERS., Reiten in Oberbayern, Reiten in Ostbayern, Reiten in Franken, Reiten in Schwaben, München 1982.

LANDKREISVERBAND BAYERN (Hrsg.), Die bayerischen Landkreise und ihr Verband, 2. Aufl. München 1980.

LANDESVERBAND BAYER. PFERDEZÜCHTER, BAYER. REIT- UND FAHRVERBAND (Hrsg.), Bayerns Pferdezucht und Pferdesport, München, von 1972 bis 1985.

LENDHOLT, W., Spiel- und Sportflächen, in: Handwörterbuch der Raumforschung und Raumordnung, 2. Aufl., Hannover 1970, S.3054-3066.

LESER, H./HAAS, H.-D./MOSIMANN, TH./PAESLER, R., Diercke Wörterbuch der Allgemeinen Geographie Bd. 1, Braunschweig 1984.

LEVITT, TH., Innovative Innovation, in: Harvard Business Review, 1966, S.63-70. (Hier zitiert nach der dtsch. Übersetzung, in WITTE, E., THIMM, A.L. (Hrsg.), Entscheidungstheorie, Wiesbaden 1977, S.190-197.

LIN, N./MELICK, C., Structural Effects on the Diffusion of Innovations, Studies in the Diffusion of Innovation, Discussion Paper 47, Ohio State Uni. Columbus 1977.

LINTNER, P., Flächennutzung und Flächennutzungswandel in Bayern, MSSW, Bd. 29, 1985.

LIONBERGER, H.F., Adoption of New Ideas and Practices, Ames 1961.

LOHBAUER, H., Turn- und Sportstätten in Bayern: Ergebnisse einer Erhebung des Bayerischen Landesamtes nach dem Stande vom 1.1.1956.

MAIER, J., Die Ferienzentren im Bayerischen Wald als neue Prozeßelemente der Kulturlandschaft, in: Mitteilungen der Geogr. Gesellschaft in München, Bd. 59, 1974, S.147-162.

DERS., Einführung in die Sozialgeographie, in: Sozial- und Wirtschaftsgeographie 2, Harms Handbuch der Geographie, München 1982, S.11-35.

MAIER, J./RUPPERT, K., Geographische Aspekte kommunaler Initiativen im Freizeitraum: Der "Verein zur Sicherstellung überörtlicher Erholungsgebiete in den Landkreisen um München e.V." als Beispiel, MSSW, Bd. 9, 1974.

MAIER, J./PAESLER, P./RUPPERT, K./SCHAFFER, F., Sozialgeographie, Braunschweig 1977.

MANSFIELD, E., The Economics of Technological Change, London 1969.

MARKT SCHLIERSEE (Hrsg.), Schliersee 779-1979: Eine Chronik zum Jubiläum, 1978.

MCVOY, E.C., Patterns of Diffusion in the United States, in: ASR, 1940, S.219-227.

MEFFERT, E., Die Innovation ausgewählter Sonderkulturen im Rhein-Mainischen Raum in ihrer Bedeutung für Agrar- und Sozialstrukturen, Rhein-Mainische Forschung 64, Frankfurt a.M. 1968.

MEFFERT, H., Die Durchsetzung von Innovationen in der Unternehmung und im Markt, in: Ztschr. f. Betriebswirtschaftslehre, 1976, S.77-100.

MENSCH, G., Zur Dynamik des technischen Fortschritts, in: Ztschr. f. Betriebswirtschaft, 1971, S.295-314.

DERS., Basisinnovationen und Verbesserungsinnovationen, in: Ztschr. f. Betriebswirtschaft, 42 (1972), S.291-297.

MENZEL, R., Welt macht Tennis, München 1951.

DERS., Deutsches Tennis, Gräfelfing b. München, 1955.

DERS., Jubiläumsbuch des deutschen Tennis, Deutsches Tennis, Bd. 2, Gräfelfing 1961.

MEYER, J.W./BROWN, L.A./CAMARCO, T.J., Diffusion Agency Establishment in a Mononuclear Setting: The Case of Friendly Ice Cream and Related Considerations, Studies in the Diffusion of Innovation, Ohio State Uni. Columbus 1977.

MIKESELL, M.W., Tradition and Innovation in Cultural Geography, in: AAAG, 68 (1978), S.1-16.

MORRILL, R.L., The Negro Ghetto: Problems and Alternatives, in: Geographical Review, 1965, S.339-361.

DERS., Waves of Spatial Diffusion, in: Journal of Regional Science, 1968, S.1-18.

MORRILL, R.L./PITTS, F.R., Marriage, Migration, and the Mean Information Field: A Study in Uniqueness and Generality, in: AAAG, 1967, S.401-422.

MÜLLER, V./SCHIENSTOCK, G., Der Innovationsprozeß in westeuropäischen Industrieländern, Bd. 1: Sozialwissenschaftliche Innovationstheorien, Schriftenreihe des IFO-Inst. f. Wirtschaftsforschung Nr. 98, Berlin/München 1978.

MÜLLER-WILLE, W., Das Rheinische Schiefergebirge und seine kulturgeographische Stellung und Struktur, in: Dtsch. Archiv f. Landes- und Volksforschung, 1942, S.537-591.

NEUHAUS-HARDT, C., Innovationen im Bereich von Fremdenverkehr und Freizeit, in: Materialien zur Fremdenverkehrsgeographie, Trier 1980, S.7-60.

NIPPER, J./STREIT, U., Modellkonzepte zur Analyse, Simulation und Prognose raumzeitvarianter stochastischer Prozesse, in: Bremer Beiträge z. Geographie und Raumplanung, Bd. 1, Bremen 1978, S.1-17.

O.V., Geschichte des Verbandes der ländlichen Reit- und Fahrvereine Frankens, unveröffentlichte Manuskripte aus den Akten des Verbandes der Reit- und Fahrvereine Franken, Ansbach.

PEACH, E.-M./RASE, W.-D., Versorgungssituation der Kreise mit Basiseinrichtungen für Freizeitsport, in: Raumforschung und Raumordnung, 35 Jg. (1977), Heft 1/2, S.63-68.

PAESLER, R., Urbanisierung als sozialgeographischer Prozeß, dargestellt am Beispiel südbayerischer Regionen, MSSW, Bd. 12, 1976.

PARTZSCH, P., Zum Begriff der Funktionsgesellschaft, in: Mitteilungen des Deutschen Verbandes f. Wohnungswesen, Städtebau und Raumplanung, Heft 4 (1964), S.3-10.

PEDERSEN, P.O., Innovation Diffusion within and between National Urban Systems, in: Geogr. Analysis, 1970, S.203-254.

DERS., Urban-Regional Development in South America: A Process of Diffusion and Integration, Den Haag 1975.

PEMBERTON, H.E., The Curve of Cultural Diffusion Rate, in: ASR, 1 (1936), S.547-556.

PFALLER, G., Übernahme- und räumliche Ausbreitungsprozesse von Neuerungen im technischen Bereich der bayerischen Landwirtschaft, Arbeitsmaterialien z. Raumordnung und Raumplanung, Uni. Bayreuth Heft 14, 1981.

PFETSCH, F.R. (Hrsg.), Innovationsforschung als multidisziplinäre Aufgabe, Göttingen 1975. (Abgekürzt: Innovationsforschung).

DERS., Zum Stand der Innovationsforschung, in: ders. (Hrsg.), Innovationsforschung, S. 9-24.

PHILIPP, W., Seilbahnen und Lifte im bayer. Alpenraum, WGI-Berichte zur Regionalforschung 12, 1974.

PICHT, M., Die Entwicklung des Reitsports in Deutschland während der Regierungszeit Kaiser Wilhelms II, in: St. Georg, 13. Jg., Berlin 1912, S.114-117.

POLENSKY, TH., Die Bodenpreise in Stadt und Region München: Räumliche Strukturen und Prozeßabläufe, in: MSSW, Bd. 10, 1974.

PRED, A., Postscript zu seiner Übersetzung, in: HÄGERSTRAND, T., Innovation Diffusion as a Spatial Process, Chicago 1967, S.299-324.

DERS., The Impact of Technological and Institutional Innovations on Life Content: Some-Time Geographic Observations, in: Geogr. Analyses, 1978, S.345-372.

PRED, A.R., Diffusion, Organizational Spatial Structure, and Citysystem Development, in: Economic Geography, 1975, S.252-268.

PYLE, G.F., Diffusion of Cholera in the United States, in: Geogr. Analysis, 1969, S.59-75.

RATZEL, F., Anthropogeographie, 2. Teil: Die geographische Verbreitung des Menschen, 1. Aufl., Stuttgart 1891. (Hier zitiert nach dem Nachdruck von der 1. Aufl., Darmstadt 1975).

RICHTER, M., Freizeitmuster im peripheren Raum, das Beispiel des Pferdesports in Oberfranken, Arbeitsmaterialien z. Raumordnung und Raumplanung, Uni. Bayreuth, Heft 10, 1981.

RÖPKE, J., Die Strategie der Innovation, Tübingen 1977.

ROGERS, E.M., Diffusion of Innovations, 3. Aufl., New York/London 1983 (1. Aufl. 1962).

DERS. (Hrsg.), Communication and Development: Critical Perspectives, Beverly Hills 1976.

ROGERS, E.M./HAVENS, E., Adoption of Hybrid Corn, Profitability and the Interaction Effect, in: Rural Sociology, 1961, S.409-414.

ROGERS, E.M./SHOEMAKER, F.F., Communication of Innovation: A Cross-Cultural Approach, New York/London 1971.

ROGERS, E.M./WILLIAMS, L./WEST, R.B., Bibliography of the Diffusion Research Standford Uni. 1977.

RUPPERT, K., Zur Definition des Begriffs 'Sozialbrache', in: Erdkunde, 1958, S.226-231.

DERS., Über einen Index zur Erfassung von Zentralitätsschwankungen in ländlichen Kleinstädten, in: Berichte z. dtsch. Landeskunde, 1959, S.80-85.

DERS., Die Bedeutung des Weinbaues und seiner Nachfolgekulturen für die sozialgeographische Differenzierung der Agrarlandschaft in Bayern, Münchener Geographische Hefte, 1960, H. 19.

DERS., Niederbayern zwischen Donau und Inn, in: GR, 1966, S.180-186.

DERS., Pensionsviehhaltung im Alpenvorland, in: Der Almbauer, 19. Jg., 1967, S.36-39.

DERS., Die gruppenspezifische Reaktionsweite: Gedanken zu einer sozialgeographischen Arbeitshypothese, in: DERS. (Hrsg.), Zum Standort der Sozialgeographie, MSSW, Bd. 4, 1968, S.171-176.

DERS., Spezielle Formen freizeitorientierter Infrastruktur: Versuch einer Begriffsbestimmung, in: Information, Heft 6 (1973), S.129-133.

DERS., Zur Stellung und Gliederung einer allgemeinen Geographie des Freizeitverhaltens, in: GR, 1975, S.1-6.

DERS., Landentwicklung in der Krise: Bevölkerungsgeographische Aspekte als Planungsgrundlagen, in: Innere Kolonisation, Heft 1 (1976), S.3-5.

DERS., Kulturlandschaft erhalten heißt Kulturlandschaft gestalten, in: MAYER-TASCH, P.C. (Hrsg.), Kulturlandschaft in Gefahr, München 1976, S.37-46.

DERS., Freizeitverhalten und Umweltgestaltung, in: Augsburger Sozialgeographische Hefte, Nr. 6 (1979), S.90-100.

DERS., Raumplanung unter veränderten Rahmenbedingungen, in: Politische Studien, München 1979, S.117-121.

DERS., Grundtendenzen freizeitorientierter Raumstruktur, in: GR, 1980, S.178-187.

DERS., Das sozialgeographische Raumsystem: Konzeption und Anwendung, in: Geographica Slovenica, 13 (1982), S.74-83.

DERS., Freizeitverhalten als Flächennutzung, unveröffentlichtes Manuskript, 1985.

DERS. (Hrsg.), Zum Standort der Sozialgeographie, MSSW, Bd. 4, 1968.

RUPPERT, K./GRÄF, P./LINTNER, P., Persistenz und Wandel im Naherholungsverhalten - Aktuelle Entwicklungen im Raum München, in: Raumforschung und Raumordnung. 41. Jg., Heft 4 (1983), S.147-153.

RUPPERT, K., und MITARBEITER, Planungsregionen Bayerns, Gliederungsvorschlag, WGI (Hrsg.), München 1971.

RUPPERT, K.,/PAESLER, R., Raumorganisation in Bayern: Neue Strukturen durch Verwaltungsgebietsreform und Regionalgliederung, in: "WGI"-Berichte zur Regionalforschung, Heft 16, 1984.

RUPPERT, K./SCHAFFER, F., Zur Konzeption der Sozialgeographie, in: GR, 21 (1969), S.205-214.

RYAN, B./GROSS, N., The Diffusion of Hybrid Seed Corn in two Iowa Communities, in: Rural Sociology, 7 (1943), S.15-24.

SAUER, C.O., Agricultural Origins and Dispersals, New York 1952.

SCHLEYER, M., Erholungseinrichtungen in und am Rande von Verdichtungsräumen, Stuttgart 1972.

SCHMIDT, P. (Hrsg.), Innovation: Diffusion von Neuerungen im sozialen Bereich, Hamburg 1976.

SCHÖLLER, P., Kulturraumforschung und Sozialgeographie, in: Aus Geschichte und Landeskunde, Festschr. f. STEINBACH, Bonn 1960, S.672-685.

SCHÖNER, H., Berchtesgadener Fremdenverkehrschronik 1923-1945, Berchtesgadener Schriftenreihe Nr. 12, Berchtesgaden 1974.

SCHRETTENBRUNNER, H., Einführung ins Thema, in: DERS. (Hrsg.), Innovation, Der Erdkundeunterricht, Sonderheft 7 (1983), S.4-8.

SCHUMPETER, J., Theorie der wirtschaftlichen Entwicklung, 1. Aufl. 1911 (Hier zitiert nach 6. Aufl., Berlin 1964).

DERS., The Creative Response in Economic History, in: Journal of Economic History, New York 1947, S.149-159.

SEMPLE, R.K./BROWN, L.A., Cones of Resolution in Spatial Diffusion Studies: A Perspective, in: The Professional Geographer 28 (1976), S.8-16.

SETTELE, Bayern Pferdezucht, in: St. Georg, 30. Jg., Nr. 7, 1929, S.10-20.

SHARP, L., Steel Axes for Stone Age Australians, in: SPICER, E.H. (Hrsg.), Human Problems in Technological Change, New York 1952, S.69-92.

STANISLAWSKI, D., The Origin and Spread of the Grid-Pattern Town, in: Geographical Review, 1949, S.105-120.

STATISTISCHES BUNDESAMT (Hrsg.), Statistisches Jahrbuch für die BRD, 1984.

STATISTISCHES REICHSAMT (Hrsg.), Die sportlichen Übungsstätten im Deutschen Reich: Ergebnisse der Reichserhebung nach dem Stande vom 1. Okt. 1935, Statistik des Deutschen Reichs Bd. 518, Berlin 1938.

STEINBACH, F. Studien zur westdeutschen Stammes- und Volksgeschichte, Schriften des Inst. f. Grenz- und Auslandsdeutschtum der Uni. Marburg, H. 5, Jena 1926.

ST. GEORG, Magazin für Pferdesport und Pferdezucht, Hefte von 1902-1914, 1926-1934, 1949-1970, 1979.

SUTTNER, J., In München ist immer Starkspielzeit, in: Tennismagazin, Nr. 5, Hamburg 1982.

STUTZER, D., Ein Begleiter bis ins Grab, in: Bayerland, 81. Jg., Nr. 6, 1979, S.14-21.

SVENSSON, S., Bygd och yttervärld: Studier över föhallandet mallan nyheter och tradition (übersetzt: Heimat und Außenwelt: Studien über das Verhältnis von Neuheiten und Tradition), in: Nordisk Museets handl. 15, Stockholm 1942.

TAAFFE, E.J., The Spartial View in Context, in: AAAG, 1974, S.1-16.

TAAFKE, E.J./MORRILL, R.L./GOULD, P.R., Transport Expansion in Underdeveloped Countries: A Comparative Analysis, in: Geographical Review, 1963, S.503-529.

TARDE, G., Les Lois de l'Imitation, Paris 1895. (Die englische Ausgabe: The Laws of Imitation, New York 1903).

THOMALE, E., Sozialgeographie: Eine disziplingeschichtliche Untersuchung zur Entwicklung der Anthropogeographie, Marburger Geogr. Schriften Bd. 53, 1972.

TINNESAND, B., Towards a general Theory of Innovation, Madison 1973.

TZSCHASCHEL, S., Modelle und Theorien, in: Der Erdkundeunterricht, Sonderheft 7 (Innovationen), 1983, S.17-25.

UHLIG, H., Innovationen im Reisbau als Träger der ländlichen Entwicklung in Südostasien, in: Gießener Geogr. Schriften 48, 1980, S.29-71.

UHLMANN, L., Der Innovationsprozeß in westeuropäischen Industrieländern, Bd. 2: Der Ablauf industrieller Innovationsprozesse, Schriftenreihe des IFO-Instituts f. Wirtschaftsforschung Nr. 98, Berlin/München 1978.

VOGEL, H., Das Einkaufszentrum als Ausdruck einer kulturlandschaftlichen Innovation, dargestellt am Beispiel des Böblinger Regionalzentrums, Forschungen zur dtsch. Landeskunde Bd. 209, 1978.

WALDT, H.-O., Der Einfluß natürlicher und wirtschaftlicher Standortfaktoren auf die räumliche Ordnung der Landwirtschaft: Dargestellt am Beispiel der Ausbreitung des Gemüseanbaus in Venezuela, in: Erdkunde, 1979, S.144-154.

WALZ, D., Grundlagen und Richtungen der Innovationsforschung, in: PFETSCH, F.R. (Hrsg.), Innovationsforschung, S.25-68.

WATZKA, W., Die Ausbreitung von Swimming-Pools in Ottobrunn/Riemerling, in: Der Erdkundeunterricht, Heft 29, 1979, S.70-87.

DERS., Innovation in der Landwirtschaft (Niederbayern): Zuckerrübenanbau, in: Der Erdkundeunterricht, Sonderheft 7 (Innovationen), 1983, S.50-64.

WEIPERT, G., Gruppe, in: Handwörterbuch der Sozialwissenschaft, Bd. 4, Stuttgart 1965.

WELLIN, E., Water Boiling in a Peruvian Town, in: PAUL B.D. (Hrsg.), Health, Culture and Communication, New York 1955, S.71-103.

WIEGELMANN, G., Diffusionsmodelle zur Ausbreitung städtischer Kulturformen, in: KAUFMANN, G. (Hrsg.), Stadt-Land-Beziehungen, Göttingen 1975, S.255-266.

WINDHORST, H.-W., Innovationen: Ihre Behandlung im Unterricht am Beispiel des Baumwollanbaus in Süden der USA, in: GR, 24 (1972), S.358-365.

DERS., Die sozialgeographische Analyse raum-zeitlicher Diffusionsprozesse auf der Basis der Adoptorkategorien von Innovationen, in: Ztschr. f. Agrargeschichte und Agrarsoziologie, 1979, S.244-266.

DERS., Geographische Innovations- und Diffusionsforschung, Darmstadt 1983.

WIRTH, E., Zur Sozialgeographie der Religionsgemeinschaften im Orient, in: Erdkunde, 1965, S.265-284.

DERS., Die deutsche Sozialgeographie in ihrer theoretischen Konzeption und in ihrem Verhältnis zu Soziologie und Geographie des Menschen, in: GZ, 1977, S.161-187.

WISSLER, C., Man and Culture, New York 1923.

WITTE, E./THIMM, A.L. (Hrsg.), Entscheidungstheorie, Wiesbaden 1977.

YAPA, L.S., Analytical Alternatives to the Monte Carlo Simulation of Spatial Diffusion, in: AAAG, 1975, S.163-176.

DERS., Innovation Diffusion and Economic Involution: An Essay, Studies in the Diffusion of Innovation, Discussion Paper 40, Ohio State Uni. 1976.

DERS., The Green Revolution: A Diffusion Model, in: AAAG, 1977, S.350-359.

YUILL, R.S., A Simulation Study of Barrier Effects in Spatial Diffusion Problems, ONR Spatial Diffusion Study, Evanston 1964.

ZIMMERHACKEL, W., Innovation und Diffusion als sozialgeographischer Prozeß, dargestellt am Beispiel moderner Restaurantketten, unveröffentlichte Diplomarbeit München 1980.

ZWITTKOVITS, H., Zur Anwendbarkeit des Diffusionskonzeptes bei Innovationen im Lebensmittelhandel, in: Mitteilungen des Arbeitskreises für neue Methoden in der Regionalforschung, Wien 1980, S.3-29.